알기 쉽고 새로운

제34회 문화관광부 추천도서

基礎漢文讀解法

崔完植
金榮九
李永朱 共著
閔正基

明文堂

황산黃山[左] **과 계림**桂林[右] 예로부터 산수山水가 좋은 곳에는 시인묵객詩人墨客이 모여들었다. 비록 오악五岳에 들지는 않지만 상고시대上古時代로부터 명산名山으로 꼽혔던 황산은 특히 이백李白이 자주 찾았던 곳으로도 유명하다. 산수가 아름답기로 천하제일이라고 하는 계림의 낙타봉駱駝峰[右上]과 고기잡이[右下].

[上左] **도연명**陶淵明**의 상**像 365?~427. 동진東晋의 시인. 이름은 잠潛인데 호인 연명으로 더 널리 알려져 있다.

[上中] **이백**李白**의 상** 당唐나라 때의 시인. 자字는 태백太白. 시성詩聖으로 일컬어진다.

[上右] **한유**韓愈**의 상** 당나라 때의 시인. 당송팔대가唐宋八大家의 한 사람이며 자는 퇴지退之이다.

[中] **백거이**白居易**의 묘墓** 낙양洛陽 남쪽 15km. 향산사香山寺에 있다.

[下] **진승**陳勝 · **오광**吳廣**의 난도**亂圖 진시황제秦始皇帝의 폭정暴政에 반기를 처음 든 이 진승 · 오광을 이어 유방劉邦과 항우項羽도 반기를 들었는데 천하는 유방의 손에 들어갔고 숱한 문인文人들이 이 사건을 시로 읊었다.

[上左] **제갈공명상**諸葛孔明像 청뚜시成都市 서남
쪽 해방로解放路에 면한 무후사武侯祠 안에 있다.
[上右] 《**삼국연의**三國演義》 **영웅들의 인형** 위는
오른쪽부터 관우關羽・공명孔明・장비張飛・유비
劉備의 진흙 인형. 가운데는 장비・관우・유비의
진흙 인형. 아래는 장비・유비・관우의 자기磁器
인형이다. 사대기서四大奇書의 하나인 《삼국연의》
의 주인공들은 관광상품화 되기까지 하였다.
[下] **화염산**火焰山 사대기서의 하나인 《서유기西
遊記》 제59회~제61회에 나오는 화염산의 장면
이다.

〔上左〕 **정호**程顥　1032~1085. 자字는 백순白淳, 호는 명도明道. 동생 정이 程頤와 함께 이정자二程子라고 하며 송학宋學의 기초를 닦아 주자朱子에게 큰 영향을 끼쳤다.

〔上中〕 **정이**程頤　1033~1107. 자는 정숙正叔, 호는 이천伊川.

〔上右〕 **여조겸**呂祖謙　1137~1181. 자는 백공伯恭, 호는 동래東萊. 주희朱 熹와 함께 송학의 발전에 기여했다.

〔中〕 **주희**朱熹　1130~1200. 자는 원회元晦, 호는 회암晦庵. 송학을 집대성 했다.

〔下左〕 **소식**蘇軾　1036~1101. 자는 자첨子瞻, 호는 동파東坡. 당송팔대가 唐宋八大家의 한 사람이다.

〔下右〕 **백록동서원**白鹿洞書院　주자朱子가 중수重修했으며 유학儒學 연구 와 후진을 양성했던 당시 사대서원四大書院의 하나이다.

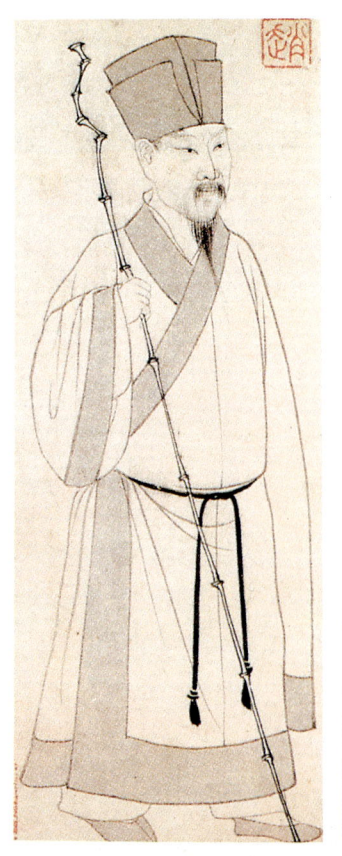

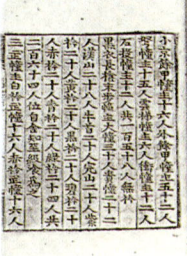

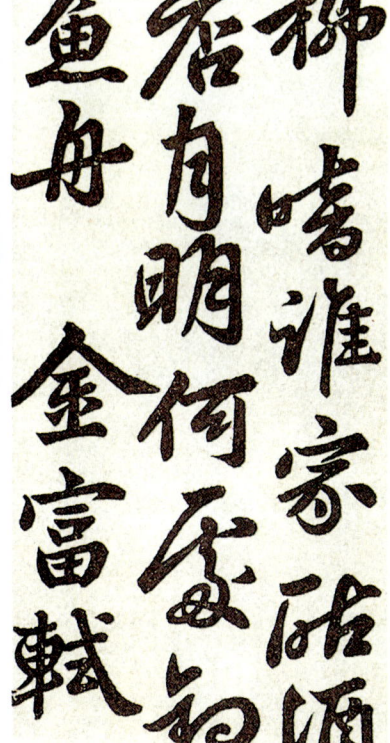

[上左] **최치원**崔致遠**의 영정** 857~? 자字는 고운孤雲. 신라 말기의 학자.《계원필경桂苑筆耕》등의 저서가 있다.

[上中] **최충**崔冲**의 영정** 984~1068. 자는 호연浩然, 호는 성재惺齋. 고려 초기의 학자.

[上右] **정몽주**鄭夢周**의 영정** 1337~1392. 자는 달가達哥, 호는 포은圃隱. 고려 말기의 학자이자 충신이다.

[中] **삼국사기**三國史記 고려 중기, 김부식金富軾이 기년체紀年體로 엮은 신라·고구려·백제의 정사正史.

[下左] **김부식**金富軾**의 글씨** 행서行書로 쓴 시詩.

[下右] **숭양서원**崧陽書院 고려 말기의 대학자인 포은圃隱 정몽주鄭夢周의 사택이었던 곳이다.

精微 極高 明道 中庸 溫故 知新 敦厚 崇禮

謹伏問
安何如仰戀々珥僅保今春懷
興渾氏同槥因荊妻病甚不
得上洛仰恨々珥近日晝積々
增讀書靜坐俱一所不能學
問之功末由着力每一念之々
寒而懍然志伏惟
下鑑餘祝
起居萬福謹拜上狀
己未二月初九日
李珥頓首

[上] **이황**李滉**의 글씨**　도산서원陶山書院(경북 안동군 도산면 토계리 소재)의 옥진각에 있다.
[中] **이이**李珥**의 글씨**　해서楷書. 1559년에 이이가 쓴 서간문書簡文이다.
[下左] **신사임당**申師任堂**의 수묵화**水墨畵　율곡 栗谷 이이李珥의 어머니인 신사임당은 현모양처의 본보기이기도 하다. 그림과 시詩와 글씨로도 유명하다.
[下右] **김병연**金炳淵(김삿갓)**의 시비**詩碑　불효를 저질러 하늘을 우러러볼 수가 없다며 언제나 삿갓을 쓰고 다녔기에 김삿갓, 또는 김립金笠으로 불린 김병연은 천재시인이었다. 그의 시비는 광주光州 무등산에 세워져 있다.

이 책을 독자 여러분 앞에 내놓으며 이런 질문을 던져 봅니다.

"21세기를 살아가는 한국 사람으로서 한문漢文을 배운다는 것은 어떤 의미를 갖는가?"

이에 관해 이야기하기 전에 우선 짚고 넘어가고 싶은 점은 한자漢字 공부와 한문漢文 공부의 연관성과 차이점에 대해 여러분들이 분명히 알고 있어야 한다는 것입니다. 대학에서 한문 강좌를 수강하는 학생들에게 이런 이야기를 많이 듣습니다. "한자 실력이 달려서요……" "신문 제목을 술술 읽는 데 도움이 될까 해서요……" 물론 한자를 많이 아는 것은 한문 공부의 좋은 기초가 되고 한문을 제대로 공부하다 보면 한자와 한자말을 많이 익히게 되지요. 하지만 한자를 많이 알고 있는 것과 한문을 읽는 것은 사실 다른 차원의 문제입니다. 한자 공부를 원하는 학생이라면 한자 교본을 열심히 쓰거나 때때로 국어 사전을 꼼꼼이 찾아보는 것이 더 큰 도움이 될지 모릅니다.

한문을 공부한다는 것은 한자라는 독특한 문자로 쓰여진 문장을 읽어나간다는 의미입니다. 아마도 이 책을 선택하여 자신의 공부방에서 혹은 학교의 강의실에서 읽어나가는 여러분들은 모두 한문을 공부하는 데 대한 나름의 동기를 가지고 있을 것입니다. 무엇 때문에 여러분들은 한문을 공부해 보고 싶다는 생각을 하게 되었는지요?

필자들의 생각으로는 여러분들이 가지고 있는 이런 저런 동기들은 결국 '앎'과 '소통'에 대한 욕구로 모아질 수 있지 않을까 합니다. 앞서 언급한 바, 한자를 공부하겠다는 이유도 물론 더 나은 의사 '소통'에 대한 갈망에서 오는 것이겠습니다만, 한문을 읽어보고 싶다는 데에는 보다 큰 차원의 '앎'과 '소통'에 대한 욕구를 포함하고 있다고 해야 할 것입니다.

한문은 2000여 년 간 중국, 한국, 일본 그리고 베트남 등의 지역에서 주요한 기록 및 표현 수단으로 사용되어 왔습니다. 그리고 이들 지역에서 꽃피운 문명, 문화의 정수는 바로 한문으로 쓰여진 글 속에 가장 잘 응축되어 보존되고 있다 할 수 있지요. 그러므로 한문을 공부한다는 것은 역사의 축을 따라 오르내리면서 동아시아 전통과 직접 대면하는 것을 의미하며 이 지역을 터전으로 살아온 옛사람들과 대화를 나누는 것을 의미합니다. 여러분들은 혹은 의식적으로 혹은 무의식적으로 이런 차원의 '앎'과 '소통'에 대한 갈망에서 한문을 공부하고자 결심했을 것으로 짐작됩니다.

한문 공부는 이러한 종적縱的 소통의 방도가 될 뿐 아니라 횡적橫的 소통의 방도가 되기도 합니다. 한문으로 응축된 문화적 전통을 충분히 이해하고 활용할 수 있을 때, 한문을 공유했던 다른 지역들과의 소통은 더욱 원활해질 것입니다. 물론 한문이 직접 의사소통의 수단으로 활용될 수도 있겠지요. 옛사람들은 입으로 하는 말이 서로 달라도 필담筆談을 통해 뜻을 주고받았으니까요. 하지만 한문을 익힘으로써 얻어지는 소통의 '기반'이야말로 더욱 중요할 것입니다.

21세기는 문화 소프트웨어의 시대라고도 합니다. 한문 공부를 통해 얻어지는 종적, 횡적 소통의 결과물들이야말로 우리의 든든한 소프트웨어 밑천이 될 것입니다. 우리가 활용할 수 있는 무한한 보물 창고를 방치한다는 것은 어리석은 일이 아닐 수 없겠지요. 한문 공부는 이런 큰 의미를 갖습니다. 물론 처음부터 이런 데까지 마음을 쓰는 것은 좀 지나친 것일 수 있겠지요. 한 문장 한 문장 독해해 나가면서 그 깊은 의미를 발견해 나가는 일 자체가 여러분들에게는 무엇보다도 큰 기쁨이 될 것입니다.

한문은 물론이고 한자 표기 자체가 우리의 일상생활에서 이미 멀어져 있기 때문에 한문 공부에 맘먹고 착수한다는 것은 쉬운 일이 아닙니다. 가뜩이나 생소하고 어렵게 느껴지는데 한문 교재들은 하나같이 딱딱하기만 하지요. 이 책은 여러분들이 조금이나마 덜 지루하게 한문 공부를 해 나갈 수 있도록 하자는 취지에서 쓰여졌는데, 각 단원의 구성과 특징은 이렇습니다.

제1단원 : 한문 공부의 기초 상식으로 알아둘 필요가 있는 사항들을 정리해 놓았습니다.

제2단원 : 짤막한 구절을 통해 한문의 가장 기본적인 구조를 익힐 수 있도록 했습니다.

제3단원 : 옛 서당에서 사용하던 기본 교재들로부터 온전한 단락을 이루는 문장을 뽑아 수록하여 한문의 짜임새와 논리구조에 익숙해지도록 하였습니다.

제4단원 : 서로 다른 관점과 태도를 반영하는 글들을 묶어 수록함으로써, 한문으로 표현되는 내용이 다채롭다는 것을 알 수 있도록 하였습니다.

제5단원 : 역사 기록과 허구적 서사를 아울러 수록하여 그 유사성과 차이점을 살필 수 있도록 했습니다.

제6단원 : 옛사람들의 유머를 느낄 수 있는 글들을 가려 뽑았습니다.

제7단원 : 대대로 명문이라고 불리던 글들 가운데 몇 편을 뽑아 한문의 진수를 느낄 수 있도록 했습니다.

부록 : 부록 Ⅰ에는 한문 교육용 기초 한자 1,800자와 동음이의어同音異義語, 동자이음어同字異音語, 비슷한 모양의 한자, 특히 잘못 읽기 쉬운 한자, 중국 역사 지도와 동아시아의 왕조 대조표 등을, 부록 Ⅱ에는 본문 내용을 직접 써보며 익힐 수 있도록 본문 쓰기 연습란을 마련하여 한문 공부에 도움이 되도록 했습니다.

제1단원을 제외한 나머지 단원의 경우, 각 장은 다음과 같이 구성되었습니다.

본문 : 원문 위에 발음을 달았고 우리말 토를 달았습니다. 발음은 두음법칙 등을 적용, 읽히는 대로 다는 것을 원칙으로 하였습니다. 토는 우리 선조들이 한문을 읽을 때 문장 성분 간의 관계를 명확히 하기 위해 붙여 읽던 것으로 필요에 따라 활용하면 되겠습니다.

우리말 풀이 : 한 글자 한 글자 놓치지 않고 번역하되, 부드러운 우리말이 되도록 하였습니다.

한자 활용 : 매 장에 나오는 기초 한자들이 어떻게 한자말을 이루는 지 참고하도록 하였습니다.

자구 풀이 : 본문의 주요 자구에 대한 설명입니다.

알아둡시다 : 본문에 대한 해설입니다. 한문 문법에 대한 설명도 있고 글의 내용에 대한 해설도 있으며, 관련 인물이나 책에 대한 소개, 역사적 배경에 대한 해설도 있습니다. 가급적 딱딱하고 전문적인 ·내용은 피하고 재미있게 읽는 가운데 해당 문장을 보다 깊이 있게 이해하는데 도움이 되도록 했습니다.

한시 감상 : 중국, 우리나라의 옛 시를 한 수 혹은 두 수 두어 한시의 맛을 느낄 수 있도록 했습니다.

재미있는 우언 : 우언寓言, 즉 우화를 우리말로 풀어 제시했습니다. 옛사람들의 재치와 지혜를 재미있게 접하는 가운데 한문적 사유방식, 즉 옛 동아시아인의 사유 방식을 이해할 수 있도록 했습니다.

고사성어 : 잘 알려진 것과 다소 생소할 수도 있는 것을 골고루 뽑았습니다. 성어를 외워 익힌다기보다는 그 유래와 의미를 음미함으로써 역시 한문적 사유방식에 대해 생각해

보는 계기가 되도록 했습니다.

　이렇게 구성된 본 책을 통해 여러분들이 가급적 재미있게 공부하는 가운데 한문의 깊은 세계에 한 걸음 더 다가갈 수 있기를 기대합니다만, 부족한 부분이 많을 것입니다. 이 점에 대해서는 독자 여러분의 많은 질정을 기다리겠습니다. 모쪼록 이 책을 통해 한문이 고루하고 딱딱한 것만은 아니며, 그 속에는 참으로 다양한 세계가 담겨 있다는 점을 알 수 있었으면 합니다.

　위에서 설명한 각 장의 구성 부분들 가운데 '재미있는 우언'과 '고사성어' 부분은 EBS 교육방송 99년도 방송교재(이영주 지음)에 수록되었던 것입니다. 한문 공부를 시작하는 여러분들의 흥미를 유발할 것으로 믿어 EBS 교육방송의 양해를 얻어 이 책에 다시 수록하게 되었습니다. 재사용을 허락해 준 EBS 교육방송에 감사드립니다.

　아울러 이런 종류의 책을 쓸 수 있도록 필자들을 독려하고 출판을 맡아주신 명문당 김동구 사장님, 깔끔하게 편집하여 세상에 빛을 보게 해주신 청우기획 여러분께 감사드립니다.

2001년 2월

필자 삼가 씀

I

한문 공부의 기초 상식

　한문漢文이라고 불리는 글은 한자漢字라는 독특한 표기 수단과 불가분의 관계에 있다. 그렇게 때문에 올바른 한문 공부를 위해서는 한자와 그것이 만들어 내는 한자말의 특성에 대한 기초적인 상식을 갖고 있을 필요가 있다. 본 편에서는 본격적인 한문 공부를 시작하기에 앞서 한자와 한자말에 관해 몇 가지 알아둘 만한 것들을 소개하고자 한다.

　한자가 만들어진 원리를 설명하기 위해 옛날부터 쓰여져 온 '육서六書'라는 개념이 있는데, 개별 한자의 의미를 파악해 나가는 데 기초 상식이 되므로 알아둘 필요가 있다.

　오늘날에는 워드프로세서로 한자를 쓰는 일이 많아져서 중요성이 떨어지기는 했지만 한자를 쓰는 독특한 방식 혹은 습관이랄 수 있는 필획筆劃에 대해서도 알아둘 필요가 있다. 아울러 모르는 한자를 사전에서 찾아보는 방법도 꼭 알아두어야 할 일이다. 사전을 찾는 일은 한자의 필획에 대한 기초 상식 위에서 이루어진다.

　또한 한자의 특성상 때로는 한자들의 결합이 해당 글자들의 산술적인 합 이상의 의미를 표현하는 경우가 많이 있는데, 오늘날에도 널리 사용되는 고사성어故事成語들이 그 대표적인 예라고 하겠다. 고사성어가 어떤 식으로 만들어져 의미를 생성하는지에 대한 이해 역시 한자와 한문의 특성을 파악하는 데 많은 도움을 줄 수 있을 것이다.

1 六 書

한자의 기원은 저 옛날 청동기 시대로까지 거슬러 올라간다. 거북 껍데기나 동물의 뼈에 새겨진 갑골문甲骨文과 청동기에 새겨진 금문金文을 거쳐 오늘날 우리가 쓰는 형태의 한자가 생성되었다. 우리가 지금 사용하는 한자 글꼴만 하더라도 2천여 년 전에 이루어진 것이다. 한문 공부를 시작하는 마당에 한자가 어떤 단계를 거쳐 발전해 왔는가 세세히 알 필요는 없더라도 수많은 한자들이 어떤 원리로 만들어졌는가에 대해서는 어느 정도 이해할 필요가 있을 것이다.

중국인들은 수많은 한자들이 여섯 가지의 원리에 의해 만들어졌다고 믿어왔다. 해설하는 사람에 따라 다르기도 하지만 그 여섯 가지 원리들을 간략하게 설명해 보면 대체로 다음과 같다.

(1) 상형象形

물체의 모양을 단순화시켜 나타낸 글자들이다. 말하자면 그림으로부터 발달해 나온 글자들이다. 日, 月, 山, 水와 같은 글자들이 한자가 막 생겨나던 갑골문甲骨文 단계에서 어떻게 씌어졌는가를 보면 이 글자들을 왜 상형象形이라는 말로 부르는지 쉽게 알 수 있을 것이다.

日	月	山	水
☉	𝔇	⅏	💧

한자를 상형문자象形文字라고들 하는데, 그 이유는 맨 처음 생겨난 한자들이 대체로 이런 글자들이기 때문이다.

(2) 지사指事

추상적인 일이나 개념을 마치 부호처럼 나타낸 글자들이다. 지사指事란 '일을 가리킨다'

라는 뜻이다. 一, 二, 三, 四와 같은 숫자들이나 上, 下, 本, 末과 같은 글자들이 여기에 해당된다. 갑골문에서 이 글자들이 어떤 모양으로 씌어졌는가를 보면 지사指事의 뜻을 짐작할 수 있을 것이다.

一　　上　　下

(3) 회의會意

회의會意란 뜻을 합친다는 말이다. 이미 만들어진 상형이나 지사와 같은 글자들의 뜻을 합쳐서 제3의 새로운 글자를 만드는 경우이다. 이 경우 새로운 글자의 뜻은 합쳐진 두 글자의 뜻이 독특하게 어우러져 이루어진다.

日(해)　 ＋ 月(달)　 → 明(해와 달이 함께 비춘다 → 밝다)
日(해)　 ＋ 木(나무) → 東(해가 나무 밑으로부터 올라온다 → 동쪽)
人(사람) ＋ 言(말)　 → 信(사람이 말을 한다 → 한 말을 지킨다)

(4) 형성形聲

모양을 나타내는 요소와 소리를 나타내는 요소 두 부분으로 이루어진 글자들이다. 형성形聲에 속하는 글자들은 이미 만들어진 글자들을 합쳐서 제3의 새로운 글자를 만들어낸다는 점에서는 회의와 비슷하다. 그러나 회의에 속하는 글자들이 두 한자의 뜻의 결합인 데 반해, 형성에 속하는 글자들은 뜻을 나타내는 부분인 '형形'과 소리를 나타내는 부분인 '성聲'이 결합한 것이라는 점에서 회의와 다르다. 말하자면 역할을 분담해서 각기 뜻과 소리를 나타내는 것이다.

水[뜻] ＋ 工[소리] → 江(쿵쿵거리는 웅장한 소리를 내며 흐르는 물줄기 → 양자강)
水[뜻] ＋ 可[소리] → 河(콸콸거리는 거친 소리를 내며 흐르는 물줄기→ 황하黃河)
木[뜻] ＋ 公[소리] → 松(公이라는 소리로 불리는 나무 → 소나무)
木[뜻] ＋ 同[소리] → 桐(同이라는 소리로 불리는 나무 → 오동나무)

위 보기를 통해서 이미 짐작했겠지만 물을 가리키는 水가 형形을 맡고 있는 글자는 대체로 물과 관계가 깊고, 나무를 가리키는 木이 형形을 맡고 있는 글자는 다 나무와 관계가 깊다. 한자의 약 80% 정도가 여기에 속할 정도로 수가 가장 많다.

(5) 전주轉注

한 사물을 비슷한 두세 가지 한자로 표기하는 현상을 가리킨다. 한 가지 사물에 대해 하나의 한자가 대응되는 것이 원칙이겠지만, 중국은 워낙 지역이 넓고 사람도 많고 또 역사도 오래 되다 보니 하나의 사물을 여러 개의 한자로 나타내는 경우들이 생겼다.

그래서 그 경우 여러 글자들이 다 같은 뜻을 가지니까 바꾸어 써도 된다는 뜻에서 전주轉注라는 말이 나왔다. 전轉은 '빙빙 돈다'는 뜻이고 주注는 '의미를 나타낸다'는 뜻이다. 한자가 만들어진 원리라기보다는 한자의 바꾸어 쓰기 현상을 가리키는 말이다.

老, 考의 轉注 : '늙는다'라는 뜻의 '老'와 '考'는 서로 바꾸어 쓸 수 있다.
之, 的의 轉注 : '~의'라는 뜻의 조사助詞로서 '之'와 '的'은 바꾸어 쓸 수 있다.
于, 於의 轉注 : '~에서'라는 뜻의 개사介詞로서 '于'와 '於'는 바꾸어 쓸 수 있다.

(6) 가차假借

가차假借란 '남의 것을 빌린다'는 뜻이다. 개개 사물마다 한자를 하나씩 만들어서 써야 좋겠지만 경우에 따라서는 새로 글자를 만들기가 어려워서인지 이미 만들어져 쓰이고 있는 한자 가운데서 소리가 비슷하게 나는 한자를 하나 골라 대신 사용하였다. 가차란 이런 경우를 말한다. 가차도 한자가 만들어진 원리라기보다는 이미 있는 한자를 다른 용도로 활용하는 현상을 가리킨다.

道 : 다니는 '길'을 나타내는 글자를 '지켜야 할 도리'의 뜻으로 쓴다.
來 : 곡식의 일종인 '보리'를 나타내는 글자를 '오다'의 뜻으로 쓴다.
可口可樂 : '코카콜라'를 별개의 한자로 나타내지 않고 기존의 한자를 활용해서 쓴다.

2 한자의 필획/자전 찾는 법

(1) 한자의 필획

'필筆'은 한자를 쓰는 전통적인 도구인 붓을 가리키고, '획劃'은 붓이 한 번 종이에 닿았다가 떨어지면서 만들어 내는 모양의 기본 단위를 말한다. 말하자면 한자의 모양을 구성하는 기본 요소인 셈이다. 서체書體의 종류, 붓의 종류, 시대와 지역 등에 따라 필획의 내용이 조금씩 달라서 절대적인 규칙을 정리하기는 어렵지만 필획의 종류와 순서를 대강 요약해 볼 수는 있다.

필획의 종류

점點(丶) : 점. 붓끝이 왼쪽 위를 향하게 해서 살짝 놓는 것인데, 모든 한자는 다 이 점부터 시작해서 씌어진다. 즉 모든 필획의 시작은 바로 이 점이다.

횡橫(一) : 건너그음. 점의 위치에 붓을 놓은 뒤 오른쪽으로 죽 긋는다.

수竪(丨) : 내리그음. 점의 위치에 붓을 놓은 뒤 아래쪽으로 죽 긋는다.

별撇(丿) : 삐침. 점의 위치에 붓을 놓은 뒤 왼쪽 아래로 죽 긋는다.

날捺(乀) : 파임. 점의 위치에 붓을 놓은 뒤 오른쪽 아래로 죽 긋는다.

제提(乚) : 삐쳐올림. 점의 위치에 붓을 놓은 뒤 오른쪽 위로 죽 긋는다.

수구竪鉤(亅) : 갈고리내림. 점의 위치에 붓을 놓은 뒤 내리그음과 같이 아래쪽으로 죽 긋다가 마지막에 왼쪽 위로 붓을 들어올리며 끝맺는다.

필획의 순서

필획의 순서는 필순筆順이라고들 하는데, 사실 필순은 일정하지가 않다. 서체書體나 필기도구, 또 시대와 서예가에 따라 조금씩 다르다. 말하자면 일반적인 습관이나 규칙은 있지만 어떤 한자를 이루고 있는 필획들을 구체적으로 어떤 순서로 써 나가야 하는가에 대한 절대적 규칙은 없는 것이다. 일반적인 필순의 원칙을 몇 가지로 요약해 보겠다.

1) 가로에서 세로로 써 나가고 위에서 아래로 써 나간다.

十 : 一, 十

2) 삐침을 먼저 긋고 파임을 나중에 긋는다.

　　人 : 丿, 人

3) 왼쪽 부분을 먼저 쓰고 오른쪽 부분은 나중에 쓴다.

　　枝 : 木, 枝

4) 바깥 부분을 먼저 쓰고 안을 채워 넣되, 안을 다 쓴 다음 맨 나중에 전체를 틀어막는다.

　　國 : 冂, 國, 國

5) 좌우대칭형일 때는 가운데 획을 먼저 긋고 왼쪽과 오른쪽 부분을 쓴다.

　　水 : 亅, 水, 水

6) 글자 전체를 꿰뚫는 획은 맨 나중에 긋는다.

　　中 : 口, 中

7) 오른쪽 위의 점이나 책받침은 맨 나중에 쓴다.

　　犬 : 大, 犬

　　近 : 斤, 近

한자는 상형문자가 발전해 내려온 글자여서 부호라는 성격뿐 아니라 그림이라는 성격도 아울러 가지고 있다. 그래서 역대로 중국 문화권에서는 서예書藝라는 예술 분야가 발달해 왔다. 한자를 쓸 때는 정확하게 쓰는 것과 함께 아름답게 쓰는 것도 매우 중요하다.

(2) 자전字典과 사전辭典 찾는 법

엄밀하게 말하자면 자전字典은 글자를 찾아보는 책, 사전辭典은 낱말을 찾아보는 책이다. 그러나 실제로 자전이라고 되어있는 책과 사전이라고 되어있는 책 사이에 별 차이는 없다. 어떤 한자를 자전에서 찾아보려면 그 한자의 부수部首와 필획筆劃에 대해 알아야 한다. 부수란 개개 한자가 어떤 부류에 속하는가를 나타내는 부류의 표시이다.

예를 들어 '漢字'라고 하는 두 글자의 부수를 살펴보면 두 글자가 각기 어떤 부류에 속하는가를 알 수 있는 것이다.

'漢'의 부수는 '氵'이고 '字'의 부수는 '子'이다. 따라서 자전에서 '漢'이라는 글자는 '氵'의 부수를 찾아가 보면 만날 수 있고, '字'라는 글자는 '子'라는 부수를 찾아가 보면 만날 수 있다. '氵'의 범주에는 漢을 비롯하여 水, 氷, 永, 汎, 江, 流, 深, 澗 …… 등 같은 부류에 속하는 많은 한자들이 모여있을 것이다.

또 '子'의 부수를 찾아가 보면 字와 함께 孔, 孕, 存, 孝, 孤, 孟, 孫, 學…… 등 같은 부류에 속하는 한자들이 한 울타리 안에 들어있을 것이다. 같은 부수에 해당되는 한자들은 필획이 적은 한자로부터 많은 한자의 순서로 배열되어 있다.

어떤 한자라도 다 부수를 가지고 있다. '一' 같이 아주 간단한 글자라도 반드시 부수는 정해져 있다. '一'의 부수는 '一' 그 자체이다. 자전의 맨 앞이나 맨 뒤에 나와있는 부수표部首表나 부수색인部首索引에서 '一'을 찾아서 해당 페이지를 넘기면 '一'이라는 글자가 바로 나와 있을 것이다.

또 '鬱', '彎'과 같이 복잡한 글자라도 반드시 부수가 있다. '鬱'의 부수는 '鬯'이고 부수를 뺀 나머지 필획 수는 19이다. 따라서 부수색인에서 '鬯'을 찾아 해당되는 페이지를 넘긴 다음 19획을 찾아가면 '鬱'이 나올 것이다. '彎'의 부수는 '弓'이다. 마찬가지로 부수색인에서 '弓'의 페이지를 찾은 다음 부수를 뺀 나머지 필획 수 19획을 찾아가면 '彎'이 나와 있을 것이다.

한자를 분류하는 기준이 되는 부수를 정하는 기준은 사실 시대에 따라, 또 연구하는 학자들에 따라 조금씩 다르다. 오늘날 쓰이고 있는 대부분의 자전들은 청淸나라 때 나온 《강희자전康熙字典》이 한자의 부수를 214개로 나누고 각 부수별로 수많은 한자들을 분류하여 필획 수에 따라 수록한 방식을 대체로 따르고 있다.

처음에는 좀 서투르겠지만 자전을 자주 이용하다 보면 저절로 부수와 필획에 대해 익숙하게 될 것이다. 불편하기도 하고 불합리한 점도 있기는 하지만 부수는 수많은 한자들을 분류하는 데 가장 널리 사용되어 온 전통적인 개념이다.

부수와 필획을 따지는 방식을 통하지 않고도 모르는 한자를 자전에서 찾을 수 있는 방법이 있다. 우선, 한자의 우리말 발음은 아는데 뜻을 모를 때는 자전의 뒷부분에 붙어있는 우리말 발음 순서의 색인을 찾아보는 것이 편리하다. 우리말 발음이 같은 한자들을 한데 모아 '가나다' 순으로 배열해 놓았기 때문에 찾으려는 글자를 한눈에 확인하기에 편리하다. 같은 우리말 발음을 가지고 있는 한자들은 대체로 부수 순서로 배열되어 있는 경우가 많고 간혹 필획 순으로 배열되어 있는 수도 있다.

다음으로는, 한자를 구성하는 필획의 총수를 헤아려 검자표檢字表를 통해 찾아가는 방법이 있다. 한자의 부수를 알기도 어렵고 우리말 발음도 모를 때 쓸 수 있는 방법이다. 획수가 같은 한자들이 상당히 많아서 번거롭기는 하지만, 같은 획수의 한자들이 부수 순서로 배열되어 있다는 점을 감안하여 찾는다면 꼭 어려운 것만도 아니다.

3 한자말의 구조

원래 한자가 만들어질 때는 글자 하나가 한 사물을 가리켰다. 그러나 사람들의 생각이 점차 복잡해지고 문명이 발달함에 따라 표현해야 할 내용이 복잡, 다양해졌고 따라서 한 글자만으로 생각을 충분히 표현하기 어렵게 되었다. 그래서 필연적으로 여러 개의 한자를 겹쳐 쓰는 방식이 발달하게 되었다.

수만 자에 이르는 한자들을 두 글자나 서너 글자씩 겹쳐 쓴다면 그 가짓수는 천문학적이 될 것이다. 실제로 한자말은 무궁무진하다. 그렇지만 그 수많은 한자말들의 구조, 즉 한자와 한자를 늘어놓는 방식은 의외로 단순하다. 다음에 소개할 네 가지가 바로 그것이다.

(1) 병렬 구조

한자와 한자가 대등한 관계 아래 연결되는 경우이다. 따라서 각 한자들은 다른 한자들과 병렬적으로 연결되고 뜻도 나열되듯이 해석된다.

天地 : 天 + 地 (하늘과 땅)
長大 : 長 + 大 (길고 크다)
歡喜 : 歡 + 喜 (즐겁고 기쁘다)

경우에 따라서는 여러 개의 한자들이 연결되어 한자말을 이룰 수도 있다.

喜怒哀樂愛惡慾 : 喜 + 怒 + 哀 + 樂 + 愛 + 惡 + 慾

(2) 관형어 수식 구조

관형어 수식 구조란 명사나 대명사가 피수식어가 되고 형용사적인 수식어 즉 관형어가 그것을 수식하는 형태를 말한다. 한자말에서는 수식어가 앞에 오고 피수식어는 뒤에 오는 것이 일반적인 순서이다.

紅葉 : 紅　　葉 (붉은 나뭇잎)

靑山 : 靑　　　山 (푸른 산)

百年 : 百　　　年 (백 년)

(3) 부사어 수식 구조

부사어 수식 구조란 동사, 형용사, 부사 등이 피수식어이고 거기에 부사적인 수식어가 덧붙여져 그것을 수식하는 형태를 말한다. 이 경우에도 수식어가 앞에 오고 피수식어는 뒤에 오는 것이 일반적이다.

疾走 : 疾　　　走 (빨리 달리다)

最古 : 最　　　古 (가장 오래되다)

未定 : 未　　　定 (아직 정하지 않다)

(4) 동사-목적어 구조

두 한자의 결합이 동사와 목적어의 관계를 이루는 경우이다. 한문에서는 동사가 앞에 오고 목적어가 뒤에 오는 것이 일반적인 어순이다.

讀書 : 讀　　　書 (책을 읽다)

得道 : 得　　　道 (도를 깨우치다)

歸鄕 : 歸　　　鄕 (고향으로 돌아가다)

이상과 같은 한자말이 만들어지는 네 가지 경우를 숙지해 두는 것은 한자말의 정확한 의미를 파악하는 데에 중요할 뿐 아니라 한문을 읽어 나가는 데에도 많은 도움이 될 것이다.

4 故事成語의 유래

한문을 공부하다 보면 한편으로는 재미있지만 한편으로는 여간 힘들지 않은 것이 바로 고사성어故事成語이다. 엄격하게 말하자면 '고사故事'는 옛날의 이야기이고 '성어成語'는 굳어진 말이라는 뜻이지만, 한문에서 고사성어란 말은 특별한 유래가 있어서 쓰임새가 굳어져 있는 표현들을 두루 가리키는 말로 쓰인다. 한문의 고사성어 가운데에는 네 글자로 이루어진 것들이 가장 많다.

고사성어 가운데에는 그다지 유래를 몰라도 한자들의 뜻을 곰곰 생각해 보면 전체의 뜻을 짐작할 수 있는 고사성어들도 많이 있다.

감언이설甘言利說 - 甘(달콤하다), 言(말하다), 利(이익), 說(설득하다)
　　: 달콤한 말을 하고 이득이 있다고 꼬이다.

구사일생九死一生 - 九(아홉 번), 死(죽다), 一(한 번), 生(살아나다)
　　: 여러 번 죽을 고비를 넘기고 간신히 살아나다.

금의야행錦衣夜行 - 錦(비단), 衣(옷), 夜(밤), 行(다니다)
　　: 비단옷을 입고 밤에 돌아다니다(아무 보람이 없는 행동을 하다).

대기만성大器晩成 - 大(크다), 器(그릇), 晩(늦다), 成(이루다)
　　: 큰 그릇은 많은 시간이 지나야 만들어진다(뛰어난 인재는 늦게 빛을 본다).

후래거상後來居上 - 後(나중), 來(오다), 居(자리잡다), 上(위)
　　: 나중에 온 사람이 좋은 자리를 잡다(나중에 와서 끝자리에 앉은 사람이 나갈 때는 제일 유리하다).

그런가 하면 유래를 모르면 뜻을 정확히 알기가 어렵기는 하지만 워낙 널리 알려진 이야기라서 역사에 대한 상식이 어느 정도 있으면 쉽게 알 수 있는 고사성어들도 많다.

삼고초려三顧草廬 - 三(세 번), 顧(방문하다), 草(풀), 廬(오두막집)
　　: 풀로 지붕을 이은 오두막집을 세 번 방문하다.

이 고사성어는 《삼국연의三國演義》의 유명한 일화에서 나왔다. 초야에 묻혀있던 제갈량諸葛亮을 초빙하기 위해 유비劉備가 세 번이나 멀리 떨어진 제갈량의 집을 방문했던 사실에 비유하여, 어떤 사람을 기용하기 위해 여러 차례 부탁하는 것을 뜻한다.

맹모삼천지교**孟母三遷之敎** – 孟母(孟子의 어머니), 三遷(세 번 이사가다), 之(~의), 敎(가르침)

: 맹자孟子 어머니가 세 번이나 이사를 갔다는 교훈.

맹자의 어머니가 맹자를 훌륭한 사람으로 키우기 위해 처음에는 사당 근처로 이사갔고, 다음에는 시장 근처로, 그 다음에는 학교 근처로 세 번이나 이사를 했다는 이야기에 비유하여, 부모가 자식의 교육을 위해 온갖 정성을 다한다는 것을 나타낸다.

삼십육계三十六計 – 三十六(서른여섯), 計(꾀, 기술)

: 서른여섯 번째의 기술.

중국의 전통 무술에는 내외십팔반內外十八班이 있는데, 그 가운데 가장 높은 경지는 내공의 맨 마지막, 즉 서른여섯 번째의 기술로서, 어떤 어려운 상황에서도 자신을 안전하게 보존하는 기술이라는 것에 비유하여, 위험할 때는 도망치고 보는 것이 상책임을 말한다.

한편 어떤 고사성어들은 유래를 어느 정도 정확하게 알아야 그 뜻을 이해하고 또 적절하게 응용할 수 있는 것들도 많다. 이런 고사성어들은 대개 오래 전에 나온 책들과 연관되어 있는 경우가 많다.

화룡점정**畵龍點睛** – 畵(그리다), 龍(용), 點(점을 찍다), 睛(눈동자)

: 용을 그린 뒤 눈동자를 찍어 넣다.

예술품에 생동감을 불어넣는 어떤 결정적인 요소를 가리키는 이 고사성어는 《수형기水衡記》라는 옛날 중국 당唐나라 때의 책에 실려있는 다음과 같은 이야기에서 유래한다.

지금으로부터 천오백 년쯤 전 중국은 남조와 북조로 나뉘어 대치하고 있었다. 남조의 양나라에 장승요張僧繇란 유명한 화가가 있었다. 그는 생동감 넘치는 그림으로 유명했다. 남조의 수도였던 금릉金陵의 안락사安樂寺에서 그에게 벽화를 그려 달라 부탁했다. 부탁을 받은 그는 네 마리의 용을 그렸다. 그러나 그는 눈동자를 그려넣지 않았다. 사람들이 그 이유를 묻자 그는 만약 눈동자를 그려넣으면 용들이 하늘로 날아가 버리기 때문이라고 대답했다.

절에서는 그의 말을 믿지 않았다. 황당무계한 말을 하는 장승요에게 상의하지 않고 절에서는 다른 화가에게 용의 눈동자를 그려넣으라고 했다. 눈동자를 그려넣자마자 이변이 일어났다. 맑은 하늘에서 갑자기 검은 구름이 피어오르고 천둥번개가 천지를 진동하는 가운데 용이 벽을 박차고 하늘로 날아올랐던 것이다. 우르르 무너진 벽을 뒤로하고 용은 순식간에 구름 위로 날아올라 먼 하늘로 사라져 버렸다. 나머지 세 마리의 용은 지금도 승천을 기다리고 있다고 전한다.

기호지세騎虎之勢 − 騎(말을 타다), 虎(호랑이), 之(~의), 勢(형세, 상황)

: 호랑이 등에 올라탄 형세.

감당하기 어려운 일을 벌여놓았기 때문에 계속 밀고 나가도 위험하고 그만두는 것도 위험한 상황을 가리키는 이 고사성어는 《오대사五代史》의 〈당신전唐臣傳〉에 실려있는 다음과 같은 이야기로부터 유래한다.

지금으로부터 천 년쯤 전, 중국 사람들은 당唐이라는 왕조가 망하고 송宋이라는 왕조가 들어서기 전, 오대십국五代十國의 시기라고 불리는 과도기를 겪고 있었다. 당나라의 정통을 이어받았다고 주장하면서 후당後唐을 건국하는 데에 큰 역할을 했던 숭도崇韜라는 사람이 있었다. 숭도는 자기의 측근들에게 이렇게 말했다.

"내가 천자를 보좌하여 천하를 손안에 넣었으니 충분히 큰 공을 세웠지 않느냐. 그러나 이제 세상이 너무 어지러워져서 이번에는 내가 도리어 화를 당할까 두렵다. 내 이제 은퇴하고 고향으로 돌아가고 싶구나."

그러자 한 측근이 이렇게 말했다.

"속담에 호랑이 등에 올라타면 내릴 수 없다고 했습니다. 공께서는 권세가 이미 높을 대로 높아져서 그만큼 적이 많이 생겼습니다. 만약 권세를 잃기만 하시면 그 날로 위험이 닥칠 것입니다."

한자로 이루어진 고사성어의 유래와 그것이 뜻하는 바를 제대로 파악해 두는 것은 우리말 표현 능력의 향상에도 매우 요긴하며, 중국을 포함한 동아시아의 역사와 문화 전통의 이해에도 많은 도움을 줄 수 있다. 앞으로 매 단원에 나오는 고사성어를 유의하여 공부해 두기 바란다.

II

한문 독해의 기초

이제 한문 공부가 시작되었다. 한문 공부란 옛사람들과 대화를 나누고 그들의 지혜를 나누어 갖는 것을 말한다. 나아가 유구한 전통에 빛나는 동아시아 문명의 신비로운 영토를 직접 답사하는 일이기도 하다.

한문의 틀은 생각보다 매우 단순하다. 개개 한자가 복잡한 모양을 하고 있어서 언뜻 보면 어렵게 느껴지기도 하지만 문장 구성 방법이나 문법체계는 단순하고 상식적이다. 이 때문에 황하 유역에서 만들어졌던 한문은 민족과 지역의 울타리를 쉽게 넘어서서 동아시아 전역으로 퍼져나가 두루 쓰일 수 있었다. 의사표현의 방식이 단순하고 상식적이어서 한자에 대한 지식만 어느 정도 있으면 한문을 이해하고 구사하는 것은 그다지 어렵지 않다.

이 단원에서는 한자로 한문 문장을 만드는 틀이란 어떤 것인가를 공부할 것이다. 인용된 한문 문장들은 다 동아시아의 고전 가운데서 뽑은 모범적인 문장들이다. 전문적으로 따지자면 복잡하지만, 한문을 독해하는 데 필요한 기초적인 문법 지식은 이 단원에서 공부하는 것만으로 충분하다. 한자를 늘어놓아 문장을 만드는 방식이 어떤 것인가를 이해해 본다고 가볍게 생각하기 바란다.

1 修身齊家

1. 修身齊家는 治國之本이요, 讀書勤儉은 起家之本이라.
<small>수신제가　　　치국지본　　　독서근검　　기가지본</small>
●《사자소학》

2. 仁은 人之安宅也요 義는 人之正路也라.
<small>인　　인지안택야　　의　　인지정로야</small>
●《맹자》

3. 近墨者黑하고 近朱者赤이라.
<small>근묵자흑　　　근주자적</small>
●《사자소학》

4. 奢者는 心常貧하고 儉者는 心常富라.
<small>사자　심상빈　　검자　심상부</small>
●《신자》

5. 吞舟之魚는 不游支流라.
<small>탄주지어　　불유지류</small>
●《열자》

6. 積善之家는 必有餘慶이라.
<small>적선지가　　필유여경</small>
●《사자소학》

7. 君子는 憂我之弱하고 而不憂敵之强이라.
<small>군자　우아지약　　이불우적지강</small>
●《동래박의》

8. 德不孤니 必有鄰이라.
<small>덕불고　　필유린</small>
●《논어》

9. 不積細流면 無以成江海라.
<small>부적세류　　무이성강해</small>
●《순자》

10. 身病은 待醫而愈하고 國難은 待賢而治라.
<small>신병　대의이유　　국난　대현이치</small>
●《잠부론》

1. 자신의 몸을 닦고 집안을 가지런히 하는 것은 나라를 다스리는 근본이요, 책을 읽고 부지런하고 검소한 것은 집안을 일으키는 근본이다.

2. 인仁은 사람의 편안한 집이요, 의義는 사람의 바른 길이다.

3. 먹을 가까이하는 사람은 검어지고, 주사朱砂를 가까이하는 사람은 붉어진다.

4. 사치한 사람은 마음이 항상 가난하고, 검소한 사람은 마음이 항상 부유하다.

5. 배를 삼킬 만한 물고기는 지류에서 헤엄치지 않는다.

6. 선을 쌓는 집안은 반드시 넉넉한 경사가 있다.

7. 군자는 자신의 약함을 걱정하고, 적의 강함을 걱정하지 않는다.

8. 덕 있는 사람은 외롭지 않으니 반드시 이웃이 있다.

9. 작은 물을 모으지 않으면 강이나 바다를 이룰 수가 없다.

10. 몸의 병은 의사에 의하여 낫고, 나라의 어려운 일은 어진 사람에 의하여 다스려진다.

한자활용

修
修交(수교) : 나라 사이에 교제를 맺는 것.
修養(수양) : 몸과 마음을 단련하여 도덕 등을 닦음.
補修(보수) : 보충하여 수리하는 것.

路
路線(노선) : 일정한 목표를 향해 나아가는 길.
道路(도로) : 사람·차 등이 다니는 넓은 길.
通路(통로) : 통행하는 길.

儉
儉素(검소) : 사치하지 않고 수수함.
儉約(검약) : 낭비하지 않고 아껴씀.
節儉(절검) : 절약하고 검소하게 하는 것.

積
積滯(적체) : 쌓여서 막히는 것.
累積(누적) : 포개어 쌓거나 쌓이는 일.
船積(선적) : 배에 짐을 싣는 것.

字句 풀이

• 修身(수신)
몸을 닦음, 자기 자신을 수양함.

• 齊家(제가)
집안을 가지런히 함, 집안을 다스림.

• 治國之本(치국지본)
나라를 다스리는 근본. '之'는 결구조사.

• 勤儉(근검)
부지런하고 검소함.

• 起家之本(기가지본)
집안을 일으키는 근본.

• 人之安宅(인지안택)
사람의 편안한 집. '之'는 결구조사.

• 也(야)
판단어기사.

• 近墨者黑(근묵자흑)
먹을 가까이하는 사람은 검어짐. '者'는 '~하
는 사람', 경우에 따라서 '~한 것'으로도 쓰
임.

• 近朱者赤(근주자적)
주사朱砂를 가까이하는 사람은 붉어짐. '朱'는
주사로 광택이 있는 붉은 광물질.

• 奢者(사자)
사치한 사람. '者'는 '~하는 사람'.

• 心常貧(심상빈)
마음이 항상 가난함.

• 呑舟之魚(탄주지어)
배를 삼킬 만큼 큰 물고기. '呑'은 삼키다.

• 積善之家(적선지가)
선善을 쌓는 집안, 착한 일을 많이 하는 집안.

• 必有餘慶(필유여경)
반드시 충분한 경사가 있음.

• 君子(군자)
마음이 어질고 덕행이 높은 사람.

• 憂我之弱(우아지약)
자신의 약함을 걱정함.

• 而(이)
접속사. 동사, 형용사, 동사성의 구句 등을 연
결함.

• 德不孤(덕불고)
덕이 있는 사람은 외롭지 않음. '德'은 덕이 있
는 사람.

• 必有鄰(필유린)
반드시 이웃이 있음. '鄰'은 이웃.

• 不積細流(부적세류)
작은 물을 모으지 않음.

• 無以(무이)
'~할 수 없다'.

• 待醫而愈(대의이유)
의사를 기다려야 나을 수 있다. '而'는 접속사.
'愈'는 병이 낫다.

• 待賢而治(대현이치)
어진 사람을 기다려야 다스려진다. '賢'은 어
진 사람, 덕행이 있고 재지才智가 많은 사람.

하나의 문장은 주어와 술어로 이루어지는데, 술어가 될 수 있는 것은 여러 가지가 있다.

(1) 명사 또는 명사구가 술어가 될 수 있다.

- 仁, 安宅也.(인은 편안한 집이다.)
- 仁, 人之安宅也.(인은 사람의 편안한 집이다.)
- 勤儉, 起家之本.(근면함과 검소함은 집안을 일으키는 근본이다.)
- 讀書勤儉, 起家之本.(책을 읽는 것과 근면함과 검소함은 집안을 일으키는 근본이다.)
- 勤儉, 起家治國之本.(근면하고 검소함은 집안을 일으키고 나라를 다스리는 근본이다.)

(2) 형용사가 술어가 될 수 있다.

- 心富.(마음이 부유하다.)
- 心淸.(마음이 맑다.)
- 心常富.(마음이 항상 부유하다.)
- 心不淸.(마음이 맑지 않다.)

(3) 동사가 술어가 될 수 있으며, 이 경우 목적어를 대동하는 경우가 많다.

- 魚游.(물고기가 헤엄을 친다.)
- 魚不游.(물고기가 헤엄치지 않는다.)
- 魚游支流.(물고기가 지류에서 헤엄친다.)
- 大魚不游支流.(큰 물고기는 지류에서 헤엄치지 않는다.)
- 君子憂.(군자가 근심한다.)
- 君子憂弱.(군자는 약함을 근심한다.)
- 君子憂我之弱.(군자는 자신의 약함을 근심한다.)

참고

사자소학四字小學　어린이들에게 한자漢字를 가르치기 위하여 경전에서 알기 쉬운 내용을 뽑아서 넉 자를 한 구로 하여 엮은 책.

맹자孟子　맹자孟子가 그의 제자들과 함께 저술한 책.

신자愼子　중국 전국시대의 사상가인 신도愼到가 지은 사상서.

주역周易　삼경三經의 하나로 《역경易經》, 《역易》으로 부르기도 함.

동래박의東萊博議　중국 송나라의 학자인 여조겸呂祖謙이 지은 책.

논어論語　공자孔子의 언행言行 및 제자들과 문답한 내용을 기록한 책.

순자荀子　중국 전국시대의 사상가였던 순경荀卿이 지은 책.

잠부론潛夫論　중국 후한시대의 사상가인 왕부王符가 지은 책.

지은이

최치원崔致遠(857~?)

신라 말의 문인으로 호는 고운孤雲, 해운海雲이다. 12세에 당唐나라에 들어가 18세에 과거에 급제했으며, 중국에서 크게 문명文名을 떨쳤다. 문집으로 《계원필경桂苑筆耕》이 전한다.

추 야 우 중
秋夜雨中
─가을밤에 비 내리는데

崔 致 遠

秋風唯苦吟 (추풍유고음)

世路少知音 (세로소지음)

窓外三更雨 (창외삼경우)

燈前萬里心 (등전만리심)

가을 바람에 오직 괴롭게 읊나니
세상에 나를 알아주는 이 적구나.
창 밖에 깊은 밤 비 내리는데
등불 앞에서 만리를 달리는 마음.

字句 풀이

世路─세도世途. 세상.

知音─자신을 알아주는 사람. 백아伯牙와 종자기鍾子期의 고사에서 유래된 말이다. 백아가 거문고를 타면 종자기가 그 음이 뜻하는 바를 정확하게 알아맞혔다고 하며, 훗날 종자기가 죽자 백아는 슬퍼하며 거문고 줄을 끊어 버렸다고 한다.

三更─밤 11시에서 1시 사이. 자정子正 전후. 깊은 밤.

萬里心─만리나 떨어진 고국을 그리워하는 마음.

해설 이 시는 일반적으로 최치원이 당나라에서 고향을 그리워한 작품으로 본다. 가을밤에 비 내리는 속에 머나먼 타국에서의 깊은 외로움과 정감이 잘 나타나 있다. 시인은 한밤중에 잠 못이루고 창 밖의 빗소리를 들으며, 등불 아래에서 외로운 마음은 천만리나 떨어진 고향이나 지기知己를 향해 치달리고 있는 것이다.

유 우 중 문
遺于仲文
– 우중문에게 남기다

乙支文德

神策究天文 (신책구천문)
妙算窮地理 (묘산궁지리)
戰勝功旣高 (전승공기고)
知足願云止 (지족원운지)

신통한 책략은 천문을 연구했고
오묘한 계산은 지리도 꿰뚫었구려.
싸움에 이겨 공 이미 높으시니
만족하고 이젠 그만 그쳐주시길.

지은이

을지문덕乙支文德

고구려 영양왕嬰陽王 때의 명장이다. 612년 수隋나라 양제煬帝가 우문술宇文述과 우중문于仲文을 대장으로 삼아 30만 대군을 이끌고 쳐들어 왔을 때 살수薩水에서 크게 격파하였다.

字句 풀이

神策 – 신통한 책략.
天文 – 날짜, 간지干支 등을 가지고 길흉을 예측하는 일. 또는 낮과 밤, 추위 더위나 날씨 등을 참고하는 일.
妙算 – 오묘한 계산.
云 – 어기사. 음을 고르게 하기 위한 것임.

해설 이 시는 살수대첩 때 을지문덕이 적을 유인하여 속일 목적으로 적장 우중문에게 보낸 시이다. 표면적으로는 우중문을 한껏 칭찬하며 추어올리고 있지만, 그 이면에선 은근히 비꼬면서 멸시하고 있음을 알 수 있다. 을지문덕 장군의 자신감과 기개가 배어있는 시이다.

'똑똑한' 임금이 망한다

옛날 괵虢나라 임금이 나라가 망하여 도망을 가다가 마부에게 목이 마르다고 하자 마부는 곧 맛있는 술을 바쳤고, 배가 고프다고 하자 곧 고기 반찬을 곁들인 식사를 차려왔다.

"어떻게 마련하였느냐?"

"미리 준비해 두었습니다."

"왜 미리 준비해 두었더냐?"

"임금님께서 도망가실 때 굶주리고 목이 마르실까 봐서 준비했던 것입니다."

"그럼 너는 내가 망하게 되리라는 것을 알았단 말인데, 왜 간하지 않았느냐?"

"임금님께서는 아첨하는 말을 좋아하시고 올바른 말은 싫어하셨습니다. 저도 간언을 드릴까 생각해 보았으나 나라가 망하기 전에 제가 먼저 죽게 될 것 같아 그만 두었습니다."

"그래? 그럼 내가 망한 것은 무엇 때문이라고 생각하느냐?"

"임금님께서 망하신 것은 지나치게 현명하셨기 때문입니다."

"현명한 사람이 번성하지 않고 망하게 된 것은 또 무슨 까닭이냐?"

"임금님 주위에 임금님보다 현명한 사람이 없고 임금님 혼자 현명하셨기 때문입니다."

임금은 마부의 말을 듣고 기뻐서 수레의 앞쪽 가로막대에 몸을 기대어 웃으면서 말하였다.

"허허, 똑똑한 내가 이런 어려움을 겪게 되다니……."

말을 마치자 그는 온몸의 힘이 빠지고 극도로 피곤함을 느껴 마부의 무릎을 베고 잠이 들었다. 마부는 살며시 자기 무릎을 빼고 대신 돌멩이 하나를 베개로 받쳐주고 떠났다. 그 후 임금은 들판을 헤매다가 호랑이에게 잡아먹히고 말았다.

●《한시외전韓詩外傳》 석괵군출망昔虢君出亡

출전 《한시외전》은 한漢나라 때의 한영韓嬰이 편찬한 책으로 잡다한 이야기가 많이 실려 있다.

刮目相對(괄목상대)

학식이나 재주가 놀랄 만큼 발전하다

글자풀이
刮(괄) – 눈을 비비다. 깎다.
對(대) – 대하다.

뜻풀이
눈을 비비고 대한다는 뜻으로 상대방의 학식이나 재주가 놀랄만큼 발전한 것을 가리킨다.

삼국시대 오吳나라 손권孫權의 부하 중에 여몽呂蒙은 무예는 뛰어났지만 학식은 거의 없었다. 그가 장군으로 승진되었을 때 손권이 그를 보고 공부를 할 것을 권했다.

여몽은 그 뒤 열심히 책을 읽었다. 얼마 후 그의 동료인 노숙魯肅이 그를 보고는, "더 이상 옛날의 여몽이 아니네"라고 하며 현격하게 발전한 그의 학문에 깜짝 놀랐다고 한다. 여몽은 이를 바탕으로 뒤에 관우關羽를 격파하는 등 오나라에 큰 공을 세웠다.

刻舟求劍(각주구검)

미련하고 융통성이 없다

글자풀이
刻(각) – 새기다. 깎다.
舟(주) – 배.
求(구) – 구하다. 청하다.
劍(검) – 칼. 찌르다.

뜻풀이
칼을 물에 빠뜨리고서 뱃전에 표시를 해 두고 나중에 찾는다는 뜻으로 시세時勢에 어둡고 미련하여 융통성이 없음을 비유한 말이다.

이 이야기는 《여씨춘추呂氏春秋》에 나온다.

옛날 초楚나라에 배를 타고 강을 건너는 사람이 있었는데, 그만 들고 가던 칼을 물에 빠뜨리고 말았다.

그는 얼른 칼이 떨어진 그 뱃전에다 표시를 해 두고는, "내가 칼을 빠뜨린 곳이 바로 여기다"라고 하면서 스스로 총명하다고 여기며 흐뭇해했다.

그리고 배가 나루에 도착한 뒤에 그 표시해 둔 밑으로 내려가 칼을 찾더라는 이야기가 있다.

2 百行之源

1. <ruby>孝</ruby>는 <ruby>爲百行之源</ruby>이라.   ●《해동속소학》
   - 효 위백행지원

2. 知者는 樂水하고 仁者는 樂山이라.   ●《논어》
   - 지자 요수 인자 요산

3. 君子는 和而不同하고 小人은 同而不和라.   ●《논어》
   - 군자 화이부동 소인 동이불화

4. 古之學者는 爲己요 今之學者는 爲人이라.   ●《논어》
   - 고지학자 위기 금지학자 위인

5. 嚴父는 出孝子하고 嚴母는 出孝女라.   ●《명심보감》
   - 엄부 출효자 엄모 출효녀

6. 我腹旣飽면 不察奴飢라.   ●《이담속찬》
   - 아 복 기 포 불 찰 노 기

7. 見利而先을 謂之貪이요 見利而後를 謂之廉이라.   ●《동래박의》
   - 견 리 이 선 위 지 탐 견 리 이 후 위 지 염

8. 小人은 以小善으로 爲無益而弗爲也하며
   - 소 인 이 소 선 위무익이불위야

   以小惡으로 爲無傷而弗去也라.   ●《주역》
   - 이 소 악 위 무 상 이 불 거 야

9. 天之道는 損有餘而補不足이나
   - 천 지 도 손 유 여 이 보 부 족

   人之道則不然하여 損不足而奉有餘라.   ●《노자》
   - 인 지 도 즉 불 연 손 부 족 이 봉 유 여

1. 효도는 모든 행실의 근본이 된다.

2. 지혜로운 사람은 물을 좋아하고, 어진 사람은 산을 좋아한다.

3. 군자는 조화하고 부화뇌동하지 않으며, 소인은 부화뇌동하고 조화하지 않는다.

4. 옛날의 학자는 자기를 위해 학문을 하였고, 지금의 학자는 남을 위해 학문을 한다.

5. 엄격한 아버지는 효자를 낳고, 엄격한 어머니는 효녀를 낳는다.

6. 나의 배가 이미 부르면 종의 배고픔은 살피지 않는다.

7. 이익을 보고 앞으로 나서는 것을 탐욕이라 하고, 이익을 보고 뒤로 물러나는 것을 청렴이라 한다.

8. 소인은 작은 선善을 보탬이 될 것이 없다고 여겨서 행하지 않으며, 작은 악惡은 해로울 것이 없다고 여겨서 제거하지 않는다.

9. 하늘의 도道는 넉넉한 것을 덜어내어 부족한 것을 채워주는데, 사람의 도는 그렇지 않아 부족한 것을 덜어내어 넉넉한 것을 받든다.

한 자 활 용

孝
孝婦(효부) : 시부모를 잘 섬기는 며느리.
孝順(효순) : 효성으로 부모를 섬기며 순종하는 것.

和
和氣(화기) : ①평온한 기분.
②온화한 기후.
和樂(화락) : 함께 사이좋게 지내다.
柔和(유화) : 성질이 부드럽고 온화하다.

源
源流(원류) : ①물의 흐름의 근원.
②사물의 근원.
源泉(원천) : ①물이 흘러나오는 근원.
②사물의 근원.

奉
奉公(봉공) : 공사公事를 위하여 전력하다.
奉命(봉명) : 명령을 받들다.
信奉(신봉) : 믿고 받들다.

- **爲百行之源** (위백행지원)

  모든 행실의 근원이 된다. '爲'는 동사로 '~이 되다'. '百行'은 모든 행실.

- **知者** (지자)

  지혜로운 사람. '知'는 지혜[智]의 뜻으로 쓰였다. '者'는 '~한 사람'.

- **樂水** (요수)

  물을 좋아하다. '樂'는 '요'로 읽고, 의미는 좋아하다.

- **樂山** (요산)

  산을 좋아하다.

- **和而不同** (화이부동)

  조화하고 부화뇌동하지 않다. '和'는 맹목적으로 부화하지 않고 이견異見이나 이의異議를 적절하게 조화하는 것. '同'은 맹목적으로 남의 의견에 부화뇌동하는 것.

- **古之學者** (고지학자)

  옛날의 학자. 옛날에 공부하던 사람. '之'는 결구조사. '者'는 '~한 사람'.

- **爲己** (위기)

  자기를 위하다. (도를) 자기 몸에서 얻으려고 하는 것. '爲'는 '위하다'.

- **爲人** (위인)

  남을 위하다, 남에게 인정받고자 하는 것. '人'은 '남'.

- **嚴父** (엄부)

  엄격한 아버지.

- **旣飽** (기포)

  이미 배부르다.

- **奴飢** (노기)

  종의 배고픔.

- **見利而先** (견리이선)

  이익을 보고 앞으로 나서다. '而'는 접속사.

- **謂之貪** (위지탐)

  탐욕이라고 한다. '謂之'는 '~이라고 한다'.

- **以小善爲無益** (이소선위무익)

  작은 선을 보탬이 없는 것으로 여기다. '以A爲B'는 'A를 B로 여기다'.

- **弗爲也** (불위야)

  하지 않는다. '弗'은 부정사로 '不'과 같으며 주로 동사의 부정에 쓰임. '也'는 판단어기사.

- **天之道** (천지도)

  하늘의 도. '之'는 결구조사.

- **損有餘** (손유여)

  넉넉한 것을 덜어내다. '損'이 동사로 '덜어내다'.

- **人之道則不然** (인지도즉불연)

  사람의 도는 그렇지 않다. '則'은 접속사.

(1) 문장은 주어와 술어가 결합함으로써 이루어진다.

- 孝, 百行之本.(효도는 모든 행동의 근본이다.)
  (주어)　(술어)

- 孝, 爲百行之源.(효도는 모든 행실의 근원이 된다.)
  (주어)　(술어)

(2) 문장 중에는 주어와 술어의 결합이 두 번 이상 출현하는 것이 있다.

- 知者 樂水, 仁者 樂山.
  (주어) (술어) (주어) (술어)
  (지혜로운 사람은 물을 좋아하고, 어진 사람은 산을 좋아한다.)

- 知者 樂, 仁者 壽.
  (주어) (술어) (주어) (술어)
  (지혜로운 사람은 즐겁고, 어진 사람은 장수한다.)

- 見利而先, 謂之貪, 見利而後, 謂之廉.
  　(주어)　(술어)　(주어)　(술어)
  (이익을 보고 앞으로 나서는 것을 탐욕이라 하고, 이익을 보고 뒤로 물러나는 것을 청렴이라고 한다.)

- 見害而先, 謂之義, 見害而後, 謂之怯.
  　(주어)　(술어)　(주어)　(술어)
  (해로울 것을 보고도 앞으로 나서는 것을 의義라 하고, 해로울 것을 보고는 뒤로 물러나는 것을 겁怯이라고 한다.)

참고

해동속소학海東續小學　우리나라에서 중국의 《소학小學》을 본따서 편찬한 책.

명심보감明心寶鑑　중국 명明나라 범입본范立本이 엮은 책. 일상생활에 필요한 격언을 각종 책에서 발췌하였다.

이담속찬耳談續纂　조선 정조 때 정약용丁若鏞이 엮은 속담 책. 중국 명나라 왕동궤王同軌가 지은 《이담耳談》에 우리나라 고유의 속담을 보충하였다.

노자老子　중국 고대의 사상가인 노자老子의 사상을 담은 책.

지은이

최승로崔承老(927~989)

고려 초기의 학자로 어려서부터 총명하였고 문장에도 뛰어났다. 벼슬은 문하수시중門下守侍中에 이르렀고 청하후淸河侯에 봉해졌으며, 죽은 후에 태사太師로 추증되었다.

대 인 기 원
代人寄遠

－남을 대신해서 먼 곳에 부치다

崔 承 老

一別征車隔世來 (일별정거격세래)
幾勞登望倚樓臺 (기로등망의누대)
雖然有此相思苦 (수연유차상사고)
不願無功便早回 (불원무공변조회)

한 차례 원정 나가는 수레를 이별한 후 오랜 세월 내내
누대에 올라 바라보던 일 얼마나 괴로웠던가?
비록 이런 상사相思가 고통스럽기는 하나
공功 없이 일찍 돌아오는 것 바라지 않는다오.

字句 풀이

隔世－세대를 거름. 오랜 세월.
幾勞－얼마나 괴로웠던가?
登望－올라서 바라보다.
雖然－비록 ～하나.
相思苦－상사相思의 괴로움. '相'은 동작의 대상이나 상대방을 지칭하며, '相思'는 어떤 사람을 일방적으로 그리워하는 것임.
便－곧장.

해설 이 시는 시인이 아내의 입장에서 원정 나가 있는 남편에게 부치는 형식으로 쓴 작품이다. 숱한 날을 누대에 올라 남편을 애타게 그리워하면서도 빨리 돌아오라고 하지 않고 오히려 공을 세움이 없이 일찍 돌아오지 말라고 한다. 이러한 자기 억제와 모순된 심리 속에 더욱 짙은 그리움과 애정이 표현되어 있다.

晉州山水圖
진 주 산 수 도

- 진주 산수 그림

鄭 與 齡

數點靑山枕碧湖 (수점청산침벽호)
公言此是晉陽圖 (공언차시진양도)
水邊草屋知多少 (수변초옥지다소)
中有吾廬畵也無 (중유오려화야무)

몇 점의 청산들 푸른 호수를 베고 있는데
공께서는 이것이 진양도晉陽圖라 하네.
호숫가에 초가집 얼마나 될까?
그 속에 내 초막이 있으련만 그림이라서 없구나.

지은이

정여령鄭與齡

고려 인종仁宗 때의 사람으로 고향은 진주晉州이며 시에 능했고, 이지저李之底(1092~1145)의 부관이었다.

字句 풀이

晉陽 ― 진주晉州.
草屋 ― 초가집.
知多少 ― 얼마나 될까? 얼마나 될지 모르겠다. '知'는 문맥에 따라서 '不知'의 뜻으로도 쓰임.
吾廬 ― 나의 초막.
畵也無 ― 그림이라서 없다. '也'는 조사.

해설 이 시는 이지저李之底가 어떤 사람이 바친 그림을 벽에 걸어놓고 보고 있을 때 정여령이 마침 방문을 하였기에 이지저가, "이 그림이 그대의 고향이니 한 수 지어라"라고 하여 즉석에서 지은 것이라고 한다. 재빠르게 유머와 재치를 발휘하여 그림을 읊은 솜씨가 기발하다.

누가 당신을 똑똑하다고 하였습니까?

공자孔子가 동쪽 지역을 여행할 때였다. 두 아이가 말다툼하는 것을 보고 그 까닭을 물었더니 한 아이가 말했다.

"나는 해가 막 떠오를 때 사람에게서 가까이 있고, 낮에 하늘 한가운데 있을 때 멀다고 생각합니다."

그러나 또 다른 한 아이는 해가 막 떠오를 때 멀리 있고, 하늘 한가운데 있을 때 더 가깝다고 하였다.

먼저 아이가 그 이유를 말했다.

"해가 막 떠오를 때는 크기가 수레덮개만하지만, 낮에 하늘 한가운데 있을 때에는 쟁반만할 뿐이지요. 이는 멀리 있어서 작고 가까이 있어서 크다는 사실을 말하는 게 아닙니까?"

그러자 다른 아이도 그 이유를 말했다.

"해가 막 떠오를 때에는 서늘했는데, 하늘 한가운데 있을 때는 화로처럼 뜨겁지요. 이는 가까이 있어서 뜨겁고, 멀리 있어서 서늘하다는 사실을 말하는 게 아닙니까?"

하지만 공자도 그 다툼을 판결하여 줄 수 없었다. 그러자 두 아이는 웃으면서 말했다.

"도대체 누가 당신을 똑똑하다고 하였습니까?"

●《열자列子》 양소아변투兩小兒辯鬪

출전 《열자》는 열어구列御寇가 지은 책이다. 그는 정鄭나라 사람으로 대체로 춘추시대 말기에서 전국시대 초기(B.C. 450~375)에 이르는 기간에 살았다. 이 책에는 우언이 매우 풍부한데, 그 중 다수가 민간에서 채집된 이야기들이다.

鷄鳴狗盜 (계명구도)

잔꾀를 잘 부리거나 비열한 행동을 하는 사람

글자풀이

鷄(계) - 닭.
鳴(명) - 울다.
狗(구) - 개. 강아지.
盜(도) - 훔치다. 도둑질.

뜻풀이

닭의 울음소리를 잘 내는 사람과 개처럼 도둑질을 잘하는 사람이라는 뜻인데, 일반적으로 잔꾀를 잘 부리고 비열한 행동을 하는 사람을 일컫는다.

전국시대 제齊나라의 맹상군孟嘗君은 식객이 3천 명이 넘었는데, 어떤 재주든지 하나의 재주가 있는 사람이면 모두 잘 대접하였다. 그는 진秦나라 소왕昭王의 초청으로 진나라에 갔다가 억류되고 말았다. 그 때 소왕의 애첩이 여우의 겨드랑이 밑 털로 만든 좋은 옷[狐白裘]을 원하였다.

그는 이미 소왕에게 주어 버렸던 한 벌뿐인 그 옷을 자기 식객 중에 개 흉내를 잘 내는 자로 하여금 훔쳐내게 하여 애첩에게 바쳤다. 그 애첩의 도움으로 달아나는 데는 성공했지만 한밤중에 함곡관函谷關에서 막히고 말았다.

그 때 그의 식객 중에 닭 울음소리를 잘 내는 자의 도움으로 함곡관을 벗어나 무사히 제나라로 귀환했다고 한다.

이로부터 아무리 천한 재주라도 쓰일 때가 있다는 뜻으로 사용되기도 하지만, 천한 재주로 비열한 행동을 한다는 다소 비꼬는 뜻으로 더 많이 쓰인다.

乾坤一擲 (건곤일척)

흥망을 운명에 맡기고 단판승부를 하다

글자풀이

乾(건) - 하늘.
坤(곤) - 땅.
擲(척) - 던지다. 버리다. 노름을 하다.

뜻풀이

'건곤'은 하늘과 땅이고, '일척'은 한 번 던진다는 뜻이다. 즉 도박을 하는데 하늘과 땅, 곧 천하를 건다는 것이다. 도박에서 이기면 천하를 얻게 되고 지면 천하를 잃게 되는 것이다. 즉 흥망성쇠를 운명에 맡기고 단판승부를 하는 것을 의미한다.

당唐나라 한유韓愈의 시〈홍구를 지나며(過鴻溝)〉에 '참으로 한번 던져 하늘과 땅을 걸게 만들었다(眞成一擲賭乾坤)'는 구절이 나온다.

항우項羽와 유방劉邦이 홍구에서 천하를 양분하고 돌아가려는데, 유방의 부하들이 유방의 말머리를 돌려 천하를 놓고 최후의 승부를 결정짓는 도박을 하게 만들었다는 뜻이다.

3 衆人與聖人

중 인 여 성 인   기 본 성 즉 일 야
1. 衆人與聖人이 其本性則一也라.   ●《격몽요결》

위 정 지 요   왈 공 여 청   성 가 지 도   왈 검 여 근
2. 爲政之要는 曰公與淸이요 成家之道는 曰儉與勤이라.

척 벽 비 보   촌 음 시 경   ●《명심보감》
3. 尺璧非寶요 寸陰是競하라.   ●《명심보감》

견 선 여 갈   문 악 여 롱
4. 見善如渴하고 聞惡如聾하라.   ●《명심보감》

일 월 성 신 자   천 지 소 계 야
5. 日月星辰者는 天之所係也라.   ●《계몽편》

유 음 덕 자   천 보 이 복
6. 有陰德者는 天報以福이라.   ●《몽구》

도 부 동   불 상 위 모
7. 道不同이면 不相爲謀라.   ●《논어》

군 자 지 교   담 여 수   소 인 지 교   감 약 례
8. 君子之交는 淡如水요 小人之交는 甘若醴라.   ●《장자》

군 자 여 군 자   이 동 도 위 붕   소 인 여 소 인   이 동 리 위 붕
9. 君子與君子는 以同道爲朋하고 小人與小人은 以同利爲朋

이라.   ●〈붕당론〉

홍 국 지 군   낙 문 기 과   황 란 지 주   낙 문 기 예
10. 興國之君은 樂聞其過요 荒亂之主는 樂聞其譽라.

●《문중자》

1. 보통 사람과 성인聖人이 그 본성은 하나이다.

2. 정치를 하는 데 중요한 것은 공정함과 청렴함이요, 집안을 일으키는 도道는 검소함과 근면함이다.

3. 한 자 되는 구슬이 보배가 아니고, 짧은 시간을 다투어라.

4. 착한 것을 보면 마치 목마른 것처럼 하고, 악한 소리를 들으면 귀머거리처럼 하라.

5. 해와 달과 별은 하늘에 걸려 있는 것들이다.

6. 음덕陰德이 있는 사람은 하늘이 복으로 보답해 준다.

7. 도가 같지 않으면 서로 도모하지 말아야 한다.

8. 군자의 사귐은 담박하기가 물과 같고, 소인의 사귐은 달기가 단술과 같다.

9. 군자들은 도를 같이하는 사람을 벗으로 삼고, 소인들은 이익을 같이하는 사람을 벗으로 삼는다.

10. 나라를 부흥시키는 임금은 허물 듣는 것을 즐거워하고, 나라를 어지럽히는 임금은 칭찬 듣는 것을 즐거워한다.

한 자 활 용

聖
聖地(성지) : 성인의 유적이 있는 곳.
神聖(신성) : 신神과 같이 성스러움.

政
政見(정견) : 정치상의 식견이나 의견.
苛政(가정) : 가혹한 정치.

寶
寶庫(보고) : ①보배 창고. ②물자가 많이 나는 곳.
家寶(가보) : 대대로 내려오는 집안의 보물.

興
興趣(흥취) : 흥겨운 정취.
感興(감흥) : 마음에 깊이 감동되어 일어나는 흥취.

字句
풀이

- **衆人**(중인)
  보통사람.

- **本性**(본성)
  본래 가지고 있는 성질.

- **一也**(일야)
  동일하다. '也'는 판단어기사.

- **爲政之要**(위정지요)
  정치를 하는 데 중요한 점. '之'는 결구조사.

- **曰公與淸**(왈공여청)
  공정함과 청렴함이다. '曰'은 '~이다'. '與'는
  접속사.

- **尺璧**(척벽)
  한 자 되는 구슬. '尺'은 길이 단위로 한 자.

- **寸陰是競**(촌음시경)
  시간을 다투다. '寸陰'은 짧은 시간. '是'는 동
  사+목적어로 된 구절을 강조하기 위해 도치
  시킬 때 쓰이는 조사, 즉 競寸陰을 도치하여
  寸陰是競으로 함.

- **如渴**(여갈)
  마치 목마른 것처럼 여기다. '如'는 '마치 ~
  와 같다'.

- **天之所係也**(천지소계야)
  하늘이 매고 있는 것이다. '之'는 결구조사.
  '所'는 '~하는 바', '~하는 것'. '也'는 판단어
  기사.

- **有陰德者**(유음덕자)
  음덕을 가지고 있는 사람. '陰德'은 세상에 알
  려지지 않은 덕행.

- **天報以福**(천보이복)
  하늘이 복으로 보답해 주다. '以'는 개사로 '~
  로써'.

- **甘若醴**(감약례)
  달기가 단술과 같다. '若'은 '~와 같다'. '醴'
  는 단술.

- **以同道爲朋**(이동도위붕)
  도를 같이하는 사람을 친구로 한다. '以A爲B'
  는 'A를 B로 여기다'.

- **荒亂之主**(황란지주)
  나라를 어지럽히는 데 탐닉하는 임금. '荒'은
  탐닉하다, 빠지다.

문장을 구성하는 성분은 몇 가지 방식으로 상호 결합할 수 있다.

(1) 둘 이상의 성분이 서로 대등한 관계를 이루어 결합한다.

- 勤儉(근면과 검소)
- 儉與勤(검소와 근면)
- 日月(해와 달)
- 日月星辰(해와 달과 별)

(2) 수식어와 피수식어의 관계를 이루며 결합한다. 즉 한 성분이 다른 한 성분을 수식하는 구조인데, 수식어가 앞에 위치하고 피수식어가 뒤에 위치한다.

- 國君(나라의 임금)
- 興國之君(나라를 부흥시키는 임금)
- 相謀(서로 도모하다)
- 不謀(도모하지 않는다)
- 不相謀(서로 도모하지 않는다)

(3) 동사와 목적어의 관계를 이루며 결합한다. 동사가 앞에 위치하고 목적어가 뒤에 위치한다.

- 聞過(허물을 듣다)
- 聞其過(그 허물을 듣다)
- 樂聞其過(그 허물을 듣는 것을 즐거워한다)

(4) 주어와 술어의 관계를 이루며 결합한다.

- 本性, 一.(본성은 동일하다.)
- 本性, 一也.(본성은 동일하다.)
- 本性則一也.(본성은 곧 동일하다.)

참고

격몽요결擊蒙要訣 율곡栗谷 이이李珥가 제자들을 가르치기 위해 지은 책.

계몽편啓蒙篇 저자는 미상이며, 어린이들의 산문散文 입문서.

몽구蒙求 중국 당나라의 이한李瀚이 편찬한 책.

장자莊子 중국 전국시대 장주莊周의 사상과 철학이 담긴 책.

붕당론朋黨論 중국 송나라의 문인인 구양수歐陽修가 지은 글.

문중자文中子 중국 수나라의 왕통王通이 편찬한 책.

詠懷 ^{영 회} 其一

― 감회를 읊다

阮　籍

夜中不能寐 (야중불능매)

起坐彈鳴琴 (기좌탄명금)

薄帷鑒明月 (박유감명월)

清風吹我襟 (청풍취아금)

孤鴻號外野 (고홍호외야)

朔鳥鳴北林 (삭조명북림)

徘徊將何見 (배회장하견)

憂思獨傷心 (우사독상심)

밤에 잠 못 이루고
일어나 앉아 거문고를 탄다.
얇은 휘장에는 밝은 달이 비치고
맑은 바람은 내 옷깃에 분다.
외로운 기러기는 바깥 들판에서 소리쳐 울고
북국의 새들은 북쪽 숲에서 운다.
배회하며 장차 무엇을 보려 하는가?
근심스런 생각에 홀로 마음만 상한다.

지은이

완적阮籍(210~263)

　중국 위魏나라 때의 시인으로 자는 사종嗣宗이다. 건안칠자建安七子의 한 사람인 완우阮瑀의 아들이며, 당시 실권자인 사마씨司馬氏 집단으로부터 화를 피하기 위해 술을 즐기고 방종한 생활을 하였다.

字句 풀이

鳴琴―거문고.
薄帷―얇은 휘장.
鑒―비치다. '照'의 뜻.
襟―옷깃. 가슴.
號―소리쳐 울다. 울부짖다.
朔鳥―북국北國에서 날아온 새.
徘徊―배회하다. 서성거리다.

　〈영회시詠懷詩〉82수는 문학성이 높은 완적의 대표작이다. 〈영회시〉는 완곡한 비흥比興의 수법을 써서 자신의 포부의 좌절과 고민을 표출하고, 당시의 어두운 사회상을 폭로한 시이다. 그 첫 번째 작품으로 서시序詩 같은 이 시는 그러한 특징이 잘 나타나 있다. 시인의 고민이 무엇인지는 직접적으로 말하지 않고, 밤에 잠 못이루고 배회하는 행동이나 밤중의 처량한 풍경묘사를 통해 은연중에 더욱 깊은 시름을 드러내고 있다.

^{절 구}
絶句

崔 冲

滿庭月色無烟燭 (만정월색무연촉)
入坐山光不速賓 (입좌산광불속빈)
更有松絃彈譜外 (갱유송현탄보외)
只堪珍重未傳人 (지감진중미전인)

뜰에 가득한 달빛은 연기 나지 않는 촛불
자리에 찾아든 산빛은 부르지 않은 손님.
게다가 악보 없는 곡을 타는 솔 거문고도 있지만
다만 간직해 즐길 뿐 남에게 전하지 못한다.

지은이

최충崔冲(984~1068)
고려 초기의 학자로 자는 호연浩然이며, 한림학사翰林學士, 간의대부諫議大夫 등을 역임하였다. 당시 해동공자海東孔子라고 일컬어졌으며, 시호諡號는 문헌文憲이다.

字句 풀이

滿庭 – 뜰에 가득하다.
無烟燭 – 연기가 나지 않는 촛불.
不速賓 – 부르지 않은 손님. 불청객. '速'은 부르다. 초청하다.
更有 – 또 있다.
松絃 – 솔 거문고.
彈譜外 – 악보가 없는 곡을 연주하다.
珍重 – 진귀하게 여겨 소중히 하다.
未傳人 – 남에게 전하지 못한다.

해설 《보한집補閑集》에 의하면 최충은 극도의 부귀와 공명을 누렸으나 그의 인품은 빼어나고 고상했으며 세속적이지 않았다고 하는데, 이 시는 그러한 최충의 인품이 느껴진다. 이 시는 달빛, 산색, 솔바람 소리 등의 묘사가 기발하고 뛰어나다. 시인은 이 속에 동화되어 물아일체物我一體를 이루었으며, 자연 속의 진정한 즐거움은 말로 표현하여 남에게 전할 수 없다고 하는 것에서 한 차원 더 깊은 경지와 맛이 느껴진다.

졸부의 초상화

제齊나라 사람 중에 아내 한 사람과 첩 한 사람을 데리고 사는 사람이 있었다. 그는 나가면 반드시 술과 고기를 실컷 먹고서 돌아오곤 하였다. 그의 아내가 함께 먹고 마신 사람이 누구인지 물어보니, 모두 부유하고 귀한 사람들이었다.

하루는 그의 아내가 첩에게 말했다.

"주인이 나가면 반드시 술과 고기를 실컷 먹고서 돌아오고, 함께 먹고 마신 사람을 물어보면 모두 부유하고 귀한 사람들인데도 아직껏 이름난 사람이 우리집에 와 본 일이 없으니, 내가 주인이 가는 곳을 몰래 알아봐야겠네."

그녀는 일찌감치 일어나 남편의 뒤를 몰래 따라나섰다. 그런데 온 나라를 두루 다녀도 같이 서서 이야기하는 사람조차 없었다.

그러더니 마침내 동쪽 성 밖의 무덤에서 제사 지내는 사람한테 가서 그들이 먹고 남은 것을 구걸하고, 부족하면 또 돌아보고서 다른 곳으로 갔다.

이것이 그가 실컷 배를 채우는 방법이었다.

아내는 돌아와서 그의 첩에게,

"주인이란 우러러보고서 평생을 살 사람인데 지금 이런 꼴일세."

라고 말하고 그의 첩과 함께 남편을 욕하면서 울었다. 그런데도 그 남편은 으스대며 돌아와 여전히 자기 아내와 첩에게 뽐내었다.

●《맹자孟子》 제인유일처일첩齊人有一妻一妾

출전　《맹자》는 전국시대 추鄒나라 사람 맹가孟軻(B.C. 390~305)가 지은 책이다. 그는 공자의 계승자로 자임自任하였으며, 왕도정치의 실현을 역설하였다. 《맹자》에는 유가의 중심 사상인 인의仁義의 정신이 충분히 발휘되어 있다.

百年河清 (백년하청)

아무리 기다려도 소용없다

글자풀이

河(하) – 황하黃河.

뜻풀이

직역하면 백년에 한 번 황하물이 맑아진다는 뜻이다. 그러나 황하는 광대한 황토 고원을 지나기 때문에 언제나 누렇게 흐려 있으며 맑아질 수가 없다.

《춘추좌전春秋左傳》에 이런 이야기가 있다.

초楚나라가 정鄭나라를 쳐들어오자, 정나라에서는 항복하자는 측과 진晉나라의 구원병이 오길 기다려야 한다는 주장이 팽팽히 맞섰다.

이 때 항복을 주장하는 측의 자사子駟라는 사람이, '황하가 맑기를 기다리고 있으면, 사람은 늙어 죽고 만다(俟河之淸, 人壽幾何)'는 시 구절을 인용하며 언제 올지도 모르는 구원병을 무작정 기다릴 것이 아니라, 급한 대로 초나라 군사를 맞아들이고 나중에 구원병이 오면 상황에 따라 처신하자고 했다고 한다.

隔靴搔痒 (격화소양)

신 신고 발바닥 긁기

글자풀이

隔(격) – 사이가 뜨다. 막히다.
靴(화) – 신. 가죽신.
搔(소) – 긁다. 손톱 따위로 긁다.
痒(양) – 종기. 상처. 가려운 곳.

뜻풀이

신 신고 발바닥의 종기나 가려운 곳을 긁는다는 뜻이니, 아무리 긁어도 시원하지 않음을 말한다.

즉 애써 노력은 하지만 핵심이나 정곡을 찌르지 못하는 안타까움을 일컫거나, 일이 철저하지 못하여 성에 차지 않는다는 뜻이다.

4 不謀其政

1. <ruby>不在其位<rt>부 재 기 위</rt></ruby>하여는 <ruby>不謀其政<rt>불 모 기 정</rt></ruby>이라.　　　　　　●《논어》

2. <ruby>學而時習之<rt>학 이 시 습 지</rt></ruby>면 <ruby>不亦說乎<rt>불 역 열 호</rt></ruby>아.　　　　　　●《논어》

3. <ruby>士志於道而恥惡衣惡食者<rt>사 지 어 도 이 치 악 의 악 식 자</rt></ruby>는 <ruby>未足與議也<rt>미 족 여 의 야</rt></ruby>라.　　●《논어》

4. <ruby>誰能出不由戶<rt>수 능 출 불 유 호</rt></ruby>리오마는 <ruby>何莫由斯道也<rt>하 막 유 사 도 야</rt></ruby>오.　　　●《논어》

5. <ruby>歲不寒<rt>세 불 한</rt></ruby>이면 <ruby>無以知松柏<rt>무 이 지 송 백</rt></ruby>이요 <ruby>事不難<rt>사 불 난</rt></ruby>이면 <ruby>無以知君子<rt>무 이 지 군 자</rt></ruby>라.

　　　　　　　　　　　　　　　　　　　　　　●《순자》

6. <ruby>爲人子者<rt>위 인 자 자</rt></ruby>가 <ruby>曷不爲孝<rt>갈 불 위 효</rt></ruby>리오.　　　　　　●《사자소학》

7. <ruby>以賢臨人<rt>이 현 임 인</rt></ruby>하여 <ruby>未有得人者也<rt>미 유 득 인 자 야</rt></ruby>요 <ruby>以賢下人<rt>이 현 하 인</rt></ruby>하여

<ruby>未有不得人者也<rt>미 유 부 득 인 자 야</rt></ruby>라.　　　　　　●《열자》

8. <ruby>人之有德於我也<rt>인 지 유 덕 어 아 야</rt></ruby>는 <ruby>不可忘也<rt>불 가 망 야</rt></ruby>요 <ruby>吾有德於人也<rt>오 유 덕 어 인 야</rt></ruby>는

<ruby>不可不忘也<rt>불 가 불 망 야</rt></ruby>라.　　　　　　●《전국책》

1. 그 자리에 있지 않으면 그 정사政事를 꾀하지 않는다.

2. 배우고 때때로 익히면 정말로 기쁘지 아니한가!

3. 선비가 도道에 뜻을 두고서 나쁜 옷과 나쁜 음식을 부끄러워하는 사람은 더불어 도를 논하기에는 부족하다.

4. 누구인들 밖을 나갈 적에 문을 통하지 않고 나갈 수 있겠는가? 그런데 어찌하여 이 도를 따르는 이가 없는가?

5. 해가 추워지지 않으면 소나무 잣나무의 진가를 알 수 없고, 일이 어렵지 않으면 군자의 가치를 알 수 없다.

6. 사람의 자식이 된 자가 어찌 효도를 하지 않으리오?

7. 자기의 뛰어난 점으로 남에게 군림하여 다른 사람의 마음을 얻은 자가 없었으며, 뛰어나면서 남에게 자신을 낮추어 다른 사람의 마음을 얻지 못한 자가 없었다.

8. 남이 나에게 덕을 베푼 것은 잊어서는 안되며, 내가 남에게 덕을 베푼 것은 잊어버리지 않으면 안된다.

한자활용

在
在庫(재고) : ①창고에 있다. ②재고품在庫品.
在野(재야) : 벼슬없이 지내다.
散在(산재) : 여기저기 흩어져 있다.

謀
謀士(모사) : 꾀를 잘 내는 사람.
謀陷(모함) : 꾀를 써서 남을 함정에 빠뜨리다.
遠謀(원모) : 장래를 생각하는 먼 꾀.

歲
歲暮(세모) : 연말年末.
歲時(세시) : ①매년의 사철. ②해와 때, 즉 1년의 네 계절.
過歲(과세) : 설을 쇠다.

事
事端(사단) : 일의 시작, 일의 단서.
事勢(사세) : ①일의 형세나 추세. ②정치 따위에서의 세력.
事親(사친) : 부모를 섬기다.

字句 풀이

- **不在其位**(부재기위)
  그 지위에 있지 않다. '不在'는 '부재'로 읽어야 함.

- **學而時習之**(학이시습지)
  배우고 때때로 배운 것을 익히다. '而'는 접속사. '之'는 '學'을 가리키는 대명사.

- **不亦說乎**(불역열호)
  정말로 기쁘지 아니한가. '亦'은 정말로, '說'은 '기쁘다'의 의미로 '열'로 읽음. '乎'는 문미 어기사로 의문사나 부정사와 함께 쓰이면 반어의 어기를 나타냄.

- **志於道**(지어도)
  도에 뜻을 두다. '於'는 '~에'.

- **恥惡衣惡食者**(치악의악식자)
  나쁜 옷과 나쁜 음식을 부끄러워하는 사람.

- **未足與議也**(미족여의야)
  더불어 도道를 논의할 수 없다. '議'는 의론하다. '也'는 판단어기사.

- **誰能出不由戶**(수능출불유호)
  누구인들 밖을 나갈 적에 문을 통하지 않고 나갈 수 있겠는가? '誰'는 의문사. '能'은 '~할 수 있다'. '由'는 말미암다.

- **何莫由斯道也**(하막유사도야)
  어찌하여 이 도를 따르는 사람이 아무도 없는가? '何'는 의문사. '莫'은 부정대사로 '누구도 ~한 사람이 없다'. 여기서 '也'는 의문사와 함께 쓰인 의문어기사.

- **無以知松柏**(무이지송백)
  소나무와 잣나무의 가치를 알 수 없다. '無以'는 '~할 수 없다'.

- **爲人子者**(위인자자)
  사람의 자식이 된 사람.

- **曷不爲孝**(갈불위효)
  어찌 효도를 하지 않으리오? '曷'은 의문사.

- **以賢臨人**(이현임인)
  자기의 뛰어난 점으로 남에게 군림하다. '以'는 개사로 '~로써'. '臨'은 군림하다. '人'은 남.

- **未有得人者也**(미유득인자야)
  다른 사람의 마음을 얻은 사람이 없었다. '未有'는 '아직 ~한 적이 없다'. '也'는 판단어기사.

- **人之有德於我也**(인지유덕어아야)
  남이 나에게 덕을 베풀어 준 것은. '人'은 남. '之'는 결구조사. '於'는 '~에게'. '也'는 구중어기사로 어기를 고르게 해줌.

- **不可不忘也**(불가불망야)
  잊어버리지 않으면 안된다. '也'는 판단어기사.

문장의 표현 형태는 여러 가지가 있다.

(1) 부정형

부정형이란 동작, 상태 혹은 사물을 부정하는 뜻을 나타내는 표현 형태이다.

- 謀其政.(그 일을 꾀하다.)
- 不謀其政.(그 일을 꾀하지 않다.)
- 事難.(일이 어렵다.)
- 事不難.(일이 어렵지 않다.)
- 有得人者.(다른 사람의 마음을 얻은 자가 있다.)
- 未有得人者.(다른 사람의 마음을 얻은 자가 있지 않다.)

(2) 의문형

의문형이란 의문의 뜻을 나타내는 표현 형태이다.

- 不爲.(하지 않다.)
- 不爲乎?(하지 않느냐?)
- 何不爲?(어째서 하지 않느냐?)
- 誰不爲?(누가 하지 않느냐?)

(3) 반어형

반어형이란 말하는 사람이 어떤 사실에 대해 이미 확실하게 알고 있으면서도 그 사실을 강조하기 위하여 의문형을 빌어서 반문하는 뜻을 나타내는 표현 형태이다.

- 不亦說乎?(정말로 기쁘지 않은가? ― 정말로 기쁘다.)
- 誰能出不由戶?(누구인들 밖을 나갈 적에 문을 통하지 않을 수 있겠는가? ― 누구나 모두 밖을 나갈 적에는 문을 통하게 된다.)

참고

전국책戰國策 중국의 전국시대 책사策士들의 활동과 유세한 말을 모은 책이다.

^{한 송 정 곡}
寒松亭曲
- 한송정의 노래

張 延 祐

月白寒松夜 (월백한송야)

波安鏡浦秋 (파안경포추)

哀鳴來又去 (애명래우거)

有信一沙鷗 (유신일사구)

달빛 하얀 한송정의 밤
파도 잔잔한 경포의 가을.
슬피 울면서 오고 또 가니
신의 있는 것은 한 마리 갈매기려니.

지은이

장연우張延祐(?~1015)

고려 현종顯宗 때의 문신이다. 거란의 침입 때 남으로 피난한 왕을 잘 보필한 공으로 중추원사中樞院使가 되었고, 뒤에 호부상서戶部尙書를 역임했다.

字句 풀이

月白 - 달빛이 희다.
寒松 - 한송정. 강릉에 있는 정자 이름.
波安 - 파도가 잔잔하다.
哀鳴 - 슬프게 울다.
來又去 - 오고 또 가다.
有信 - 신의가 있다. 믿을 수 있다. 다른 모든 것이 변하여도 갈매기만은 언제나 그곳에 출몰한다는 뜻.

해설 이 시는 장연우가 중국 강남에 사신으로 갔을 때 그곳에 물길따라 흘러온 슬瑟의 밑바닥에 쓰여 있는 우리나라 악부가요를 한시체로 풀이해서 쓴 것이다. 1, 2구는 대구對句로 한송정 일대의 경치를 깔끔하게 그려내고 있는데, 첫 구에서 설정한 시점은 밤이고, 둘째 구는 가을이어서 시 속의 정서와 부합한다. 3, 4구에는 갈매기를 모티브로 인간사의 무상감을 표현하고 있는데, 여운 속에 은은한 비애가 느껴진다.

送杜十四之江南
송 두 십 사 지 강 남

- 강남으로 가는 두십사를 전송하며

孟 浩 然

荊吳相接水爲鄉 (형오상접수위향)

君去春江正淼茫 (군거춘강정묘망)

日暮孤舟何處泊 (일모고주하처박)

天涯一望斷人腸 (천애일망단인장)

형땅과 오땅은 서로 접한 물로 이루어진 고장이
라지만
그대 떠나는 봄날의 강은 너무나도 아득하다.
날 저물면 외로운 배는 어디에 대일는지?
하늘끝 한 번 바라보니 사람의 간장 끊어진다.

지은이

맹호연孟浩然(689~740)

중국 당唐나라 때의 시인으로 자도 호
연浩然이며 양양襄陽(지금의 湖北省 襄
陽縣) 사람이다. 평생 벼슬을 구했으
나 뜻을 이루지 못하였고, 왕유王維와
함께 성당盛唐 자연시파로 유명하다.

字句 풀이

杜十四－두황杜晃을 가리킴. '십사'는
같은 항렬의 친척 형제 가운데 열넷
째임.

荊－전국시대의 초楚 지역으로 지금의
호남성・호북성 일대. 여기서는 작자
가 있는 곳을 가리킴.

吳－전국시대 오吳 지역으로 지금의 강
소성・안휘성 남부 지역.

水爲鄉－물로 이루어진 고장. 이 지역은
물이 많아 수향水鄉・수국水國이라
불려짐.

淼茫－물이 아득히 넓은 모양.

天涯－하늘 끝. 아주 먼 곳.

해설 이별을 노래한 시 가운데 명편으로 꼽히는 작품이다. 한 구절 한 구절마다
벗을 이별한 작자의 마음이 절절히 담겨있다. 첫 구에서는 서로간의 거리가
얼마나 되랴고 자위해 보지만 벗이 떠난 강을 바라보니 사실 너무나도 아
득하다. 첫 두 구 사이에 놓인 이러한 뒤집힘으로 석별의 정은 더욱 부각된
다. 세 번째 구에는 작자의 정이 얼마나 깊은지 잘 드러난다. 그렇기에 하
늘끝만 한 번 바라보아도 가슴이 찢어질 듯한 것이다.

서툰 사격 솜씨가 덕이 되다

어떤 장군이 전쟁터에 나갔는데 전황이 불리하여 패전의 위기에 봉착하였다. 그 때 홀연히 신병神兵이 나타나 도와주어 오히려 크게 승리하였다.

장군은 허리를 굽혀 깊이 감사드리며 신병의 장수에게 물었다.

"귀하는 뉘신지요?"

"나는 과녁[的]의 신神입니다."

의아하게 생각한 장군은 다시 공손하게 물었다.

"제가 당신에게 무슨 은덕을 베풀어 드린 것이 있었기에 이처럼 저를 도와주셨는지요?"

신병의 장수는 흐뭇한 미소를 지으며 답했다.

"그대가 평소에 사격 훈련장에서 나를 한 방도 맞히지 못하였기 때문이지요."

●《소림笑林》 도자조진堵子助陣

출전 《소림》은 명대의 소화가笑話家인 부백재주인浮白齋主人이 편찬한 것이다. 명나라 때 간행된 《파수일석화破愁一夕話》 중에 들어있는 책으로 모두 145조의 재미있는 이야기로 구성되어 있다.

管鮑之交 (관포지교)
진정으로 서로를 알아주는 친구

글자풀이
管(관) - 대롱. 피리.
鮑(포) - 절인 어물.

뜻풀이
관중管仲과 포숙鮑叔의 사귐이라는 말로 서로를 알아주고 이해해 주는 진정한 친구간의 사귐을 뜻한다. 《사기史記》에 관중의 이러한 말이 있다.

"내가 옛날에 곤궁하던 때에 포숙과 함께 장사를 한 적이 있었다. 이익을 나누면서 내가 스스로 더 많이 가졌으나, 포숙은 나를 탐욕스럽다고 여기지 않았다. 그는 내가 가난한 것을 알았기 때문이다. 일찍이 포숙을 위해 일을 한 적이 있었는데, 도리어 그를 더 난처하게 만들었다. 그러나 포숙은 내가 어리석다고 여기지 않았다. 시세란 유리할 경우와 불리할 경우가 있음을 알았기 때문이다.

또한 일찍이 내가 세 번 벼슬하여 세 번 다 군왕에게 쫓겨난 적이 있었다. 그러나 포숙은 내가 못났다고 여기지 않았으니, 내가 때를 만나지 못했음을 알았기 때문이다. 전쟁터에 나가 세 번 싸우다가 세 번 다 달아난 적도 있었다. 포숙은 나를 비겁하다고 여기지 않았다. 나에게 노모老母가 계셨음을 알았기 때문이다.

내가 모시던 공자公子 규糾가 패하자, 같이 일하던 소홀召忽은 자결을 했지만, 나는 옥에 갇혀서 치욕을 받았다. 포숙은 내가 부끄러움을 모른다고 여기지 않았다. 내가 작은 절개에 연연하지 않고 천하에 이름을 드러내지 못하는 것을 부끄러워한다는 것을 알았기 때문이다. 나를 낳은 이는 부모요, 나를 알아주는 이는 포숙이다."

이처럼 포숙은 관중을 누구보다 잘 알아주었고, 그가 죽을 위기에 빠졌을 때 구해서 제齊나라의 환공桓公에게 천거하여, 환공이 관중의 보필을 받아 패자覇者가 되도록 했다.

한편 관중의 위와 같은 행동도 포숙에 대한 굳은 믿음이 없었다면 하기 어려웠을 것이다.

首邱初心 (수구초심)
고향을 그리는 마음

글자풀이
首(수) - 머리.
邱(구) - 언덕.

뜻풀이
여우는 죽을 때 자기가 태어난 언덕 쪽으로 머리를 두고 죽는다고 한다. 그래서 일반적으로 고향을 그리는 마음이나 근본을 잊지 않는다는 의미로 쓰인다.

5 賢婦令夫貴

1. 현부영부귀 악부영부천
賢婦令夫貴하고 惡婦令夫賤이라. ●《명심보감》

2. 오색영인목맹 오음영인이롱
五色令人目盲하고 五音令人耳聾이라. ●《노자》

3. 필부 견욕 발검이기
匹夫는 見辱하면 拔劍而起라. ●〈유후론〉

4. 유비즉제인 무비즉제어인
有備則制人이요 無備則制於人이라. ●《염철론》

5. 사불필현어제자
師不必賢於弟子라. ●〈사설〉

6. 청출어람 이청어람
靑出於藍이나 而靑於藍이라. ●《순자》

7. 임연선어 불여퇴이결망
臨淵羨魚는 不如退而結網이라. ●《한서》

8. 도수이 불수부지 사수소 불위불성
道雖邇나 不修不至요 事雖小나 不爲不成이라. ●《순자》

9. 약사천하겸상애 애인 약애기신
若使天下兼相愛하여 愛人을 若愛其身하여도

유유불효자호
猶有不孝者乎아. ●《묵자》

1. 어진 아내는 지아비로 하여금 귀한 사람이 되게 하고, 악한 아내는 지아비로 하여금 천한 사람이 되게 한다.

2. 오색五色은 사람으로 하여금 눈을 멀게 만들고, 오음五音은 사람으로 하여금 귀를 먹게 한다.

3. 비천한 남자는 능욕을 당하면 칼을 뽑아서 일어난다.

4. 방비가 있으면 남을 제압하고, 방비가 없으면 남에게 제압을 당한다.

5. 스승이 반드시 제자보다 현명한 것은 아니다.

6. 푸른빛은 쪽풀에서 나왔으나 쪽빛보다 푸르다.

7. 연못에 가서 고기를 부러워하는 것은 돌아와 그물을 짜는 것만 못하다.

8. 도道가 비록 가까이 있으나 닦지 않으면 도달할 수 없고, 일이 비록 작더라도 하지 않으면 이루어지지 않는다.

9. 가령 천하의 사람들을 아울러 서로 사랑하여 남을 사랑하는 것을 마치 자기 자신을 사랑하는 것처럼 하여도 그런데도 불효하는 사람이 있겠는가?

한 자 활 용

賢
賢明(현명) : 어질고 사리에 밝음.
賢愚(현우) : 어짊과 어리석음.
聖賢(성현) : 성인과 현인.

貴
貴賤(귀천) : 귀함과 천함.
貴下(귀하) : 상대를 높이어 이르는 말.
尊貴(존귀) : 지위가 높고 귀함.

備
備忘(비망) : 잊어버리지 않기 위한 준비.
常備(상비) : 늘 준비하여 둠.
準備(준비) : 미리 마련하여 갖춤.

臨
臨迫(임박) : 어떤 일, 시기가 닥침.
臨時(임시) : 일시적인 얼마 동안.
臨終(임종) : 죽음에 임함.

字句 풀이

- **賢婦**(현부)
  현명한 지어미.

- **令夫貴**(영부귀)
  지아비로 하여금 귀한 사람이 되게 하다. '令'은 사역동사로 '~로 하여금 ~하게 하다'.

- **五色**(오색)
  다섯 가지의 정색. 청青·황黃·적赤·백白·흑黑.

- **令人目盲**(영인목맹)
  사람으로 하여금 눈이 멀게 하다. '令'은 사역동사.

- **五音**(오음)
  음률의 기본이 되는 궁宮·상商·각角·치徵·우羽 다섯 음계.

- **匹夫**(필부)
  비천한 남자. 신분이 낮은 남자.

- **見辱**(견욕)
  능욕을 당하다. '見'은 피동사로 '당하다'.

- **制人**(제인)
  남을 제압한다.

- **制於人**(제어인)
  남에게 제압을 당하다. '於'는 피동형을 만들어서 '~에게 ~당하다'.

- **不必**(불필)
  반드시 ~한 것은 아니다. 부분부정.

- **賢於弟子**(현어제자)
  제자보다 현명하다. '於'는 비교형으로 '~보다'.

- **出於藍**(출어람)
  쪽풀에서 나오다. 여기서의 '於'는 장소를 가리키는 전치사로 '~에서'.

- **靑於藍**(청어람)
  쪽빛보다 푸르다. 여기서의 '於'는 비교형으로 '~보다'.

- **臨淵**(임연)
  연못에서 굽어보다. '臨'은 위에서 아래를 굽어보는 것.

- **不如**(불여)
  ~만 못하다.

- **退而結網**(퇴이결망)
  돌아가서 그물을 짜다. '而'는 접속사.

- **道雖邇**(도수이)
  도가 비록 가까이 있을지라도. '雖'는 '비록 ~일지라도'.

- **不至**(부지)
  도달하지 못한다. '不至'는 '부지'로 읽어야 함.

- **若使**(약사)
  가령 ~일지라도

- **愛人**(애인)
  남을 사랑하다. '人'은 남.

- **猶有不孝者乎**(유유불효자호)
  그런데도 불효하는 사람이 있겠는가? '猶'는 그런데도, 오히려. '乎'는 반문의 어기를 표시함.

(4) 사역형

사역형이란 문장의 주체가 객체로 하여금 어떤 행위를 하거나 어떤 상태가 되게 하는 뜻을 나타내는 문장의 형태이다.

- 夫貴.(지아비가 귀하다.)
- 令夫貴.(지아비로 하여금 귀한 사람이 되게 하다.)
- 賢婦令夫貴.(현명한 지어미는 지아비로 하여금 귀한 사람이 되게 한다.)

(5) 피동형

피동형이란 문장의 주어가 다른 사람이나 사물에 의해서 어떤 동작을 당하게 되는 뜻을 나타내는 문장의 형태이다.

- 制人.(남을 제압하다.)
- 制於人.(남에게 제압을 당하다.)
- 無備則制於人.(방비가 없으면 남에게 제압을 당한다.)

(6) 비교형

비교형이란 어느 하나를 다른 것과 비교하여 그 상태의 성질의 정도, 혹은 우열을 나타내는 문장의 형태이다.

- 師賢.(스승이 현명하다.)
- 師賢於弟子.(스승이 제자보다 현명하다.)
- 師不必賢於弟子.(스승이 반드시 제자보다 현명하지는 아니하다.)

(7) 가정형

가정형이란 어떤 조건을 가정하고 예상되는 결과를 서술하는 문장의 형태이다.

- 猶有不孝者乎?(그런데도 불효하는 사람이 있겠는가?)
- 若使愛人者若愛其身, 猶有不孝者乎?(가령 남을 사랑하기를 마치 그 자신을 사랑하는 것처럼 하여도, 그래도 불효하는 사람이 있겠는가?)

참고

유후론留侯論 중국 송나라의 문장가인 소식蘇軾이 지은 글.
염철론鹽鐵論 중국 한나라의 환관桓寬이 지은 책.
사설師說 중국 당나라의 문장가인 한유韓愈가 지은 글.
한서漢書 중국 후한의 반고班固가 지은 역사책.
묵자墨子 중국 전국시대 묵적墨翟의 사상이 담긴 책.

송 두 소 부 지 임 촉 주
送杜少府之任蜀州
－ 촉주로 부임해 가는 두소부를 전송하며

王 勃

城闕輔三秦 (성궐보삼진)
風煙望五津 (풍연망오진)
與君離別意 (여군이별의)
同是宦游人 (동시환유인)
海內存知己 (해내존지기)
天涯若比鄰 (천애약비린)
無爲在歧路 (무위재기로)
兒女共霑巾 (아녀공점건)

성궐은 삼진三秦 지방을 보위하고
바람과 안개 속에 오진五津을 바라본다.
그대와 이별하는 뜻 각별함은
다 같이 벼슬살이로 떠도는 인생이기 때문일세.
이 세상에 지기知己만 있다면
하늘끝이라도 이웃과 같으리.
헤어지는 갈림길에서
아녀자처럼 수건으로 눈물 적시지 말게.

지은이

왕발王勃(648~675)
　중국 당나라 초기의 시인으로 자는 자안子安이다. 수나라의 저명한 학자 왕통王通의 손자이며, 시인 왕적王績의 조카이다. 초당사걸初唐四傑의 한 사람으로 시에 능했다.

字句 풀이

少府－현위縣尉에 대한 경칭.
蜀州－지금의 사천성四川省.
三秦－지금의 섬서성陝西省 일대로 장안長安이 여기에 있음.
五津－촉蜀땅의 민강岷江 연안의 5군데 나루터.
宦游人－객지에 근무하는 관리.
海內－이 세상. 옛날 중국 사람들은 중국의 사방에 바다가 있다고 생각했다.
知己－자기를 알아주는 진정한 벗.
比鄰－나란히 사는 이웃.

해설

이 시는 왕발이 장안에서 촉 땅으로 부임하는 친구 두소부를 송별하며 지은 것인데, 친구에 대한 짙은 우정과 활달한 심경이 잘 나타나 있다. 3연의 '해내존지기海內存知己, 천애약비린天涯若比鄰'은 천고의 명구名句로 널리 전송되어 온 구절이다. 마지막 연에서 슬픔을 인내하고 드러내지 않는 속에 더욱 깊은 정이 느껴진다.

참된 도둑질

　제齊나라의 국씨國氏는 아주 부자였고 송宋나라의 상씨尚氏는 몹시 가난했다. 그래서 상씨는 국씨를 찾아가 부자가 되는 방법을 가르쳐 줄 것을 청하였다.
　"나는 도둑질을 잘하오. 도둑질을 한 해 하였더니 그럭저럭 먹고 살 수 있었고, 두 해 하였더니 넉넉해졌고, 세 해 하였더니 아주 부자가 되었소. 그 뒤로는 여러 마을 사람들에게까지 은혜를 베풀 수 있었다오."
　이 말을 듣고 상씨는 몹시 기뻐하며, 당장 돌아와 실행에 옮겼다. 하지만 그는 도둑질을 하였다는 말만 들었을 뿐 도둑질하는 도를 배운 것은 아니었다. 그래서 담을 뛰어넘어 남의 집에 들어가 눈에 보이는 대로 물건을 훔쳤다.
　그러다가 미처 빠져나오기도 전에 주인에게 잡혀 관가에 끌려가 곤장을 맞았고, 조금 가지고 있던 재산마저 몰수당했다. 상씨는 국씨가 자기를 속였다고 생각하고 다시 그를 찾아가 원망하며 투덜거렸다. 그랬더니 국씨가 물었다.
　"당신은 도둑질을 어떻게 하였소?"
　상씨가 그 경과를 이야기하자, 국씨가 말하였다.
　"허허, 당신은 도둑질하는 도를 완전히 잃었구려. 내가 얘기하여 줄 테니 잘 들어보시오. 하늘에는 때가 있고 땅에는 이득이 있다고 들었소. 나는 하늘의 때와 땅의 이득을 훔친 것이오. 구름과 비가 적셔 주고 산과 못이 낳아 길러주는 일이 바로 그런 것이니, 이를 이용하여 내 곡식을 심고 기르며 담을 쌓고 집을 지었소. 뿐만 아니라 뭍에서는 새와 짐승을 도둑질하였고, 물에서는 고기와 자라 따위를 도둑질하여 훔치지 않은 것이 없다오. 곡식이나 흙과 나무, 날짐승과 들짐승, 그리고 물고기나 자라 등은 모두 하늘이 만든 것이니 어찌 내 것일 수 있겠소? 이처럼 나는 하늘의 것을 도둑질하였기 때문에 재앙을 입지 않은 것이오. 반면에 금과 옥, 진기한 보물들, 곡물과 비단, 그리고 갖가지 재물 등은 모두 사람이 모은 것이오. 그것들이 어찌 하늘이 준 것이겠소? 당신은 그것들을 훔치다가 죄를 받았으니 누구를 원망하겠소?"

●《열자》 위도지도爲盜之道

출전　《열자》는 열어구列御寇가 지은 책이다. 그는 정鄭나라 사람으로 대체로 춘추시대 말기에서 전국시대 초기(B.C. 450~375)에 이르는 기간에 살았다. 이 책에는 우언이 매우 풍부한데, 그 중 다수가 민간에서 채집된 이야기들이다.

南柯一夢(남가일몽)
덧없는 인생이나 한때의 부귀영화

글자풀이
柯(가)―나뭇가지. 줄기.
夢(몽)―꿈. 꿈꾸다. 환상.

뜻풀이
남쪽으로 뻗은 나뭇가지 밑에서의 한바탕 꿈이란 말로 사람의 덧없는 일생과 한때의 헛된 부귀영화를 뜻한다.

당唐나라 때 순우분淳于棻이라는 사람이 술에 취하여 친구에게 업혀 들어와서는 자기 집 남쪽에 있는 늙은 홰나무 밑에서 잠시 잠이 들었다.

그는 꿈속에서 대괴안국大槐安國 왕의 부마가 되어 남가군南柯郡의 태수로 임명되고, 그곳에서 20년 동안 선정을 베풀며 부귀영화를 누린다. 그러다가 이웃 나라와의 전쟁에서 패하여 벼슬에서도 쫓겨나고 시련을 겪기도 한다.

문득 꿈에서 깨고 보니 취해서 업혀 들어왔을 때와 하나도 변한 것이 없었고 친구는 발을 씻고 있었다고 한다.

친구와 함께 남쪽 나뭇가지 밑을 조사해 보니 개미집이 있을 뿐이었다. 이 개미집도 그날 밤 비에 씻겨 흔적도 없어지고 말았다고 한다.

尾生之信(미생지신)
어리석을 정도로 고지식하다

글자풀이
尾生(미생)―사람 이름.

뜻풀이
미생尾生의 신의란 말로, 너무나 굳게 신의에 얽매여 고지식하고 어리석은 경우를 일컫는다.

노魯나라에 미생이라는 사람이 한 여자와 다리 밑에서 만나기로 약속을 하였다. 여자는 약속 시간이 지났는데도 오지 않았다. 그때 마침 큰비가 내렸다.

미생은 계속 다리 밑에서 기다리며 불어난 물에 다리 기둥을 부여잡고 버티다가 익사했다는 고사가 있다.

'미생지신'은 좋은 뜻으로 약속을 굳게 지켜 변하지 않는다는 의미로 쓰이기도 하지만, 오히려 어리석을 정도로 고지식하고 융통성이 없다는 뜻으로 더 많이 쓰인다.

III

옛사람의 지혜

　이 단원에서는 한문의 말투와 스타일을 공부해 보기로 한다. 그를 위해 선인들이 남긴 글들 가운데 짤막하고 쉬운 글 몇 편을 골라 공부할 것이다.

　한문의 문법체계는 생각보다 단순하다. 앞에서 공부한 몇 가지 문장구성 방식과 문장의 유형을 잘 알고 있으면 한문 독해에 필요한 문법적 지식은 대략 갖춘 셈이다. 대신 한문 독해를 잘하려면 한자의 뜻과 쓰임새, 한문 문장 특유의 스타일에 대한 지식이 매우 중요하다. 이 때문에 문법적 지식을 바탕으로 해서 한문을 공부해 나가는 것보다는 다양한 유형의 한문 문장들을 차근차근 접해 봄으로써 한문 특유의 표현 방식을 느끼고 이해해 나가는 방식이 더 낫다.

　이 단원에 실린 글들은 지난날 우리나라나 중국에서 많이 읽혀진 책들 중에서 쉬운 한자와 상식적인 문맥으로 이루어진 글들을 뽑은 것이다. 차근차근 읽어나가면서 현대적인 말과 생각으로 바꾸어 보는 가운데 한문 특유의 어법과 스타일을 이해할 수 있을 것이다.

1 擊蒙要訣

형제   동수부모유체   여아여일신
兄弟는 同受父母遺體하니 與我如一身이라.

시지   당무피아지간   음식의복   유무   개당공지
視之를 當無彼我之間하여 飮食衣服에 有無를 皆當共之니라.

설사형기이제포   제한이형온
設使兄飢而弟飽하고 弟寒而兄溫하면

즉시   일신지중   지체   혹병혹건야
則是는 一身之中에 肢體가 或病或健也니

신심   기득편안호
身心이 豈得偏安乎아?

금인형제불상애자   개연불애부모고야
今人兄弟不相愛者는 皆緣不愛父母故也니

약유애부모지심   즉기가불애부모지자호
若有愛父母之心이면 則豈可不愛父母之子乎아?

형제약유불선지행   즉당적성충간
兄弟若有不善之行이면 則當積誠忠諫하여

점유이리   기어감오
漸喩以理하여 期於感悟요,

불가거가려색불언   이실기화야
不可遽加厲色拂言하여 以失其和也니라.

　형제는 똑같이 부모님이 물려주신 몸을 받았으니, 나와는 한몸과도 같다. 형제 보기를 마땅히 그와 나와의 사이가 없도록 하여 음식과 옷이 있고 없음을 모두 마땅히 함께해야 한다. 가령 형이 굶주리는데 아우는 배부르다든지, 아우는 헐벗어 추운데 형은 따스하게 입고 있다면 이것은 한몸의 팔다리가 어느 것은 병들고 어느 것은 튼튼한 것과 같으니, 몸과 마음이 어찌 부분적으로만 편안할 수 있겠는가?

　요즈음 사람들 가운데, 형과 아우가 서로 사랑하지 않는 경우는 모두가 부모를 사랑하지 않는 데에서 연유한다. 만일 부모를 사랑한다면 어찌 부모의 자식을 사랑하지 않을 수 있겠는가? 형과 아우 중에 만약 착하지 않은 행동이 있으면, 마땅히 정성을 쌓고 충고를 하여 점차 사리로써 타일러 느끼고 깨닫게 되기를 기약해야지, 핏대를 올리거나 거슬리는 말을 해서 화목을 잃어서는 안된다.

한 자 활 용

受
受難(수난) : 어려움을 당하다.
受託(수탁) : 부탁을 받다. 위탁을 받다.
甘受(감수) : 달게 받다. 즐거이 받다.

有
有故(유고) : 연고가 있다.
有機(유기) : 생활 기능을 갖추어 생활력이 있는 것.
萬有(만유) : 우주 안에 있는 온갖 물건. 만물 萬物.

寒
寒家(한가) : 가난한 집. 미천한 집안.
寒害(한해) : 심한 추위로 농작물이 입는 피해.
酷寒(혹한) : 혹독한 추위.

視
視力(시력) : 눈으로 물체를 볼 수 있는 힘.
視聽(시청) : 보고 듣다.
白眼視(백안시) : 시쁘게 여기거나 냉대 冷待하여 보다.

無
無骨(무골) : ①뼈가 없다. ②줏대가 없는 사람.
無望(무망) : 희망이 없다. 가망성이 없다.
無後(무후) : 대代를 이을 자손이 없다.

溫
溫冷(온냉) : 따뜻한 것과 찬 것.
溫慈(온자) : 온화하고 인자하다.
溫厚(온후) : ①언행이 온화하고 독실하다. ②넉넉하다.

- **同受父母遺體**(동수부모유체)

  부모님께서 물려주신 몸을 같이 받았다. '同受'는 같이 받다. '遺體'는 물려주신 몸.

- **與我如一身**(여아여일신)

  나와는 한몸과도 같다. '與我'는 나와 더불어. 나와.

- **視之**(시지)

  그를 보기를. '之'는 형제를 가리킴.

- **當無彼我之間**(당무피아지간)

  마땅히 저와 나와의 사이가 없어야 한다. '當'은 마땅히 ~해야 한다. '彼我之間'은 상대와 나와의 틈새.

- **皆當共之**(개당공지)

  모두 마땅히 함께해야 한다. '皆'는 모두, 다. '共之'는 그것을 함께하다.

- **兄飢而弟飽**(형기이제포)

  형은 굶주리는데 아우는 배부르다. '而'는 앞뒤 말을 연결함.

- **弟寒而兄溫**(제한이형온)

  아우는 헐벗어 추운데 형은 따스하게 옷을 입다.

- **肢體, 或病或健也**(지체, 혹병혹건야)

  팔 다리가 어느 것은 병들고 어느 것은 건강하다. '肢體'는 팔과 다리. '或'은 어떤 것.

- **豈得偏安乎**(기득편안호)

  어찌 한 부분만 편안할 수 있겠는가? '豈得~乎'는 어찌 ~할 수 있겠는가? '偏安'은 전체 중 부분적으로만 편안하다.

- **今人兄弟不相愛者**(금인형제불상애자)

  요즈음 사람들 가운데 형제끼리 서로 사랑하지 않는 자.

- **皆緣不愛父母故也**(개연불애부모고야)

  모두 부모를 사랑하지 않는 까닭에 연유한다. '緣'은 기인하다. 연유하다. '~故'는 ~하게 되는 까닭.

- **若有愛父母之心**(약유애부모지심)

  만약 부모를 사랑하는 마음이 있으면. '若'은 만일.

- **豈可不愛父母之子乎**(기가불애부모지자호)

  어찌 부모의 자식을 사랑하지 않을 수 있겠는가? '可~'는 ~할 수 있다.

- **若有不善之行**(약유불선지행)

  만일 선하지 못한 행동이 있으면.

- **積誠忠諫**(적성충간)

  정성을 쌓고 충성스러이 간한다.

- **漸喩以理**(점유이리)

  점차 이치로써 깨우쳐 주다. '漸'은 점차. '喩'는 알아듣게 타이르다. 깨우쳐 주다. '以理'는 사리로써.

- **期於感悟**(기어감오)

  느끼고 깨닫게 되기를 기약하다. '期'는 기약하다. '感悟'는 느끼고 깨닫다.

- **遽加厲色拂言**(거가려색불언)

  갑자기 노기 띤 안색을 하거나 거슬리는 말을 뱉다. '遽加'는 갑작스러이 더하다. '厲色'은 성난 안색. '拂言'은 거슬리는 말.

이이李珥와 《격몽요결擊蒙要訣》

《격몽요결》을 지은 이이(1536~1584)는 조선 중기의 성리학자이자 문신으로, 자字는 숙헌 叔獻, 호號는 율곡栗谷이다. 현모賢母로 유명한 사임당 신씨가 그의 어머니이다. 이이는 과거 에서 아홉 번이나 장원한 천재로 벼슬은 이조판서까지 지냈다.

또한 학자로서 이기설理氣說에 관해 퇴계退溪선생과 의견을 달리한 것으로 유명하다. 경세 제민經世濟民을 중시한 실천적 사상가로 향약의 보급과 실천에도 힘을 기울였다. 문집으로 《율곡전서栗谷全書》가 있으며 시호는 문성文成이다.

《격몽요결》이란 책의 명칭은 '몽매蒙昧한 어린이의 지혜를 계몽하여 주는 요긴한 비결'이란 뜻에서 붙여진 것으로 총 10장章으로 이루어져 있다. 이 책은 율곡 선생이 42세 때 해주海州 석담石潭에서 지었다고 한다.

당시 사람들이 학문은 모름지기 일상생활에 활용되어야 함을 알지 못하고 고원高遠한 것으 로만 여기고 있는 상황과, 또 공부를 시작하는 어린이들이 갈피를 제대로 잡지 못하는 데다 굳은 의지조차 없는 상황에 대해 평소 서글프게 여겨 이들로 하여금 마음을 새로이 다져 공 부하도록 하기 위해 이 책을 지었다고 한다.

앞서 든 글은 '거가장居家章'에 나오는 것으로, 형제는 부모라는 동일한 뿌리에서 태어난 것임을 상기시키고 형제간의 우애를 부모와 관련시켜 강조한 내용이다.

어린이 교과 과정

근대적인 학교 교육이 생기기 전에는 어린이로부터 성인에 이르기까지 모든 교육은 전적으 로 서당 교육에 의지할 수밖에 없었다.

우선 말을 할 수 있는 나이가 되면 본격적인 문장 학습에 들어가기 전에 최소한의 한자를 알기 위하여 《천자문千字文》을 배웠다. 다음에는 자신의 몸을 닦고 어버이를 봉양하며 사물 을 대하는 방법을 서술한 《격몽요결》이나 윤리도덕의 근본인 오륜五倫의 도리를 밝힌 《동몽 선습童蒙先習》, 그리고 대자연의 현상과 사람의 도리를 논한 《계몽편啓蒙篇》을 배웠다. 이 과정에서 어린이가 갖추어야 할 소양도 얻고, 한문 문장과도 어느 정도는 친숙하게 된다.

그리고 소년기少年期에 들어가서는 《소학小學》이나 《통감通鑑》을 읽어 학문과 인격의 기 초를 다지는데, 이 과정을 마치게 되면 자력으로 쉬운 문장을 읽을 수 있는 독해력을 어느 정도 얻게 되는 것이 보통이다. 그리고 나서 성인 교육 과정에 진입, 사서四書와 삼경三經 등의 본격적인 학문을 닦았다.

회 향 우 서
回鄕偶書
- 고향으로 돌아와서

賀 知 章

少小離家老大回 (소소이가노대회)
鄕音無改鬢毛衰 (향음무개빈모최)
兒童相見不相識 (아동상견불상식)
笑問客從何處來 (소문객종하처래)

어려서 집을 떠나 늙어서야 돌아오니
고향 사투리는 변함이 없으나 귀밑머리가 다 빠졌다.
아이들은 나를 보고 알아보지 못하고
웃으며 묻기를 "손님은 어디서 오셨나요?"라고 한다.

지은이
하지장賀知章(659~744)
　중국 당唐나라 때의 시인으로 자는 계진季眞이며 회계會稽(지금의 浙江省) 사람이다. 젊어서 문명文名을 날리고 벼슬생활도 순조로웠으며, 스스로 '사명광객四明狂客'이라 부르며 자유분방한 생활을 하였고, 만년에는 고향으로 은퇴하였다.

字句 풀이
偶書—문득 쓰다. 우연히 짓다.
鄕音—고향 사투리.
鬢毛衰—귀밑머리가 줄다. 살쩍이 빠지다. '衰'는 여기서 음이 '최'임.
相見—나를 보다.
從—~로부터. ~에서.

해설　오랫동안 외지에 살다가 노년에 고향에 돌아온 시인의 감회를 읊은 시이다. 만년에 고향에 돌아왔을 때의 모습과 감회를 아이들이 자신을 알아보지 못하고 나그네 취급하며 묻는 질문을 통해 짧은 구절 속에 전형적으로 잘 형상화시켰다. 1, 2, 3구가 각각 대비되는 상황이 설정되어 있으며, 매구마다 시간의 범위는 줄어들고 감정은 확대되고 있다.

九月九日憶山東兄弟

구 월 구 일 억 산 동 형 제

－구월 구일에 산동에 있는 형제들을 생각하며

王　維

獨在異鄉爲異客 (독재이향위이객)
每逢佳節倍思親 (매봉가절배사친)
遙知兄弟登高處 (요지형제등고처)
遍揷茱萸少一人 (편삽수유소일인)

홀로 타향에서 나그네 되니
매번 명절만 되면 가족 생각 더한다.
멀리서도 알겠지, 형제들이 높은 곳에 올라
수유를 두루 꽂다가 한 사람이 적음을.

지은이

왕유王維(701~761)

중국 당唐나라 때의 시인으로 자는 마힐摩詰이다. 벼슬이 상서우승尙書右丞에 올라 왕우승王右丞이라고도 불린다. 맹호연孟浩然과 함께 성당盛唐 자연시파로 분류되며, 그림에도 능하였고, 불교를 독실히 신봉하여 시불詩佛로도 칭해진다.

字句 풀이

九月九日－중양절重陽節. 이 날은 높은 곳에 올라 수유를 꽂고 국화주를 마시는 풍습이 있다.

山東－일반적으로는 태항산太行山 동쪽 또는 화산華山 동쪽을 뜻하는데, 여기서는 후자로 왕유의 고향인 포주蒲州를 가리킨다. 당시 왕유는 서쪽 장안에 와 있었다.

每逢佳節－매번 명절을 만나다. 여기서 '佳節'는 중양절임.

倍思親－가족 친지 생각이 배가되다.

遙知－멀리서도 알다. '遍揷茱萸少一人'까지 걸리게 해석됨.

遍揷－두루 꽂다.

茱萸－식물 이름. 중양절에 액을 막기 위해 사용하였다.

해설　이 시는 중양절에 고향의 가족들을 생각하며 쓴 것이다. 특히 3, 4구는 기발한 설정으로 시인의 재치가 돋보이며, 전형적인 상황에서 예리하게 심리를 포착하여 짙은 형제간의 우애를 형상화시켜 이 시를 유명하게 만든 구절이다. 이 시는 왕유가 17세에 지었다고 하는데 그의 천재성을 알 수 있다.

소[牛]잡이 9단, 인생 9단

어떤 포정庖丁[*]이 문혜군文惠君^{**}을 위하여 소를 잡았다. 손을 대고 어깨로 기대고 발로 밟고 무릎을 들어 누르니 가죽과 살이 떨어지는 소리가 나고 칼을 밀고 나아가는 소리가 들리는데, 그 소리가 다 리듬에 맞아 아름다운 음악을 듣는 듯하였다. 문혜군이 감탄하며 말했다.

"아아, 좋구나. 기술이 이런 경지에 이르다니."

포정이 칼을 놓고 대답하였다.

"신이 처음 소를 잡을 때에는 보이는 것이 온통 소뿐이었습니다. 그런데 3년이 지난 뒤로는 소 전체를 본 적이 없습니다. 지금 신은 사물을 마음으로 만나고 눈으로 보지 않습니다. 감관感官의 작용은 멈췄고 마음만이 작용합니다. 자연의 결을 따라 큰 틈을 쪼개 벌리고 크게 빈 곳을 따라 칼을 넣습니다. 그것이 본래 그러한 대로 따라 하니, 뼈와 근육이 서로 붙어 있는 곳에 칼이 닿는 일이 없습니다. 하물며 큰 뼈에 닿는 일이야 있을 리가 있겠습니까? 신이 하는 일은 기술의 경지를 넘어서 도道에 가깝습니다. 신의 칼은 19년이 되었고 잡은 소가 수천 마리인데도 칼날은 이제 막 숫돌에 갈아 낸 것 같습니다."

문혜군이 말하였다.

"좋구나. 나는 포정의 말을 듣고 양생養生의 이치를 얻었다."

●《장자莊子》 포정해우庖丁解牛

 * 포정庖丁 : 요리사. 푸줏간에서 짐승을 잡는 사람.
** 문혜군文惠君 : 전국시대 위魏나라 혜왕惠王.

출전 《장자》의 지은이는 장주莊周이며, 전국시대 송宋나라 몽현蒙縣 사람으로 맹자와 비슷한 시대에 생존했다. 《장자》의 철학은 《노자老子》를 원류로 하여 무위자연無爲自然 사상을 계승 발전시켰다. 문장이 생동감있고 상상력이 넘치며, 특히 우언이 풍부하다.

守株待兔(수주대토)

구습舊習에만 젖어 변통할 줄 모른다

글자풀이

守(수)-지키다.
株(주)-나무 그루터기. 줄기. 뿌리.
待(대)-기다리다.
兔(토)-토끼.

뜻풀이

나무의 그루터기를 지키면서 토끼가 와서 부딪쳐 죽기를 기다린다는 뜻으로《한비자 韓非子》에 나오는 유명한 이야기이다.

송宋나라 사람으로 밭을 가는 농부가 있었다. 하루는 토끼가 뛰어가다가 밭 가운데 있는 나무 그루터기에 부딪쳐 목뼈가 부러져 죽었다.

농부는 그 이후로 쟁기를 풀어놓고, 종일 그 나무 그루터기만 지키면서 다시 토끼 얻기를 기다렸다. 하지만 토끼를 다시 얻을 수 없었고, 결국 웃음거리만 되었다.

한비자가 평하길, "지금 선왕先王의 낡은 정치방식으로 현재의 백성들을 다스리려고 하는 것은 모두 '수주대토'와 같은 유형이다"라고 했다.

이 성어는 포괄적으로 고지식하고 어리석어 융통성이 없는 사람을 비웃을 때 많이 쓰인다.

吐哺捉髮(토포착발)

현자를 반기고 우대하다

글자풀이

吐(토)-토하다.
哺(포)-먹다. 먹이다.
捉(착)-잡다. 쥐다.
髮(발)-머리털. 터럭.

뜻풀이

먹던 것을 토하고 감던 머리를 쥐고서 뛰어나간다는 뜻으로 주공周公의 고사에서 나온 것이다.

주공은 어진 선비를 우대하고 열심히 찾았던 사람이다. 그래서 그는 집에서 밥을 먹거나 머리를 감고 있는 중이라도 어진 선비가 문밖에 찾아오면, 먹던 밥을 토하고 감던 머리를 쥐고서 부랴부랴 쫓아나가서 맞아들였다고 한다.

그가 얼마나 현자를 반기는지 잘 보여주는 단면이다.

그래서 '토포착발'은 현자를 반기고 우대한다는 뜻으로 쓰이게 되었다.

2 海東續小學

1. 名先於實이 非身之幸이니 苟有諸己면 不患無名이니라.

_명 선 어 실_ _비 신 지 행_ _구 유 저 기_ _불 환 무 명_

善必積而後成이니 有一善自足이면 則是는 驕其善也요

_선 필 적 이 후 성_ _유 일 선 자 족_ _즉 시_ _교 기 선 야_

惡雖小而可懼니 有一惡自恕면 則是는 長其惡也니라.

_악 수 소 이 가 구_ _유 일 악 자 서_ _즉 시_ _장 기 악 야_

2. 恥過는 莫如戒心이요 守口는 莫如愼默이라.

_치 과_ _막 여 계 심_ _수 구_ _막 여 신 묵_

愼默者는 寡言하고 寡言者는 戒專하니 戒專則寡過니라.

_신 묵 자_ _과 언_ _과 언 자_ _계 전_ _계 전 즉 과 과_

3. 衣服은 不可華侈요 禦寒而已며

_의 복_ _불 가 화 치_ _어 한 이 이_

飮食은 不可甘美요 救飢而已며

_음 식_ _불 가 감 미_ _구 기 이 이_

居處는 不可安泰요 不病而已니라.

_거 처_ _불 가 안 태_ _불 병 이 이_

惟是學問之功과 心術之正과 威儀之則은 則日勉勉하여

_유 시 학 문 지 공_ _심 술 지 정_ _위 의 지 칙_ _즉 일 면 면_

而不可自足이니라.

_이 불 가 자 족_

1. 명성이 실상보다 앞서는 것은 자신에게 다행스러움이 아니니, 만일 (실상이) 자기 몸에 있다면 명성이 없는 것을 걱정하지 말라. 선善은 반드시 오래 쌓은 뒤에야 (결과가) 이루어지니, 한 가지 선이 있다고 스스로 만족하면, 이는 그 선을 가지고 교만부리는 것이요, 악惡은 비록 작아도 두려워할 만하니, 한 가지 악이 있음에 스스로 용서한다면, 이는 그 악을 조장하는 일이다.

2. 과오 범하길 부끄러워함에는 마음에 경계하는 것만한 것이 없고, 입을 지켜 (말조심하는) 데에는 조심스레 삼가고 과묵한 것만한 것이 없다. 삼가고 과묵한 사람은 말이 적고, 말이 적은 사람은 경계함이 일관되니 경계함이 일관되면 과오가 적다.

3. 의복은 화려하고 사치해선 안 되니 추위를 막을 따름이어야 하며, 음식은 맛있고 아름다워선 안 되니 굶주림을 면할 따름이어야 하며, 사는 집은 편안하고 태평스러워선 안 되니 병나지 않을 따름이어야 한다. 다만 학문의 공부와 마음가짐의 정대正大함과 예절의 법칙은 날마다 힘쓰고 힘써 스스로 만족스럽게 여겨선 안 된다.

한 자 활 용

名
名工(명공) : 이름난 장인匠人.
名利(명리) : 명예와 이익. 공명功名과 이록利祿.
名實(명실) : ①드러난 이름과 속내. ②명예와 실리實利.

患
患難(환난) : 근심 걱정과 재난.
患部(환부) : 아픈 곳.
重患(중환) : 무거운 병. 중병重病.

實
實權(실권) : 실제로 행사할 수 있는 권리.
實心(실심) : ①진심. ②마음에 가득 채우다.
無實(무실) : ①사실이 없다. ②성실한 마음이 없다.

成
成遂(성수) : 일을 완성하다.
成業(성업) : 학업·사업을 성취하다.
成婚(성혼) : 혼인이 이루어지다.

字句
풀이

- **名先於實**(명선어실)
  명성이 실상보다 앞서다. '名'은 명성. '先'은 앞서다. '於~'는 ~보다. '實'은 실제. 실상.

- **非身之幸**(비신지행)
  자신의 다행이 아니다.

- **苟有諸己**(구유저기)
  만일 (실상이) 자기 몸에 있다면. '苟'는 만약. '諸'는 '之於'와 같음.

- **不患無名**(불환무명)
  명성이 없음을 걱정하지 말라.

- **善必積而後成**(선필적이후성)
  선은 반드시 쌓은 뒤에 이루어진다. '~而後'는 ~한 뒤에.

- **有一善自足**(유일선자족)
  한 가지 선이 있어 스스로 만족하다. '一善'은 작은 선. '足'은 만족하다.

- **驕其善也**(교기선야)
  그 선을 가지고 교만부리다.

- **惡雖小而可懼**(악수소이가구)
  악은 비록 작지만 두렵다. '雖'는 비록 ~하지만. '可懼'는 가히 두렵다.

- **自恕**(자서)
  스스로 용서하다.

- **長其惡也**(장기악야)
  그 악을 키우다.

- **恥過, 莫如戒心**(치과, 막여계심)
  잘못을 부끄러워하는 데에는 마음을 경계하는 것 만한 것이 없다. '恥過'는 과오를 부끄러이

여기다. '莫如~'는 ~만한 것이 없다. ~이 최고다. '戒心'은 마음을 경계하다.

- **守口**(수구)
  입을 지키다.

- **愼默**(신묵)
  삼가고 과묵하다.

- **寡言**(과언)
  말이 적다.

- **戒專**(계전)
  경계함이 전일專一하다.

- **華侈**(화치)
  화려하고 사치하다.

- **禦寒而已**(어한이이)
  추위를 막을 따름이다. '禦寒'은 추위를 막다. '~而已'는 ~할 따름이다.

- **甘美**(감미)
  맛있고 아름답다.

- **救飢**(구기)
  굶주림을 면하다, 구제하다.

- **心術之正**(심술지정)
  마음가짐의 바름. '心術'은 마음씨. 마음가짐. '正'은 정대正大함.

- **威儀之則**(위의지칙)
  예절에 맞은 법칙. '威儀'는 예의에 맞아 위엄 있는 거동. '則'은 법칙.

- **勉勉**(면면)
  힘쓰고 힘쓰다.

《해동속소학海東續小學》

《해동속소학》이란 책의 명칭은 '우리나라 소학小學'이란 뜻이다. '해동海東'은 '우리나라'를 뜻하는 말이고, '소학'은 '대학大學'과 대비되는 말로 어린이들이 학교에 들어가 배우는 기초 교재를 이른다.

《소학小學》은 본래 중국 남송南宋 때의 주희朱熹가 경전經典 중에서 어린이의 가르침에 적절한 자료들을 뽑고 중국 역대 선현先賢들의 언행을 발췌하여 엮은 책이었는데, 조선의 박재형朴在馨이란 선비가 《소학》의 목차와 체제에 따르되 우리나라의 문헌과 선현들의 언행에서 자료를 뽑아 《해동속소학》을 엮었다.

조선광문회朝鮮光文會에서 간행된 《해동속소학》의 책머리에 다음과 같은 언급이 있어 박재형에 관한 대략적인 사실과 이 책을 엮은 취지를 알 수 있다.

'박재형의 성씨와 가계는 상고할 수 없다. 아마도 독지篤志를 지녔던 영남 지방의 인사로서 어려서부터 학문에 뜻을 두었었는데 우리나라 선현先賢들의 사적과 행실에 관한 기록이 없어지고 흩어져 후세의 배우는 이들이 도야陶冶의 혜택을 받지 못하는 것을 안타까이 여겨, 이에 널리 자료를 수집하여 이 책을 만들게 되었을 것이다.'

이 책은 총 6편篇으로, 앞의 글들은 그 중 '가언편嘉言篇'에 나오는 것이다.

첫 번째 단락은 김성일金誠一의 말이다. 사람은 모름지기 내실을 위한 노력을 기울여야 하는데, 내실이 있으면 명예는 저절로 뒤따르게 되며, 그 내실을 위해서는 선善을 부단히 실천하고 악은 아무리 작아도 철저히 경계해야 한다는 내용이다. 두 번째 단락은 허목許穆의 말이다. 마음의 경계를 통해 과오가 수치스러움을 알고, 과오를 줄이면서 살라는 몸가짐에 관한 교훈이다. 세 번째 단락은 이이李珥의 말이다. 학문에 뜻을 둔 사람이라면 의식주衣食住에는 마음을 쓰지 말고 오로지 학문 연마와 마음가짐, 몸가짐을 바르게 하는 데에만 노력해야 한다는 이야기다.

참고

김성일金誠一(1538~1593) 조선 선조 때의 명신으로서 호는 학봉鶴峯이고, 퇴계선생의 제자이다. 벼슬이 부제학副提學에 이르렀으며, 임진왜란이 일어나기 전에 황윤길黃允吉과 함께 통신사가 되어 일본에 다녀오기도 했다.

허목許穆(1595~1682) 조선 숙종 때의 명신으로 호는 미수眉叟, 시호는 문정文正이며 벼슬은 우의정에 이르렀다. 문장과 글씨에 뛰어났으며 송시열宋時烈과 맞서 수난을 겪었다.

이이李珥 Ⅲ-1의 알아둡시다를 볼 것.

대 동 강
大同江

鄭 知 常

雨歇長堤草色多 (우헐장제초색다)
送君南浦動悲歌 (송군남포동비가)
大同江水何時盡 (대동강수하시진)
別淚年年添綠波 (별루연년첨녹파)

비 갠 긴 방죽엔 풀빛이 파릇파릇하고,
남포에서 그대를 보내니 슬픈 노래 움직이네.
대동강 물은 언제나 다 마를까?
이별 눈물이 해마다 푸른 물결에 보태지니.

지은이

정지상鄭知常(?~1135)
　　고려 인종仁宗 때의 문신으로 호는
남호南湖, 초명初名은 지원之元이며
평양平壤 사람이다. 문재文才가 있었
고 시詩로 명성을 얻었으며, 김부식金
富軾에 의해 피살되었다.

字句 풀이

雨歇－비가 그치다. 비가 개다.
長堤－긴 둑. 긴 방죽.
草色多－'풀빛이 많다'는 말인데, '多'는
　　'푸릇푸릇하다'는 뜻.
南浦－지명으로 평양 남쪽 5리 되는 곳
　　에 있음.
動悲歌－슬픈 노래를 부른다는 뜻. 여기
　　서 '悲歌'는 이 시 자체를 가리키는
　　것으로 볼 수도 있음.
添綠波－(눈물이) 푸른 파도에 첨가되다.

해설　이 시는 우리나라 송별시 중에서 가장 유명한 것으로 제목이 〈송인送人〉으
로 되어 있는 책도 있다. 첫 구는 이별하는 장소의 풍경 묘사로 비 온 뒤
에 한결 더 푸른 풀빛이 이별의 서정과 조화를 이루면서 시상을 이끈다. 그
래서 슬픈 노래가 절로 '움직이고' 있다. 이 시의 묘미는 3, 4구인데, 기발
한 착상으로 이별의 많음과 그 슬픔을 형상화하여 많은 사람들이 널리 애
송하게 되었다.

安和寺致齋
안 화 사 치 재

- 안화사에서 재를 올리며

金富軾

窮秋影密庭前樹 (궁추영밀정전수)
靜夜聲高石上泉 (정야성고석상천)
睡起凄然如有雨 (수기처연여유우)
憶曾蘆葦泊漁船 (억증노위박어선)

늦가을에도 그림자 빽빽한 뜰 앞 나무
고요한 밤에 소리 높은 바위 위의 샘물.
깨어 보니 처연한 느낌은 비라도 온 듯하니
전에 갈대밭에 고깃배 매던 일이 생각나네.

지은이
김부식金富軾(1075~1151)
  고려 인종仁宗 때의 학자이자 정치가
이며, 자는 뇌천雷川이다. 묘청妙淸의
난을 진압하고 《삼국사기三國史記》
를 편찬하였다.

字句 풀이
安和寺 - 개성 북동北洞에 있는 사찰.
致齋 - 재齋를 드리다. 제사 같은 것을
  드릴 때 그 며칠 전부터 심신을 깨끗
  이 하고 부정한 일을 삼가는 것.
窮秋 - 늦가을.
影密 - 그림자가 빽빽하다.
睡起 - 잠에서 깨어 일어나다.
凄然 - 썰렁한 모양, 또는 쓸쓸한 모양.
蘆葦 - 갈대.

해설 늦가을에는 그림자가 성긴 법인데 빽빽하다고 함은 절에 나무가 많다는 것
이고, 밤에 물소리만 크게 들린다는 것은 지극히 고요함을 말한다. 이러한
안화사 풍경 속에 시인의 마음은 비라도 내리는 듯 처연해진다. 마지막 구
에서 이러한 고요하고 처연한 분위기를 매개로 하여 절과 갈대밭을 연결시
킨 시인의 상상력이 돋보인다.

대추나무 가시 끝에 원숭이를 새긴다

연燕나라 왕은 깜찍한 솜씨로 만든 조그마한 노리개 같은 것을 좋아하였다. 이를 안 어느 위衛나라 사람이 그를 찾아가 대추나무 가시 끝에 어미 원숭이 한 마리를 새겨 주겠노라고 제의하였다. 이에 연나라 왕은 매우 기뻐하며 당장 그에게 많은 봉록俸祿을 주겠다고 약속하였다. 며칠 후에 연나라 왕이 그 위나라 사람에게 말하였다.

"대추나무 가시 끝에 새긴 어미 원숭이가 어떻게 생겼는지 하루빨리 보고 싶구려."

"그것을 보고 싶으시면 반 년 동안 여자와 잠자리를 같이하지 않고, 술을 마시지 말고, 고기를 먹지 말아야 합니다. 그런 뒤, 비가 개인 날 해가 막 떠오를 무렵 그늘진 곳에 서서 보면 대추나무 가시 끝에 새긴 어미 원숭이를 보실 수 있을 것입니다."

연나라 왕은 그러한 조건을 도저히 지킬 수 없었으므로, 종전대로 그에게 봉록을 지급해 주면서도 그가 새긴 어미 원숭이를 보지 못하고 있었다. 그러던 어느 날, 정鄭나라 대하臺下 지방의 대장장이가 연나라 왕에게 이렇게 말하였다.

"저는 조각도를 만드는 사람입니다. 여러 가지 정교한 물건은 모두 칼로 새겨서 만드는데, 새겨 낸 물건은 반드시 새기는 칼의 날[刃]보다 크게 마련입니다. 대추나무 가시 끝에는 칼날 끝을 댈 만한 자리도 없습니다. 그런데 거기에다 어떻게 어미 원숭이를 새겨넣겠습니까? 임금님께서 그가 사용하는 조각도를 보시면 그것으로 어미 원숭이를 대추나무 가시 끝에 새겨 낼 수 있을 것인지를 바로 아실 수 있습니다."

이에 연나라 왕은 위나라 사람을 불러들여 물었다.

"대추나무 가시 끝에 원숭이를 새겨 넣을 때 무엇으로 하시오?"

"그야 칼로 새기지요."

"나는 당신의 그 정교한 칼을 우선 한번 보고 싶소."

위나라 사람은 집에 가서 그 칼을 가져오겠노라고 말하고는 그길로 달아나 버렸다.

●《한비자韓非子》 극자모후棘刺母猴

출전　《한비자》는 전국시대의 사상가 한비韓非가 지은 책이다. 한비는 기원전 295~233년에 살았던 사람으로 법가法家로 분류된다. 《한비자》는 빼어난 문장에 날카로운 예지와 풍부한 지혜가 담긴 전국시대의 명저로 평가받고 있다.

刎頸之交(문경지교)

죽음이라도 같이할 수 있는 친구

글자풀이

刎(문)－목을 베다. 짜르다.
頸(경)－목. 목줄기.

뜻풀이

목이 떨어져도 아깝지 않고 후회하지 않는 친구간의 두터운 정이나 사귐을 일컫는 말이다. 이 성어는 조趙나라 염파廉頗와 인상여藺相如의 이야기에서 유래되었다.

인상여는 진秦나라 왕이 속임수로 화씨벽和氏璧을 뺏으려는 것을 막고, 무사히 그 구슬을 가지고 돌아온 공로로 상대부上大夫에 임명되었다.

염파는 조나라 장수로서 많은 전공戰功이 있는 사람이었다. 염파가 말하였다. "상여는 원래 비천한 사람인데, 단지 말 몇마디로써 나보다 윗자리를 차지하고 있다. 나는 그의 아래가 된 것을 부끄러워한다. 그를 만나면 반드시 모욕을 주겠다."

하지만 인상여는 병을 핑계삼아 조회에도 그와 함께 나가지 않았고, 외출했다가 멀리서 그가 보이면 수레를 돌려 피했다. 인상여의 부하들이 이를 몹시 부끄럽게 여기자 인상여가 말하였다.

"나는 진나라 왕의 위세에도 굴하지 않은 사람인데, 유독 염파 장군만을 두려워하겠는가? 지금 진나라가 우리 조나라를 침범하지 못하는 것은 우리 두 사람이 있기 때문이다. 그런데 두 호랑이가 싸우면 우리나라는 망하고 만다. 내가 그를 피하는 까닭은 국가의 위급을 우선시하고, 개인적인 원한은 뒤로하기 때문이다."

이 이야기를 전해 들은 염파는 부끄러움에 웃옷을 벗고 가시나무를 등에 지고 가서 인상여에게 사죄하였다. 그리하여 마침내 그들은 '문경지교'를 맺게 되었다고 한다.

이 고사에서 가시를 지고 가서 죄를 청한다는 뜻의 '부형청죄負荊請罪'라는 성어도 유래되었다.

首鼠兩端(수서양단)

양다리를 걸치고 망설이다

글자풀이

鼠(서)－쥐.
兩端(양단)－양편. 두 가지 일. 서로 상반되는 두 극단.

뜻풀이

의심이 많은 쥐가 구멍으로 머리를 내밀고서 밖으로 나갈까 안으로 들어갈까 양단간에 형편을 살피고 있는 모양이다.

이는 기회주의적으로 이해타산을 하며 양편 중에 어디를 택할지 몰라 망설이고 있는 것을 뜻한다. 또는 양다리를 걸친 채 정세를 살피고 있는 애매한 태도를 가리키기도 한다.

3 菜根譚

1. 處治世엔 宜方이요 處亂世엔 宜圓이며 處叔季之世엔
    當方圓並用이니라.

    待善人엔 宜寬이요 待惡人엔 宜嚴이며 待庸衆之人엔
    當寬嚴互存이니라.

2. 我有功於人은 不可念이나 而過則不可不念이요

    人有恩於我는 不可忘이나 而怨則不可不忘이니라.

3. 烈士는 讓千乘하고 貪夫는 爭一文하니

    人品은 星淵也나 好名도 不殊好利요

    天子는 營家國하고 乞人은 號饔飧하니

    位分은 霄壤也나 而焦思는 何異焦聲이리오?

1. 태평한 세상에 처해서는 반듯해야 하고, 난세에 처해서는 원만해야 하며, 보통 세상에 처해서는 반듯함과 원만함을 함께 써야 한다. 착한 사람을 대우할 때엔 너그러워야 하고, 악한 사람을 대우할 때에는 엄격해야 하며, 보통 사람을 대우할 때에는 너그러움과 엄격함을 함께 써야 한다.

2. 내가 남에게 공이 있었던 것은 마음에 두어서는 안 되나 잘못한 것은 잊어서는 안 되며, 남이 나한테 은혜를 베푼 것은 잊어서는 안 되나 원망은 마음에 두어서는 안 된다.

3. 열사는 제후諸侯의 지위도 사양하고, 탐욕스런 사람은 돈 한 푼을 다투니, 인품은 하늘과 땅의 차이가 있지만, 명성을 좋아함도 이익을 좋아함과 다르질 않다. 천자는 대부大夫와 제후를 다스리고 거지는 아침·저녁의 끼니를 구걸하기 위해 외치니, 지위와 신분은 하늘과 땅의 차이가 있지만, 애태우는 생각이 애태우는 외침과 무엇이 다른가?

한 자 활 용

亂
亂君(난군) : 무도한 군주.
亂倫(난륜) : ①인륜에 어긋난 행동. ②도道를 어지럽히다.
軍亂(군란) : 군사들이 일으키는 난리.

待
待望(대망) : 바라고 기다리다.
待避(대피) : 난亂을 임시로 피하다.
歡待(환대) : 반기어 후하게 접대하다.

過
過客(과객) : 길손. 나그네.
過不及(과불급) : 지나치는 것과 미치지 못하는 것.
改過(개과) : 잘못을 고치다.

用
用兵(용병) : 전투에서 군대를 지휘하다.
用役(용역) : 생산과 소비에 필요한 품을 제공하는 일.
任用(임용) : 직무를 맡겨 등용하다.

念
念頭(염두) : 생각. 심중心中.
念願(염원) : 늘 생각하고 간절히 바라다.
通念(통념) : 일반 사회에 널리 통하는 개념.

怨
怨念(원념) : 원한을 품은 마음.
怨辭(원사) : 원망하는 말.
宿怨(숙원) : 오래된 원망.

- 處治世(처치세)
  태평한 세상에 살다. '處'는 살다. '治世'는 정치가 잘 행해지는 세상.

- 宜方(의방)
  마땅히 방정方正해야 한다. '宜~'는 마땅히 ~해야 한다. '方'은 네모지고 반듯하다.

- 叔季之世(숙계지세)
  말세, 또는 보통 세상. 여기서는 치세와 난세의 중간 세상. 叔季는 형제 서열을 이르는 말 백중숙계伯仲叔季 중 아래 서열.

- 當方圓並用(당방원병용)
  마땅히 방정함과 원만함을 함께 써야 한다. '當'은 '宜'와 같은 용법으로 쓰임. '並用'은 함께 쓰다.

- 待善人(대선인)
  착한 사람을 대우하다.

- 庸衆之人(용중지인)
  평범한 사람. 보통 사람.

- 互存(호존)
  함께 지니다. 같이 보존하다.

- 我有功於人(아유공어인)
  내가 남에게 은공이 있다. '於~'는 ~에게. '人'은 남.

- 過則不可不念(과즉불가불념)
  허물인즉 마음에 두지 않아서는 안 된다. 잊어서는 안 된다. '~則'은 ~에 이르러서는.

- 烈士, 讓千乘(열사, 양천승)

의로운 선비는 제후諸侯의 지위도 사양한다. '烈士'는 의리를 존중하는 인사. '讓'은 사양하다. '千乘'은 전차 1천 대를 낼 수 있는 제후의 나라.

- 貪夫, 爭一文(탐부, 쟁일문)
  탐욕스런 사람은 돈 한 푼도 다툰다. '文'은 돈을 세는 단위.

- 人品, 星淵也(인품, 성연야)
  인품은 하늘과 땅의 차이가 있다. '星淵'은 별과 연못. 즉 하늘과 땅.

- 好名, 不殊好利(호명, 불수호리)
  명성을 좋아함도 이익을 좋아함과 다르지 않다. '殊'는 다르다.

- 營家國(영가국)
  대부大夫와 제후諸侯를 다스리다. '家'는 '百乘之家' 즉 대부. '國'은 '千乘之國', 즉 제후.

- 乞人, 號饔飱(걸인, 호옹손)
  거지는 아침·저녁의 끼니를 구걸하기 위해서 외친다. '號'는 외치다. '饔'은 아침밥. '飱'은 저녁밥.

- 位分, 霄壤也(위분, 소양야)
  지위와 신분은 하늘과 땅의 차이가 있다. '霄壤'은 하늘과 땅.

- 焦思, 何異焦聲?(초사, 하이초성?)
  애태우는 마음이 애태우는 소리와 무엇이 다른가? '焦思'는 정치를 위해 애태우는 생각. '何異'는 무엇이 다른가? '焦聲'은 끼니를 위해 외치는 소리.

《채근담菜根譚》

《채근담》은 수양과 처세를 위한 격언이 담긴 책으로 욕심을 버리고 깨끗하게 살라는 교훈으로 일관하고 있다. 책의 명칭은 '사람이 항상 나물 뿌리를 씹어 먹으면 모든 일을 이룰 수 있다(人常咬得菜根, 則百事可以做)'라고 한 송나라의 유학자 왕혁汪革의 말에서 따온 것이다.

전집前集에서는 대체로 세상에 나가 사람들과 접할 때의 도리를, 그리고 후집後集에서는 은퇴 후 한가로이 지내는 낙을 말하고 있다. 전집前集에 225조條, 후집後集에 135조, 총 360조로 구성되어 있다.

엮은이인 홍자성洪自誠에 관해서는 상세히 알 길이 없지만 책의 내용으로 보아 중국 명明나라 말기의 학자이며, 유교儒敎·불교佛敎·도교道敎에 정통한 인물이었을 것으로 추정된다. 그는 환초도인還初道人이라고도 불리었다.

앞에서 읽은 글 중, 첫 번째 단락은 세상이 태평한가, 어지러운가에 따라 처신을 방정하게, 또는 원만하게 할 줄 아는 지혜가 있어야 하며, 상대하는 사람의 인품에 따라서 때로는 관대하고 때로는 엄격한 자세를 취할 줄도 알아야 한다는 처세훈處世訓으로 전집 제50조의 글이다.

두 번째 단락은 내가 남에게 베푼 은혜와 남이 나한테 저지른 잘못은 염두에 두지 말고, 내가 남한테서 받은 은혜와 내가 남에게 저지른 잘못은 잊어서는 안 된다는 교훈으로 전집 제51조의 글이다.

세 번째 단락은 의로운 열사와 탐욕이 많은 사람의 인품의 차는 크지만, 명예 또는 이익을 좋아하고 추구하는 면에서는 똑같고, 천자와 걸인이 지위의 차는 크지만 각자 그 지위에서 애태우면서 사는 것은 똑같다는 내용으로 후집 제80조의 글이다.

참고

왕혁汪革 북송 후기의 유학자. 임천臨川 사람으로 자는 신민信民이다. 학자들 사이에서는 '청계선생靑溪先生'이라고 불렸다. 철종哲宗 때에 진사과에 급제한 후 지방의 관학에서 가르쳤다. 성품이 매우 성실하고 강직하였는데, 늘 "사람이 항상 나물 뿌리를 씹어 먹으면 모든 일을 이룰 수 있다"고 하였다. 중앙에서 권력을 멋대로 휘둘러 많은 이들을 다치게 하고 있던 채경蔡京이 그에게 종정박사宗正博士라는 벼슬을 주어 불러들이려 했지만 뜻이 맞지 않는다 하여 사양하고 계속 지방에서 학생을 가르치다가 40세에 세상을 떠났다. 저서로는 《청계유고靑溪類稿》, 《논어직해論語直解》 등이 있다.

^{녹 채}
鹿柴

- 사슴 울타리

王 維

空山不見人 (공산불견인)
但聞人語響 (단문인어향)
返景入深林 (반영입심림)
復照青苔上 (부조청태상)

빈 산에 사람은 보이지 않고
단지 사람의 말소리만 들린다.
석양빛은 깊은 숲속에 들어와
다시 푸른 이끼 위에 비친다.

지은이

왕유王維(701~761)

중국 당唐나라 때의 시인으로 자는 마힐摩詰이다. 벼슬이 상서우승尚書右丞에 올라 왕우승王右丞이라고도 불린다. 맹호연孟浩然과 함께 성당盛唐 자연시파로 분류되며, 그림에도 능하였고, 불교를 신봉하여 시불詩佛로도 칭해진다.

字句 풀이

鹿柴—사슴 울타리를 말하나 여기서는 왕유의 별장이 있던 망천輞川의 지명으로 망천 20경景 중의 하나이다.

語響—말소리. 말의 울림

返景—해질 무렵의 되비쳐 오는 빛. 석양빛. '景'은 햇빛이며, 이 때의 음은 '영'.

青苔—푸른 이끼.

해설 이 시는 녹채의 그윽하고 고요한 풍경을 묘사한 왕유의 대표적인 산수시이다. 전반부에서는 사람은 보이지 않는데 울림으로 들려오는 사람의 말소리에 주목함으로써 고요함을 더 부각시키고 있고, 후반부에서는 푸른 이끼 위에 다시 비치는 석양빛으로써 그윽한 정경을 그림처럼 그리고 있다. 소동파가 평한 '시 속에 그림이 있다詩中有畵'는 말을 생각나게 한다.

죽 리 관
竹里館

王　維

獨坐幽篁裏 (독좌유황리)
彈琴復長嘯 (탄금부장소)
深林人不知 (심림인부지)
明月來相照 (명월래상조)

그윽한 대숲 속에 홀로 앉아
거문고를 타다가 길게 휘파람도 불어 본다.
깊은 숲이라 사람들은 알지 못하고
밝은 달빛은 찾아와 나를 비춘다.

지은이
'녹채鹿柴' 시 참고.

字句 풀이
竹里館－망천輞川 20경景 중의 하나.
獨坐－홀로 앉다.
幽篁－깊고 그윽한 대숲. '篁'은 우거진
　대.
彈琴－거문고를 타다.
長嘯－길게 휘파람을 불다.
相照－나를 비추다.

해설 이 시는 그윽한 경치 속에 유유자적하는 시인의 청아한 정신세계를 느낄
수 있는 작품이다. 시인은 깊은 대숲에 홀로 있으면서 거문고도 타고 휘파
람도 불면서 아무 거리낌없는 정신적인 자유를 만끽한다. 이 때 밝은 달빛
은 돈오頓悟적인 깨달음처럼 시인을 찾아와 비춘다.

눈이 와야 형설지공螢雪之功을 쌓지

옛날 차윤車胤*이라는 사람은 반딧불이를 잡아서 주머니에 담아 그 빛으로 책을 읽었고, 손강孫康*이라는 사람은 눈[雪]에서 반사되는 빛으로 책을 읽었다.

어느 날 손강이 차윤을 찾아갔으나 그는 집에 없었다. 그래서 그의 하인에게 물었다.

"어디 가셨소?"

"반딧불이를 잡으러 가셨습니다."

얼마 뒤에 차윤이 답례로 손강을 찾아왔다. 손강이 뜰 가운데 한가롭게 서 있는 것을 보고 차윤이 물었다.

"어찌 책을 읽지 않으시고 뜰에 나와 계시오?"

손강은 짐짓 안타까운 표정을 지으며 답했다.

"아무래도 오늘은 눈이 내릴 것 같지 않습니다."

●《소림笑林》 손강독서孫康讀書

* 차윤車胤, 손강孫康 : 둘 다 진晉나라 때의 사람으로 집안이 매우 가난하여 등유를 살 수 없었다. 그래서 차윤은 반딧불이를 잡아 모아서 그 빛으로 책을 읽었고, 손강은 눈에서 반사되는 빛으로 책을 읽었다고 한다. 두 사람 다 훗날 크게 출세를 하였으며, 어려운 가운데에도 열심히 공부한다는 형설지공螢雪之功의 고사로 유명하다.
그런데 이 이야기는 차윤과 손강의 형설지공의 고사를 회화적으로 재구성한 것이다. 형식과 절차에 매달려 본질 자체를 망각하는 사람들의 행태를 풍자한 이야기이다.

출전 《소림》은 명대의 소화가笑話家인 부백재주인浮白齋主人이 편찬한 것이다. 명나라 때 간행된 《파수일석화破愁一夕話》 중에 들어있는 책으로 모두 145조의 재미있는 이야기로 구성되어 있다.

梁上君子(양상군자)

도둑, 쥐

글자풀이
梁(량) - 들보.
君子(군자) - 학식과 덕망이 뛰어난 사람.

뜻풀이
들보 위의 군자란 흔히 도둑을 가리킨다. 후한後漢 말기의 진식陳寔은 학식이 풍부하고 성품이 온화하며 청렴한 사람이었다. 그가 태구현太丘縣의 사또로 부임했을 때 선정을 베풀어 칭송이 자자했다.

그러던 어느 해 극심한 흉년이 들어, 도둑이 진식의 방에 들어와 천장 들보 위에 웅크리고 앉아 기회를 엿보고 있었다.

그것을 가만히 보고 있던 진식은 의관을 정제하고 자식들을 불러놓고 이렇게 훈계했다.

"대저 사람이란 스스로 노력하지 않으면 안 된다. 착하지 못한 일을 하는 사람도 반드시 처음부터 악한 사람은 아니었다. 평소에 잘못된 버릇이 그만 성격으로 변해 나쁜 일을 하게 되는 것이다. 저 들보 위의 군자[梁上君子]도 그러하니라."

이 말을 들은 도둑은 깜짝 놀라 얼른 뛰어 내려와 머리를 조아리며 사죄했다. 진식은 그 도둑을 잘 타이르고 비단 두 필을 주고는 돌려보냈다고 한다.

그런데 훗날 사람들이 들보 위에는 쥐가 많고, 도둑이 꼭 쥐와 같기 때문에 쥐를 '양상군자'라고도 하게 되었다.

池魚之殃(지어지앙)

아무 상관없는 사람이 뜻밖의 재난을 당하다

글자풀이
池(지) - 못. 연못.
殃(앙) - 재앙. 해를 끼치다.

뜻풀이
연못 속 고기의 재앙이란 아무런 상관없는 사람이 뜻밖의 재난을 당하는 것을 뜻한다.

옛날 송宋나라의 환사마桓司馬가 귀한 구슬을 가지고 있었다. 그가 죄를 짓고 도망을 가자, 왕이 사람을 시켜 그가 가지고 있던 구슬을 어디에 두었는지 물어보게 했다. 그는 못에 던져 버렸다고 대답했다.

그래서 왕은 구슬을 찾기 위해 못이 바닥이 나도록 물을 퍼냈다. 하지만 구슬은 찾지 못하고 엉뚱한 물고기만 다 죽고 말았다고 한다.

4 近思錄

1. 고 지 학 자   위 기   기 종 지 어 성 물
古之學者는 **爲己**나 **其終至於成物**하고

금 지 학 자   위 인   기 종 지 어 상 기
今之學者는 **爲人**하다가 **其終至於喪己**하나니라.

2. 군 자 지 학   필 일 신   일 신 자   일 진 야
君子之學은 **必日新**이니 **日新者**는 **日進也**하고

불 일 신 자   필 일 퇴   미 유 부 진 이 불 퇴 자
不日新者는 **必日退**하나니 **未有不進而不退者**니라.

유 성 인 지 도   무 소 진 퇴   이 기 소 조 자 극 야
惟聖人之道는 **無所進退**하니 **以其所造者極也**일새니라.

3. 학 자   선 수 독 어 맹
學者는 **先須讀語孟**이라

궁 득 어 맹   자 유 요 약 처   이 차 관 타 경   심 생 력
窮得語孟하면 **自有要約處**리니 **以此觀他經**하면 **甚省力**하리라.

어 맹   여 장 척 권 형 상 사   이 차 거 양 탁 사 물
語孟은 **如丈尺權衡相似**하니 **以此去量度事物**하면

자 연 견 득 장 단 경 중
自然見得長短輕重하리라.

1. 옛날의 학자들은 자신을 위해서 학문을 하였으나 결국은 남을 성취시키기에 이르렀고, 오늘날의 학자들은 남에게 보이기 위해서 학문을 하다가 결국은 자기 자신을 잃어버리기에 이른다.

2. 군자의 학문은 반드시 날로 새로워지니, 날마다 새로워지는 사람은 날마다 진보하고 날마다 새로워지지 않는 사람은 반드시 날로 퇴보하게 되는지라, 진보하지 않으면서 퇴보하지 않는 사람은 아직 없었다. 다만 성인聖人의 도 道만은 진보하거나 퇴보하는 일이 없으니, 그것은 도달한 곳이 극치極致의 경지이기 때문이다.

3. 공부하는 사람은 우선 《논어》와 《맹자》를 읽어야 한다. 《논어》와 《맹자》를 깊이 연구하면 저절로 요령이 잡힐 것이다. 그 요령으로 다른 경전經典을 보면 매우 힘들이지 않고 읽을 수 있을 것이다. 《논어》와 《맹자》는 잣대나 저울과도 같아서 그것으로 사물을 계측하면 자연히 길고 짧고 가볍고 무거움을 알게 될 것이다.

한 자 활 용

古
古今(고금) : 옛날과 지금.
古色(고색) : ①낡은 빛. ②옛 정취.
最古(최고) : 가장 오래되다.

物
物望(물망) : 사람들이 우러러보는 사람.
物外(물외) : 물질에 얽매이지 않는 세계.
貸物(대물) : 빌려준 물건.

進
進度(진도) : 나아가는 정도, 또는 속도.
進駐(진주) : 군대가 나아가 주둔하다.
競進(경진) : 다투어 앞으로 나아가다.

終
終幕(종막) : ①연극 따위의 마지막 막.
②사건의 끝판.
終戰(종전) : 전쟁을 끝내다.
始終(시종) : 시작과 끝.

今
今昔(금석) : 지금과 옛날.
今後(금후) : 이 뒤, 앞으로.
昨今(작금) : 어제와 오늘. 요즈음.

極
極樂(극락) : ①한껏 즐기다. ②극락세계.
極上(극상) : 가장 좋다.
究極(구극) : 궁극窮極. 극도에 달하다.

- **爲己**(위기)

  자기를 위하다. 즉 자신의 인격 향상을 위해서 학문을 한다. '爲'는 위하다.

- **其終至於成物**(기종지어성물)

  결국은 남을 성취시키기에 이른다. '其終'은 '결국'의 뜻. '至於~'는 ~에 이르다. '成物'은 남을 성취시키다. 즉 남을 감화시켜 훌륭하게 만든다. '物'은 남.

- **爲人**(위인)

  남을 위하다. 즉 남에게 잘 보이고 칭찬 받기 위해서 학문을 한다.

- **必日新**(필일신)

  반드시 날로 새로워진다. '新'은 지난날의 나쁜 습성을 벗게 됨을 말함.

- **日新者, 日進也**(일신자, 일진야)

  날마다 새로워지는 사람은 날마다 전진한다. '~者'는 ~한 사람.

- **必日退**(필일퇴)

  반드시 날로 후퇴한다.

- **未有不進而不退者**(미유부진이불퇴자)

  전진하지 않으면서 후퇴하지 않은 사람은 아직 없었다. '未有~'는 아직 없다.

- **惟聖人之道**(유성인지도)

  오직 성인의 도만은. '惟'는 오직. '聖人'은 인류의 사표師表.

- **無所進退**(무소진퇴)

  전진하거나 후퇴하는 바가 없다.

- **以其所造者極也**(이기소조자극야)

  그 도달한 바 경지가 극치이기 때문이다. '以~也'는 ~ 때문이다. '所造者'는 도달한 바 경지.

'造'는 이르다. '所~者'는 ~한 바 그곳.

- **先須讀語孟**(선수독어맹)

  우선 《논어論語》와 《맹자孟子》를 읽어야 한다. '先'은 우선. '須~'는 모름지기 ~해야 한다. '語孟'은 《논어》와 《맹자》. 각각 사서四書의 하나.

- **窮得語孟**(궁득어맹)

  《논어》와 《맹자》를 궁구하다. '窮'은 깊이 연구함. '得'은 완료를 나타냄.

- **自有要約處**(자유요약처)

  저절로 요점 잡히는 바가 있게 된다. '要約'은 요점, 혹은 요령이 잡히다.

- **以此觀他經**(이차관타경)

  이것으로 다른 경전經典을 보다. '此'는 앞에서 말한 '要約處'를 가리킴.

- **甚省力**(심생력)

  매우 힘을 덜게 되다. 즉 쉽게 읽을 수 있음을 말함. '省'은 덜다.

- **如丈尺權衡相似**(여장척권형상사)

  잣대·저울과도 비슷하다. '丈尺'은 모두 길이의 단위, 잣대. '權衡'은 저울. '權'은 저울의 추. '衡'은 저울의 대. '相似'는 비슷하다.

- **以此去量度事物**(이차거양탁사물)

  이것을 가지고 사물을 재고 달다. '此'는 '丈尺權衡'을 가리킴. '量度'은 헤아리다. 즉 길이를 재고 무게를 달다.

- **自然見得長短輕重**(자연견득장단경중)

  자연히 길고 짧고 가볍고 무거움을 알게 된다. '見得'은 알게 되다. '長短'은 잣대로, '輕重'은 저울로 계측함.

《**근사록**近思錄》

《근사록》은 중국 송대宋代의 성리학자인 주희朱熹가 자신의 집을 찾은 여조겸呂祖謙과 함께 지은 책으로, 주돈이周敦頤, 정호程顥·정이程頤 형제 및 장재張載 등 네 학자의 저서 중에서 발췌하여 엮은 것이다. 《근사록》이란 제목에서, '근사近思' 두 글자는 《논어論語》의 '널리 배우고 뜻을 돈독히 하며, 절실한 것에 대하여 묻고 몸 주변의 일을 생각하면, 인仁은 그 속에 있다(博學而篤志, 切問而近思, 仁在其中矣)'라고 한 자하子夏의 말에서 따온 것이다.

실제 생활에 바탕을 둔 학문을 강조한 내용이 많으며, 공부하는 사람들의 기본적인 생활 자세에 관한 내용도 많은 부분을 차지한다. 총 14편篇으로 되어 있다.

앞에서 읽은 글 중, 첫 번째 단락은 옛날에 공부하던 사람들은 '수기修己'를 목표로 학문을 하지만 결국은 남에게도 감화를 주게 되고, 오늘날 공부하는 사람들은 자기 과시를 위해 공부하다가 결국에 가서는 자신까지 잃게 된다는 주장이다. '논학편論學篇'에 실려 있다.

두 번째 단락은 학문하는 사람한테는 끊임없는 전진이 있어야 하며 전진하지 못한다면 그것은 곧 퇴보임을 역설한다. 전진이란 지난날의 폐습을 털어 버리고 새로워짐을 찾는 과정을 말한다. 이러한 노력은 전진도 후퇴도 있을 수 없는 성인聖人의 경지에 이를 때까지 계속되어야 한다는 격려의 내용으로, 역시 '논학편'에 실려 있는 글이다.

세 번째 단락은 《논어》와 《맹자孟子》 두 책의 중요성을 말하고 있다. 공자孔子와 맹자의 사상은 그들의 언행록에 가장 잘 드러나 있기 때문에 사서오경四書五經 등 유가의 경전을 바르게 알기 위해서는 먼저 《논어》와 《맹자》를 읽어 그것으로 다른 경전을 이해하는 척도로 삼으라는 내용으로, '치지편致志篇'에 실려 있는 글이다.

참고

주희(1130~1200) 성리학性理學을 집대성한 중국 남송南宋의 대유학자로, 자는 원회元晦, 호는 회암晦菴이다. 후세 사람들이 그를 높여 주자朱子라고 부르게 되었고, 그가 집대성한 성리학을 주자학이라고도 한다. 《근사록》 외에도 《사서집주四書集註》를 비롯해 많은 저서가 있다.

여조겸(1137~1181) 자는 백공伯恭이고, 주자와 같은 시대의 학자이며, 세상 사람들은 동래선생東萊先生이라 불렀다. 《동래좌씨박의東萊左氏博議》 등의 저서가 있다.

사서오경四書五經 사서四書란 《대학大學》《중용中庸》《논어》《맹자》를 가리킨다. 주희朱熹 등의 성리학자들이 자신들의 학설을 발전시키면서, 《예기禮記》라는 책의 일부분을 《대학》과 《중용》으로 독립시키고, 《논어》《맹자》와 합하여 주석을 붙여 유가 사상의 기본 교과서로 삼았다. 오경五經은 《시경詩經》《서경書經》《주역周易》《예기禮記》《춘추春秋》를 가리킨다.

감 로 사 차 운
甘露寺次韻
- 감로사에 차운하다

金富軾

俗客不到處 (속객부도처)
登臨意思淸 (등임의사청)
山形秋更好 (산형추갱호)
江色夜猶明 (강색야유명)
白鳥高飛盡 (백조고비진)
孤帆獨去輕 (고범독거경)
自慚蝸角上 (자참와각상)
半世覓功名 (반세멱공명)

속된 나그네 오지 않는 곳
올라와 굽어보니 마음이 맑아진다.
산 모양은 가을에 더욱 아름답고
강 물빛은 밤에도 여전히 밝다.
흰 새 높이 날아가 버리고
외로운 배 홀로 가볍게 간다.
부끄럽다, 달팽이 뿔 위에서
반평생을 공명功名만 찾았으니.

지은이

'안화사치재安和寺致齋' 시 참고.

字句 풀이

甘露寺 - 개성開城 오봉산五鳳山에 있는
　사찰.
次韻 - 다른 사람이 쓴 시의 운韻을 그
　대로 따라 쓰는 시의 작법.
俗客 - 세속世俗의 나그네.
登臨 - 높은 곳에 올라 낮은 곳을 굽어보
　는 것.
蝸角 - 달팽이 뿔.《장자莊子》에 달팽이
　왼쪽 뿔에 사는 촉씨觸氏 부족과 오
　른쪽 뿔에 사는 만씨蠻氏 부족이 서
　로 싸웠다는 이야기가 있는데, 하찮
　은 인간세상을 풍자하는 뜻으로 많이
　쓰인다.
覓 - 찾다.

해설

이 시는 승려인 혜소惠素가 쓴 시에 차
운한 것인데, 김부식의 문학적인 정취
가 잘 나타나 있다. 2연은 대구가 평이
하면서도 운미가 있고, 3연은 이백李白
의 〈독좌경경산獨坐亭敬山〉의 '뭇 새들
다 높이 날아가버리고, 외로운 구름 홀
로 한적하게 떠간다(衆鳥高飛盡, 孤雲
獨去閑)'는 구절을 연상케 한다.《소화
시평小華詩評》에서는 '표연飄然히 홍
진세계를 벗어난 우아한 정취가 담겨
있다'고 평하였다.

도끼로 콧날 위의 흙을 깎아 낸다

　장자莊子가 친구의 장례식 날 장지에 갔다가 혜자惠子*의 묘 옆을 지나게 되었다. 잠시 생각에 잠겼던 장자가 주위 사람들을 둘러보면서 이렇게 말하였다.

　"초나라의 서울에 사는 어떤 사람이 자기 콧날 끝에 파리 크기만한 석회 덩어리를 발라놓고 친구인 석수장이로 하여금 도끼로 그것을 깎아내도록 하였더라네. 석수장이는 쌩 하고 바람이 일 정도로 재빠르게 도끼를 휘둘러 석회 덩어리를 깎아 내었는데 그 사람의 얼굴에는 동요하는 기색이 전혀 없었고 콧날에는 상처 하나 나지 않았더라네. 송나라 임금이 이 이야기를 듣고 석수장이를 불러다가 자기 앞에서 시범을 보여 달라고 부탁하였다네. 그러자 석수장이는 '예전에는 정말 그렇게 할 수 있었습니다만 지금은 저의 짝이 죽은 지 오래입니다'라고 말하였다네. 나도 친구 혜자가 죽고 나니 짝이 없어진 셈이라 더불어 말할 상대가 없다네."

●《장자》　장석운근匠石運斤

---

* 혜자惠子 : 성은 혜惠, 이름은 시施. 장자와 같은 시대의 논리학자. 장자의 논적論敵인 동시에 가장 친한 친구였음.

출전　《장자》의 지은이는 장주莊周이며, 전국시대 송宋나라 몽현蒙縣 사람으로 맹자와 비슷한 시대에 생존했다. 《장자》의 철학은 《노자老子》를 원류로 하여 무위자연無爲自然 사상을 계승 발전시켰다. 문장이 생동감있고 상상력이 넘치며, 특히 우언이 풍부하다.

月下老人 (월하노인)
부부의 인연을 맺어주는 사람

뜻풀이

'월하노인'이란 달빛 아래 있는 늙은이란 뜻이다. 이 말이 부부의 인연을 맺어주는 사람, 즉 중매쟁이의 뜻으로 쓰이게 된 것은 《태평광기太平廣記》에 나오는 다음과 같은 이야기에 기인한다.

장안長安 근처에 위고韋固라는 사람이 살고 있었다. 그는 일찍 부모를 여의었고, 장성했지만 아직 결혼을 못하고 있었다.

어느 날, 달빛 아래 한 노인을 만났는데, 그는 저 세상에서 이 세상 남녀의 인연을 맺어주는 일을 한다고 했다. 그래서 위고는 자기의 짝이 누구냐고 물어보니, 북쪽 마을에 사는 채소장수 노파의 세 살짜리 어린 애라서 15년 후에야 결혼할 수 있다고 하고는 사라져 버렸다.

위고는 도저히 기다릴 수 없어서, 사람을 시켜 그 애를 죽이려 했지만 미수에 그치고 눈썹에 칼자국을 남기고 말았다. 어언 14년의 세월이 흘러 위고는 한 고을의 관리가 되었고, 장관댁 17세 된 딸과의 중매가 들어왔다.

그 딸은 눈썹에 꽃무늬 장식을 하고 있었다. 그 이유를 물어보니 그녀는 원래 장관의 친딸은 아니고 수양딸이며 일찍 부모를 여의고 노파의 손에 자랐는데 3세 때 괴한의 습격을 받았다고 했다.

그때에서야 위고는 자기가 한 일이라고 밝혔고 이듬해에 결혼을 했다. 이들 부부는 금슬이 좋았고 자식을 잘 키워 다 출세를 시켰다고 한다.

玉石俱焚 (옥석구분)
착한 사람이나 나쁜 사람이나 다같이 해를 입다

글자풀이

俱(구) – 함께.
焚(분) – 불타다. 태우다.

뜻풀이

구슬이나 돌이나 다 함께 탄다는 말로 선인이나 악인이나 다같이 해를 입는다는 뜻이다.

《서경書經》에 '불이 곤륜산에 붙으면 옥과 돌이 다함께 타고 만다. 하늘이 임명한 관리(천자, 왕)가 그 덕을 잃으면 그 해독은 사나운 불보다 무섭다(火炎崑岡, 玉石俱焚. 天吏逸德, 烈于猛火)'라고 했다.

이 말은 높은 자리에 있는 사람이 덕을 잃거나 정치를 잘못하면 모든 사람이 다 피해를 입게 된다는 뜻이다.

IV

옛사람의 서로 다른 생각과 처세 방법

옛사람들의 생각을 잘 이해하는 것이 한문 독해 능력을 키우는 데에 매우 중요하며, 또한 오래 전에 씌어진 동아시아의 고전에 대한 좀 더 깊은 공부를 통해 옛사람들의 다양한 생각과 처세방법을 이해할 수 있다.

한문으로 씌어진 기록들은 그야말로 방대하다. 넓은 지역에 걸쳐 오랜 세월 동안 축적된 탓에 한문으로 씌어진 기록들은 엄청난 양을 자랑하는 것이다.

그런데 한문을 통해 특정한 한 종류의 생각만이 표현되어 왔다면 아마도 그처럼 풍부한 양의 글이 쓰여지지는 못했을 것이다. 옛사람들은 동아시아의 이곳 저곳, 물 좋고 산 좋은 곳에 자리잡고 문명을 만들어 낸 이후 수천년 동안 자신들의 경험과 생각과 애환을 한문으로 기록해 왔다. 그 경험의 폭이 다양한 만큼 한문으로 표현되는 생각의 성격도 다양하다고 할 수 있겠다.

한문에는 앞서 읽은 것과 같은 종류의 사상과 처세 방법을 주장한 글들이 있는가 하면 전혀 다른 사상과 처세 방법을 주장한 것들도 있다. 그 많은 글들을 다 읽어보고 그 다양한 세계를 두루 경험하는 것은 쉽지 않은 일이다. 그렇지만 이 단원에서 제시한 서로 다른 생각과 처세 방법의 예를 통해 한문의 저변에 깔린 동아시아적 사유思惟의 전통이 매우 다채롭고 풍성한 것임을 어느 정도 짐작할 수는 있을 것이다.

1 性善説과 性惡説

측은지심　　인야　　수오지심　　　의야
1. 惻隱之心은 仁也요 羞惡之心은 義也요

공경지심　　예야　　시비지심　　　지야
恭敬之心은 禮也요 是非之心은 智也니

인의예지　　비유외삭아야　　아고유지야　　불사이의
仁義禮智는 非由外鑠我也라 我固有之也언마는 弗思耳矣니

고　　왈구즉득지　　사즉실지
故로 曰求則得之하고 舍則失之라 하니라. ●《맹자》고자 상

금인지성　　생이유호리언
2. 今人之性은 生而有好利焉이라

순시 고　　쟁탈생이사양무언
順是 故로 爭奪生而辭讓亡焉하며

생이유질오언　　순시 고　　잔적생이충신무언
生而有疾惡焉이라 順是 故로 殘賊生而忠信亡焉하며

생이유이목지욕　　유호성색언
生而有耳目之欲하고 有好聲色焉이라

순시 고　　음란생이예의문리무언
順是 故로 淫亂生而禮義文理亡焉이니라. ●《순자》성악

1. 다른 사람을 측은히 여기는 마음이 '인仁'이고, 잘못을 부끄러워하고 미워하는 마음이 '의義'이며, 공손히 섬기는 마음이 '예禮'이고, 옳고 그름을 가리는 마음이 '지智'이다. 인, 의, 예, 지는 밖으로부터 내게 주어진 것이 아니고 내가 본래 가지고 있는 것인데, (사람들이 그것에 대해) 깊이 사색하지 않을 따름이다. 그러므로 일컫길, 추구하면 그것을 얻을 것이요 버리면 잃을 것이라고 한다.

2. 사람의 본성이란 태어나면서 이익을 좋아하는 성질을 갖고 있는데, 이를 따르게 되기 때문에 다툼과 약탈이 생겨나고 사양함은 없게 된다. 태어나면서 질시하고 미워하는 성질을 갖고 있는데, 이를 따르게 되기 때문에 남을 해침이 생겨나고 정성과 신의는 없게 된다. 나면서 귀와 눈의 욕망을 갖고 있어 고운 소리와 아름다운 빛깔을 좋아함이 있는데, 이를 따르게 되기 때문에 음란함이 생겨나고 예의와 도리는 없게 된다.

한 자 활 용

恭
恭儉(공검) : 공손하고 검소하다.
恭勤(공근) : 진심으로 삼가고 힘쓰다. 공손하고 부지런하다.
溫恭(온공) : 온순하고 공손하다.

智
智謀(지모) : 슬기로운 꾀. 지계智計.
智勇(지용) : 지혜와 용기.
明智(명지) : 밝은 지혜.

舍
舍監(사감) : 기숙사 등의 사생舍生을 감독하는 사람.
學舍(학사) : 학문을 수양하는 곳.

禮
禮訪(예방) : 인사차 방문하다. 예의를 갖추어 방문하다.
禮遇(예우) : 예를 갖추어 대우하다.
賀禮(하례) : 축하하는 예식.

求
求道(구도) : ①도道를 구하다. ②길을 찾다.
求職(구직) : 직업을 구하다.
探求(탐구) : 더듬어 구하다.

爭
爭論(쟁론) : 서로 말로 다투다. 쟁의爭議.
爭奪(쟁탈) : 서로 뺏으려고 다투다.
政爭(정쟁) : 정치상의 투쟁.

• 惻隱之心(측은지심)
가엾게 여기는 마음.

• 羞惡之心(수오지심)
자신의 잘못을 부끄러워하고 남의 잘못을 미워하는 마음.

• 恭敬之心(공경지심)
공손히 섬기는 마음.

• 是非之心(시비지심)
옳고 그른 것을 가릴 줄 아는 마음.

• 由外鑠我(유외삭아)
밖으로부터 내게 주어지다. '由'는 유래, 연원을 표시하는 개사. '鑠'은 쇠를 달구거나 녹인다는 뜻이지만, 여기서는 불로 쇠를 녹여내는 것처럼 '밖에서 안으로 들어가다'의 의미를 가지며, 나아가 '주다, 부여하다'의 의미로 푼다.

• 固(고)
본래.

• 弗思耳矣(불사이의)
깊이 생각하지 않을 따름이다. '耳矣'는 한정의 어기를 표시한다.

• 今(금)
발어사로 쓰였다.

• 爭奪(쟁탈)
다툼과 빼앗음.

• 辭讓(사양)
자기에게 이익이 되는 일을 사절하고, 남에게 양보함.

• 亡(무)
없다. 이때는 '망'이 아니라 '무'로 읽는다.

• 疾惡(질오)
'嫉惡(질오)'와 같은 뜻이다. 즉, 질투嫉妬와 증오憎惡.

• 殘賊(잔적)
남을 다치게 하고 해롭게 함.

• 聲色(성색)
여기서는 듣기 좋은 소리와 아름다운 색을 가리킨다.

• 淫亂(음란)
욕망에 대한 추구가 지나쳐 몸과 마음이 흐트러짐.

• 文理(문리)
질서와 도리. 조리條理.

성선설性善說과 성악설性惡說

인간의 본 바탕은 선한 것인가, 아니면 악한 것인가? 인간의 본성에 관한 문제는 고대 중국의 사상가들 사이에 활발하게 토론되었다. 그러나 이러한 논의가 인성 자체에 대한 순수한 관심에서 나온 것은 아니었다. 크고 작은 전쟁이 계속되던 전국시대, 사상가들은 어떻게 하면 생산 활동 등 사회적 기능을 통합, 조직하고 재화를 분배하여 사회의 안정과 국가 간의 평화를 이룰 수 있을 것인가 하는 문제를 두고 고민했다. 이러한 고민이 많은 경우 인간의 본성은 어떤 것인가 하는 토론으로 이어진 것이다.

맹자孟子와 순자荀子는 모두 유가儒家의 전통에 속하는 사람들이며, 이상적 사회 질서는 어떻게 구현될 수 있는가를 두고 고심했다. 그러나 인성의 문제에 있어서는 상반되는 견해를 보인다. 공자孔子는 사회의 통합과 안정의 전제 조건으로 '예禮', 즉 올바른 상하 질서의 회복, 그리고 지식인 엘리트(즉 군자)의 도덕성 함양을 강조했는데, 맹자는 이 가운데 후자에 중심을 두고 자신의 학설을 발전시켰다. 맹자는 사람들은 모두 타고난 도덕성을 갖추고 있으며, 특히 사회의 지도층인 군자가 이를 갈고 닦는 것이 이상적 정치 실현의 근간이 된다고 여겼다.

반면 맹자의 뒤를 이어 유가 학설을 발전시킨 순자는 인간은 결코 도덕적으로 선하지 않으며 무한한 욕망을 가진 존재로 본다. 그렇기 때문에 후천적 인위적 노력, 즉 '위僞'를 강조한다. 그리고 이러한 '위'가 궁극적으로 실현된 것이 바로 성현의 '예'라는 것이다.

순자의 인성론과 '예치론禮治論'은 인간의 본성을 불신하여 인위적인 법의 철저한 시행을 통해서만이 사회적 통합을 이룰 수 있다고 본 법가法家의 사상과 맞닿아 있다. 중국의 위정자들은 명분상으로는 맹자가 주장한 왕도정치王道政治를 표방해 왔지만 실제 통치에 있어서는 순자적 입장을 실현해 왔다고 볼 수 있을 것이다.

《맹자孟子》와 《순자荀子》

《맹자》는 전국시대戰國時代 중엽의 유가 사상가인 맹자가 여러 군왕들과 다른 사상가들, 그리고 제자들과 토론한 내용을 기록한 책으로, 현재 전해지는 것은 〈양혜왕梁惠王 상·하〉 등 모두 14편으로 되어 있다. 맹자 자신이 썼다는 설과 제자인 공손추公孫丑, 만장萬章 등이 쓴 것이라는 설이 있다.

《순자》는 전국시대 후기의 유가 사상가인 순자의 사상을 기록한 책으로 현재 전해지는 것은 모두 32편으로 되어 있다. 관직에서 물러나 저술한 것이라고 하며 논리가 치밀한 것으로 유명하다.

망 여 산 폭 포

望廬山瀑布

– 여산 폭포를 바라보며

李 白

日照香爐生紫煙 (일조향로생자연)

遙看瀑布挂長川 (요간폭포쾌장천)

飛流直下三千尺 (비류직하삼천척)

疑是銀河落九天 (의시은하낙구천)

향로봉에 해 비쳐 보랏빛 연기 피어나는데

멀리 폭포를 바라보니 긴 냇물처럼 걸려있구나.

나는 듯 곧바로 삼천 척을 내려오니

아마도 은하수가 저 높은 하늘에서 떨어지는가.

지은이

이백 李白(701~762)

중국 당唐나라 때의 대시인으로 자는 태백太白, 호는 청련靑蓮이다. 평생을 유랑하며 보냈는데, 잠시 장안에서 한림학사를 역임하기도 했고, 영왕永王 인璘을 보좌하다가 고초를 당하기도 했다. 그는 시선詩仙으로 불리며, 그의 시는 호방하고 얽매임이 없으며 기상천외한 상상력이 돋보인다.

字句 풀이

廬山 – 중국 강서성江西省 구강시九江市 남쪽에 있는 산.

香爐 – 여산의 북쪽 봉우리. 산 모양이 향로 같고, 봉우리 근처에 늘 구름과 안개가 덮여 있어서 붙여진 이름이다.

紫煙 – 안개와 구름에 햇빛이 비쳐 보라 색을 띠는 것을 형용함.

長川 – 긴 시냇물. 폭포를 비유한 말. '前川'으로 된 책도 있다.

疑是 – 아마 ~인 것 같다.

九天 – 전설에 따르면 하늘은 아홉 층을 이루고 있다고 하는데, 구천은 그 중에서도 가장 높은 곳임.

해설 첫구에서 향로봉의 모습을 신비롭게 묘사하여 시상을 일으킨 후, 여산 폭포의 모습을 과장을 섞어 신비롭고도 장쾌하게 묘사하고 있다. 2, 3, 4구로 갈수록 그 과장의 스케일이 커지고 웅장해져 3천 척에서 더 나아가 구천 하늘에서 떨어진다고 하고 있다. 이백의 호방한 기상과 풍부한 상상력이 돋보이는 작품이다.

제 서 림 벽
題西林壁
- 서림사 벽에 쓰다

蘇 軾

横看成嶺側成峰 (횡간성령측성봉)
遠近高低各不同 (원근고저각부동)
不識廬山眞面目 (불식여산진면목)
只緣身在此山中 (지연신재차산중)

가로로 보면 산줄기, 옆으로 보면 봉우리
멀리서 가까이서 높은 데서 낮은 데서 각각 그
모습이 다르네.
여산의 진면목을 알 수 없는 것은
이 몸이 이 산 속에 있는 탓이리.

지은이
소식蘇軾(1037~1101)
　중국 송宋나라 때의 대시인으로 자는 자첨子瞻, 호는 동파東坡이다. 왕안석王安石 일파의 미움을 받아 여러 차례 귀양을 가기도 했다. 아버지 소순蘇洵, 동생 소철蘇轍과 함께 당송팔대가唐宋八大家에 속하며, 시詩·사詞·산문散文·그림 등 다방면에서 천재적인 재능을 발휘한 사람이다.

字句 풀이
西林－여산에 있는 절인 서림사西林寺.
成嶺－산맥, 산고개를 이루다. 산줄기 모양이다.
成峰－산봉우리를 이루다. 산봉우리 모양이다.
遠近高低各不同－보는 장소의 원근고저에 따라 그 모습이 다르다는 말.
眞面目－참된 모습. 진면목.
只緣－단지 ~ 때문이다. 단지 ~에 연유한다.

해설 흔히 당인唐人의 시는 '정情'이 깊고 송인宋人의 시는 '이理'가 깊다고 한다. 이 시는 여산을 보는 방향에 따라 산의 모습이 달리 보이는 사실을 빌어 인생과 세계에 대한 자신의 통찰을 읊고 있다. 단 네 구절을 통해 산에 대한 개인적 경험을 자연스럽게 보편적 이치로 풀어내는 솜씨가 돋보인다. 철학적 이치를 담은 '철리시哲理詩'가 주는 메마르고 텁텁한 느낌도 없다. 그렇기 때문에 송대 철리시의 수작으로 꼽힌다.

최고의 싸움닭

기성자紀渻子가 왕*을 위하여 싸움닭을 길렀다.

열흘이 지나자 왕이 물었다.

"닭이 이젠 잘 길러졌는가?"

"아직 멀었습니다. 지금 한참 허세를 부리며 기운을 믿고 있습니다."

열흘이 지나자 또 물었다.

"아직도 멀었습니다. 다른 닭의 소리나 모습에 여전히 반응을 보입니다."

열흘이 지나자 또 물었다.

"아직도 멀었습니다. 아직도 다른 닭을 노려보고 기세가 성합니다."

열흘이 지나자 또 물었다.

"거의 되었습니다. 다른 닭이 울어도 전혀 반응이 없습니다. 바라보면 마치 '나무로 만든 닭'과 같습니다. 그 덕이 완전히 갖추어진 것이지요. 다른 닭들이 감히 그에게 응전하려 하지 않습니다. 그를 보면 돌아서서 달아나 버린답니다."

●《장자》 기성자양투계紀渻子養鬪鷄

* 왕 : 제齊나라 왕이라는 설도 있고, 주周나라 선왕宣王이라는 설도 있음.

출전　《장자》의 지은이는 장주莊周이며, 전국시대 송宋나라 몽현蒙縣 사람으로 맹자와 비슷한 시대에 생존했다. 《장자》의 철학은 《노자老子》를 원류로 하여 무위자연無爲自然 사상을 계승 발전시켰다. 문장이 생동감있고 상상력이 넘치며, 특히 우언이 풍부하다.

臥薪嘗膽 (와신상담)

원수를 갚으려고 고생을 참고 견디다

글자풀이

臥(와) – 눕다.
薪(신) – 섶나무. 장작.
嘗(상) – 맛보다. 일찍이.
膽(담) – 쓸개.

뜻풀이

장작 위에 누워 자고 쓸개를 맛보며 원수를 잊지 않는다는 뜻이다. 이 성어는 원래 오왕吳王 부차夫差의 와신臥薪 이야기와 월왕越王 구천句踐의 상담嘗膽 이야기가 합쳐져 이루어진 것이다.

오나라와 월나라는 인접한 국가로 전쟁이 잦았다. 한번은 오왕 합려闔閭가 월나라를 쳐들어갔다가 월왕 구천에게 패하여 독화살을 맞아 죽게 되었다.

그 때 아들 부차에게 말하길, "너는 구천이 이 아비를 죽인 원수라는 것을 잊지 말아라"라고 했다.

그 후로 부차는 장작에 누워 자면서 아버지의 말을 되씹으며 복수심을 불태웠다. 그 뒤에 부차는 회계산會稽山에서 월나라의 항복을 받아내고 구천을 포로로 잡았다.

그는 구천에게 온갖 고통과 모욕을 주었고, 월나라는 오나라의 속국이 되겠다는 맹세를 받아내고 풀어주었다.

그 뒤 구천은 쓸개를 매달아두고 항시 맛보며, "너는 회계산의 치욕을 잊었느냐"고 자문하며 복수의 일념을 불태웠다.

그로부터 20년 후 구천은 오나라를 쳐서 이겼고, 부차로 하여금 자살하게 만들었다고 한다.

吳越同舟 (오월동주)

원수가 한자리에 있다

글자풀이

吳(오) – 오나라.
越(월) – 월나라. 넘다.
舟(주) – 배.

뜻풀이

'와신상담臥薪嘗膽' 이야기에서 보듯 오나라와 월나라는 사이가 좋지 않은 원수지간이다. 이러한 오와 월이 같은 배를 타고 있다는 뜻이다.

'오월동주'는 여러 가지 뜻으로 쓰인다. 원수끼리라도 위급한 경우에는 서로 돕는다는 의미, 또는 공동의 이익을 위하여 원수끼리라도 서로 같은 일을 한다는 뜻으로도 쓰인다.

일반적으로 서로 적의를 품은 사람이 같은 자리나 처지에 있는 묘하고 불편한 상황을 일컬을 때 쓴다.

2 伯夷와 叔齊

1. 武王_이 已平殷亂_{하니} 天下宗周_{어늘}
　무왕　　이평은란　　천하종주

　而伯夷叔齊恥之_{하여} 義不食周粟_{이라 하여}
　이백이숙제치지　　의불식주속

　隱於首陽山_{하여} 采薇而食之_{하더니} 遂餓而死_{하니라.}
　은어수양산　　채미이식지　　수아이사

●《사기》 백이열전

2. 子曰 : "不降其志_{하며} 不辱其身_은 伯夷叔齊與_{인저!}"
　자왈　　불항기지　　불욕기신　　백이숙제여

●《논어》 미자

3. 天下盡殉也_{로되} 彼其所殉_이 仁義也_면 則俗謂之君子_{라 하고}
　천하진순야　　피기소순　　인의야　　즉속위지군자

　其所殉_이 貨財也_면 則俗謂之小人_{이라 하나니,}
　기소순　　화재야　　즉속위지소인

　其殉一也_{어늘} 則有君子焉_{하며} 有小人焉_{이라.}
　기순일야　　즉유군자언　　유소인언

　若其殘生損性_은 則盜跖_도 亦伯夷已_니
　약기잔생손성　　즉도척　　역백이이

　又惡取君子小人於其間哉_{아?}
　우오취군자소인어기간재

●《장자》 변무

1. 무왕이 이미 은나라의 어지러움을 평정하니 온 세상이 주나라를 종주宗主로 받들었다. 그러나 백이와 숙제는 그것을 부끄럽게 여겨 의리상 주나라의 곡식을 먹지 않겠다 하고 수양산에 숨어 고사리를 캐어 먹더니 마침내 굶어 죽었다.

2. 공자께서 말씀하셨다. "그 의지를 굽히지 않고 그 몸을 욕되게 하지 않은 이는, 백이와 숙제로다!"

3. 세상 사람은 모두 죽는다. 저들이 죽은 이유가 인과 의 때문이라면 세속에서는 그들을 일컬어 군자라고 하며, 죽은 이유가 재물 때문이라면 세속에서는 그들을 일컬어 소인이라고 한다. 그들이 죽은 것은 마찬가지인데, 군자가 있는가 하면 소인이 있는 것이다. 생명을 다치게 하고 본성을 상하게 한 것으로 친다면 도척도 또한 백이와 마찬가지일 뿐이니, 어찌 그 가운데에서 군자와 소인을 취할 것인가!

한자활용

武
武德(무덕) : 무인武人으로서의 권위와 덕망.
武勇(무용) : 날래고 용맹하다.
文武(문무) : 문식文識과 무략武略.

恥
恥辱(치욕) : 부끄러움과 욕됨.
大恥(대치) : 큰 치욕.
廉恥(염치) : 청렴하고 깨끗하여 부끄러움을 아는 마음.

陽
陽地(양지) : 볕이 바로 드는 곳.
陽春(양춘) : ①따뜻한 봄. ②은택·은혜 등의 비유.
夕陽(석양) : 저녁때의 해. 저녁나절.

周
周密(주밀) : 도모하는 일에 빈구석이 없고 자세하다.
周遊(주유) : 여기저기 두루 돌아다니다.
四周(사주) : 사방의 둘레. 사위四圍.

首
首腦(수뇌) : 중요한 자리에 있는 사람. 우두머리.
首肯(수긍) : 그렇다고 고개를 끄덕이다.
黨首(당수) : 당의 우두머리.

盜
盜難(도난) : 물건을 도둑맞는 재난.
盜聽(도청) : 몰래 엿듣다. 기계 따위로 엿듣는 장치를 하는 것.
群盜(군도) : 무리지은 도둑.

2. 伯夷와 叔齊 • *113*

字句 풀이

- **武王**(무왕)
  주周의 왕. 폭군인 주紂가 다스리던 은殷을 무너뜨리고 중원을 차지했다.

- **平**(평)
  평정하다. 안정시키다.

- **殷亂**(은란)
  폭정에 의한 은나라 내부의 혼란.

- **宗**(종)
  주인으로 삼다.

- **周**(주)
  중국의 고대 국가. 원래는 작은 나라로 은을 섬겼으나 문왕文王 대에 정치를 잘하여 나라를 강성케 하였고, 그의 아들 무왕武王 대에 은을 무너뜨리고 중원을 차지하여 지금의 중국 섬서성陝西省 서안西安에 도읍을 정했다.

- **伯夷·叔齊**(백이·숙제)
  두 사람은 형제로, 폭군일지라도 임금은 임금이라고 여겨 주가 은을 정벌하는 것을 반대했다.

- **恥之**(치지)
  그러한 사실을 부끄러워하다. '之'는 온 세상이 주를 주인으로 섬기는 상황을 가리킴.

- **義不食周粟**(의불식주속)
  의리에 따라 주나라의 곡식을 먹지 않았다.

- **首陽山**(수양산)
  지금의 중국 산서성山西省 영제현永濟縣 남쪽에 위치한 산.

- **采薇**(채미)
  고사리를 캐다.

- **遂餓而死**(수아이사)
  드디어 굶어 죽었다.

- **不降**(불항)
  굴복하지 않다. 저버리지 않다.

- **伯夷叔齊與**(백이숙제여)
  '與'는 강조와 감탄을 나타내는 어기사.

- **盡殉**(진순)
  모두 죽는다. '殉'은 희생되다. 즉 일반적으로 어떤 목적을 이루기 위해 죽는 것을 가리킨다.

- **俗**(속)
  세속, 혹은 세속의 사람들.

- **一也**(일야)
  하나이다. 동일하다.

- **若**(약)
  ~와 같은 것은. ~의 경우는.

- **盜跖, 亦伯夷已**(도척, 역백이이)
  도척 또한 백이일 따름이다(백이와 같을 따름이다). 도척은 춘추春秋시대 노魯나라의 유柳씨 성을 가진 유명한 도적의 별명. '跖' 혹은 '蹠(척)'은 원래 전설상의 임금인 황제黃帝 시대의 큰 도적의 이름이다.

- **惡取~哉**(오취~재)
  어찌 선택하랴.

- **於其間**(어기간)
  그 사이에서. 그 가운데에서.

백이와 숙제를 보는 서로 다른 시각

백이와 숙제는 은나라 고죽군孤竹君의 아들로서 원칙에 충실한 형제였다. 은의 주왕紂王은 중국 역사상 손꼽히는 폭군이었지만 이들 형제는 '두 임금을 섬기지 않는다'는 신념을 지키고 자 했다. 옛 책들의 기록에 따르면 주 무왕이 은나라를 정벌하기 위해 군대를 동원하자 이들 은 무왕의 말고삐를 잡고 말렸다고 한다. 주위에서 이들을 죽이려고 하자 무왕의 재상이었던 태공망太公望이, "이들은 의인이다"라며 돌려보내도록 했다고 한다.

무왕이 난을 평정한 후 이들은 주의 곡식을 먹지 않겠다고 다짐하고서 수양산에 들어가 고 사리를 캐먹고 살다가 결국 굶주려 죽었다. 이들의 이러한 선택은 지나치게 고지식한 것이었 다고 볼 수 있겠으나, 《논어》의 기록에서도 볼 수 있듯 공자는 이들의 원칙주의적 태도를 높 이 사서 두 사람을 의인으로 칭송하였으며, 후대의 많은 문인들이 이들의 절개를 기리는 글 을 지었다.

앞에서 읽은 글 가운데 《사기》〈백이열전〉에서 뽑은 단락은 사실을 객관적으로 서술하고 있는 부분이지만 〈백이열전〉의 앞뒤 맥락을 전체적으로 살펴보면 이들의 선택을 높이 평가하 고 있음을 볼 수 있다. 그런데 《장자》에 보이는 평가는 사뭇 다르다. 여기에서도 백이와 숙 제가 인仁과 의義라는 가치를 위해 죽었다는 사실에 대해서는 긍정하고 있는 듯하다. 그러나 생명을 상하게 하고 그럼으로써 본성을 거슬렀다는 점에 있어서는 재물을 탐하다 죽은 큰 도 적과 무엇이 다르냐고 반문하며, 결국 인과 의를 위해 죽었다고 하여 군자로 칭송하는 것은 무의미함을 역설한다.

전국시대의 여러 사상가들 – 제자백가諸子百家

전국시대에는 저마다 다른 주장을 하는 여러 학파들이 형성되어 군주들을 상대로 자신들 의 견해를 관철시키려고 노력했으며 서로간에 논쟁도 벌였다. 당시의 대표적인 학파로는 유 가儒家, 묵가墨家, 법가法家, 도가道家를 들 수 있다. 이 가운데 유가의 사상은 한대漢代 이 후 공식적인 국가 사상으로 선택되었고 유가의 서적들은 경전으로 대접받게 되었다. 나머지 사상가들은 '여러 사상가들과 많은 학파(즉 제자백가)'로 통칭되었고 이들의 사상을 담은 서 적들은 '제자서諸子書'라고 불리게 되었다.

유가는 고대 종법宗法 질서의 회복과 인과 의에 기반을 둔 통치를 주장하였으며, 묵가는 만민 평등과 반전反戰을 주장하였고, 법가는 엄정한 법치에 기반을 둔 부국강병을 주장했다. 또한 도가는 절대 선善의 존재를 부정하며, 정신적 자유를 옹호하였다. 도가 사상은 유가 사 상과 더불어 중국인의 사고와 행동을 지배한 주요한 두 축 가운데 하나이다.

春^춘興^흥

- 봄날의 흥취

鄭 夢 周

春雨細不滴 (춘우세부적)
夜中微有聲 (야중미유성)
雪盡南溪漲 (설진남계창)
草芽多少生 (초아다소생)

봄비가 가늘어 방울지지도 않더니
한밤중엔 희미하게 소리 들린다.
눈이 다 녹아 남쪽 개울물 불어나고
풀 싹들은 얼마나 돋아났을까?

지은이

정몽주鄭夢周(1337~1392)
  고려 말기의 충신으로 자는 달가達可
이고 호는 포은圃隱이며, 선죽교에서
이방원李芳遠의 자객에 의해 피살되
었고, 조선조에서는 영의정領議政에
추증되었다.

字句 풀이

不滴 - 방울지지 않는다.
夜中 - 한밤중.
雪盡 - 눈이 다 녹다.
漲 - 물이 불어나다. 물이 가득 차다.
草芽 - 봄에 막 돋아난 풀의 싹.
多少 - '얼마나'의 뜻으로 의문형을 이룸.

해설 짧은 구절 속에 봄비의 정취와 시인의 섬세한 감각이 돋보이는 시이다. 가
늘어서 방울지지도 않고 낮에는 들리지도 않던 미세한 봄비 소리를 밤에
잠 못이루고 귀기울여 듣고 있다. 이러한 시인의 섬세하고 따뜻한 마음은
마지막 구에서 이 비를 맞으며 막 돋아나고 있을 풀 싹에게 미친다.

述志
述^술志^지
- 뜻을 읊다

吉 再

臨溪茅屋獨閑居 (임계모옥독한거)
月白風淸興有餘 (월백풍청흥유여)
外客不來山鳥語 (외객불래산조어)
移床竹塢臥看書 (이상죽오와간서)

시냇가 띠집에서 홀로 한가하게 거하니
달 밝고 바람 맑아 흥이 넘친다.
바깥 손님은 오지 않고 산새는 지저귀는데
대밭에 평상을 옮겨놓고 누워서 책을 본다.

지은이

길재吉再(1353~1419)

　고려 말, 조선 초의 학자로 호는 야은
冶隱이다. 조선이 건국된 후 태상박
사太常博士 벼슬을 내렸으나 받지 않
았다. 저서로 《야은집冶隱集》이 있다.

字句 풀이

臨溪－계곡에 임하다. 시냇가.
茅屋－띠풀로 지붕을 인 집. 띠집. 초가
　집.
有餘－남음이 있다. 넘친다.
竹塢－대나무가 있는 언덕. 대밭.

해설　　이 시는 자연 속에서의 한적하고 평화로운 삶과 흥취를 노래한 작품이다.
우선 이렇게 보는 것만으로도 충분히 그 맛이 있다. 한편 제목 '술지術志'와
길재의 삶을 연관지어 생각해보면 '외객外客'은 조선 왕조의 사신으로도 볼
수 있는데, 시인이 새 왕조에 영합하지 않고 초야에 묻혀 절개를 지키며 살
고자 하는 뜻을 읊은 것으로도 볼 수 있다.

쓰는 사람 따로, 읽는 사람 따로

초楚나라 서울인 영郢에 사는 사람이 연燕나라에서 재상을 지내고 있는 친구에게 편지를 쓰고 있었다.

밤에 글을 쓰는데 불이 밝지 못하므로 옆에서 있던 하인에게,

"촛불을 들어라!"

하고 명하면서 무의식중에 편지에다 '擧燭(거촉)'이라는 두 글자를 그대로 써넣었다.

연나라 재상이 편지를 읽다가 '擧燭'이라고 쓴 대목에 이르러 그 뜻을 헤아리느라 한나절이나 궁리를 하였다. 그러다가 문득 기뻐하며 말하였다.

"아하, 이 친구 편지에 함축이 많구먼 그래. '촛불을 들라'는 말은 바로 밝게 살펴보라는 이야기일 테고, 밝게 살펴보라는 말은 곧 모름지기 현명한 인재를 중시하라는 뜻이로군."

연나라 재상은 그 뜻을 국왕에게 설명하였고, 국왕도 기꺼이 그 뜻을 받아들여 마침내 나라가 잘 다스려지게 되었다.

나라가 잘 다스려진 것은 다스려진 것이려니와 그것이 편지를 쓴 사람의 원래 의도는 아니었다.

요즘 학자들이 문맥을 천착穿鑿하는 것도 이와 같은 경우가 실제로 꽤 많은 것이 사실이다.

● 《한비자》 영서연설郢書燕說

출전　《한비자》는 전국시대의 사상가 한비韓非가 지은 책이다. 한비는 기원전 295~233년에 살았던 사람으로 법가法家로 분류된다. 《한비자》는 빼어난 문장에 날카로운 예지와 풍부한 지혜가 담긴 전국시대의 명저로 평가받고 있다.

원제原題인 '영서연설郢書燕說'은 '영郢 사람이 보내온 편지를 연燕 사람식으로 풀이한다'는 뜻이며, 이와 비슷한 말로 '망문생의望文生義'·'견강부회牽强附會' 등의 성어가 있다.

和光同塵 (화광동진)

지혜를 자랑하지 않고 속세에 파묻혀 지
내다

글자풀이

和(화) - 온화하다. 부드럽게 하다.
塵(진) - 티끌. 먼지.

뜻풀이

빛을 부드럽게 하여 속세의 먼지와 함께한
다는 뜻이다. 즉 자기가 가지고 있는 지혜
나 재주를 자랑하지 않고 오히려 그것을
완화시켜 없는 듯이 하고 속세 사람들 속
에 파묻혀 지낸다는 뜻이다.
이 말은 《노자老子》의, '그 빛을 부드럽게
하여, 그 먼지를 같이한다(和其光, 同其塵)'는
말에서 유래된 것으로 노자적인 처세관이
표현되어 있다.
어설픈 재주를 가진 사람은 대개 티를 내
고 자랑하지만, 진정한 고수는 그저 평범한
듯이 행동하고 보통사람들과 같이 어울리며
지낸다는 뜻으로도 볼 수 있다.
불교에서 부처가 중생을 제도濟度하기 위해
부처의 본색을 감추고 속세에 나타나는 것
을 '화광동진'이라고도 했는데, 이것은 불교
가 중국에 전해진 뒤에 노자의 이 말을 받
아들여 쓴 것이다.

孟母斷機 (맹모단기)

어머니의 자식에 대한 사랑과 교육의
열성

글자풀이

孟(맹) - 맏.
母(모) - 어머니.
斷(단) - 끊다.
機(기) - 틀. 베틀. 기계.

뜻풀이

맹자孟子가 어려서 집을 떠나 공부를 하다
가 다 배웠다고 생각하고 돌아왔는데, 맹자
어머니가 베를 짜고 있다가 물었다.
"학문이 어디까지 이르렀느냐?"
"그저 그만합니다."
대답을 듣던 어머니가 짜던 베를 칼로 잘
라 버리자, 맹자는 그 까닭을 물었다. 맹자
어머니는 말했다.
"네가 지금 학문을 그만두는 것은 내가 이
짜던 베를 자르는 것과 같으니라."
맹자는 그후 아침저녁으로 부지런히 공부하
여 자사子思를 스승으로 배워서 마침내 천
하에 이름난 유학자가 되었다.

3 清白한 관리

1. 昔_석者_자에 有_유饋_궤魚_어於_어鄭_정相_상者_자한대 鄭_정相_상不_불受_수하니

석 자 유 궤 어 어 정 상 자 정 상 불 수

昔者에 有饋魚於鄭相者한대 鄭相不受하니

혹 위 정 상 왈 자 기 어 하 고 불 수

或謂鄭相曰: "子嗜魚어늘 何故不受오?"

대 왈 오 이 기 어 고 불 수 어 수 어 실 록

對曰: "吾以嗜魚故로 不受魚라 受魚失祿하면

무 이 식 어 불 수 득 록 종 신 식 어

無以食魚어니와 不受得祿하면 終身食魚니라." ●《신서》

송 인 득 옥 헌 저 사 성 자 한 자 한 불 수

2. 宋人得玉하여 獻諸司城子罕한대 子罕不受하니

헌 옥 자 왈 이 시 옥 인 옥 인 이 위 보 고 헌 지

獻玉者曰: "以示玉人이러니 玉人以爲寶라 故로 獻之로라."

자 한 왈 아 이 불 탐 위 보 이 이 옥 위 보

子罕曰: "我以不貪爲寶요 爾以玉爲寶하니

약 이 여 아 개 상 보 야 불 약 인 유 기 보

若以與我면 皆喪寶也니 不若人有其寶로다." ●《몽구》

1. 예전에 정나라 재상에게 물고기를 바친 이가 있었다. 정나라 재상이 받지 않자 어떤 사람이 물었다. "당신은 물고기를 좋아하시는데, 무슨 이유로 받질 않습니까." (재상이) 대답하여 말하였다. "나는 물고기를 좋아하기 때문에 받지 않았습니다. 물고기를 받았다가 녹봉을 잃게 된다면 물고기를 먹을 길이 없게 됩니다. 받지 않고 녹봉을 받는다면 평생토록 물고기를 먹을 수 있지요."

2. 송나라 사람이 옥을 얻어 사성 벼슬을 하는 자한에게 바쳤는데 자한은 받질 않았다. 옥을 바친 이가 말하길, "옥을 다루는 사람에게 보였더니 그가 보배라고 하였기 때문에 바친 것입니다"라고 했다. 자한이 말했다. "나는 물건을 탐하지 않는 것을 보배로 여기고, 당신은 옥을 보배로 여깁니다. 만약 내게 그것을 준다면 우리 모두 보배를 잃게 되는 것이니, 각자 자신의 보배를 지키는 것만 못하지요."

한 자 활 용

昔
昔人(석인) : 옛사람.
昔者(석자) : ①이전. 왕년往年. ②어제.
往昔(왕석) : 옛적. 옛날.

對
對面(대면) : 서로 얼굴을 마주 대하다.
對岸(대안) : 건너편 언덕.
應對(응대) : ①남의 말에 대답하다. ②만나서 이야기하다.

祿
祿俸(녹봉) : 봉급. 봉록.
祿秩(녹질) : 관리의 녹봉.
福祿(복록) : 복福과 녹祿.

相
相談(상담) : 서로 의논하다.
相殺(상쇄) : 셈을 서로 비기다. 맞비기다.
樣相(양상) : 생김새. 모습. 모양.

嗜
嗜玩(기완) : 좋아하여 가지고 놀다.
嗜好(기호) : 음식물이나 어떤 사물을 즐기고 좋아하다.
貪嗜(탐기) : 기호품을 탐하다.

玉
玉童(옥동) : ①선동仙童. ②미동美童.
玉露(옥로) : 구슬같이 아름다운 이슬.
珠玉(주옥) : ①진주와 구슬. ②아름답고 귀한 것.

字句 풀이

• 昔者(석자)
예전에, 옛날에.

• 饋(궤)
음식을 대접하다. 음식이나 물건을 선물로 보내다.

• 鄭相(정상)
정鄭나라 재상. 정은 춘추시대의 한 나라로 지금의 중국 하남성河南省 일부 지역을 차지하고 있었다.

• 嗜(기)
즐기다. 좋아하다.

• 何故(하고)
무엇 때문에, 무슨 이유로.

• 祿(녹)
나라의 일을 보는 대가로 받는 급여로서, 곡식 혹은 돈으로 받았다.

• 終身(종신)
육신의 삶이 끝나도록. 죽을 때까지.

• 宋人(송인)
송宋나라 사람. 송은 춘추시대의 한 나라로 지금의 중국 하남성 일부 지역을 차지하고 있었다.

• 獻諸(헌저)
~에게 바치다. 여기서의 '諸'는 '之於(지어)'를 한 글자로 표현한 것으로 '제'로 읽지 않고 '저'로 읽는다. 이때의 '之'는 '玉'을 가리키는

대명사이며, 동사 '獻'의 목적어로 기능한다.

• 司城(사성)
송나라의 벼슬 이름. 주나라의 사공司空 벼슬과 같은 것으로, 토지와 민사를 맡았다. '空'자가 송 무공武公의 이름이므로 이를 휘諱하기위해 '城'자로 바꿔 썼다.

• 子罕(자한)
사람 이름.

• 以示玉人(이시옥인)
'以' 뒤에는 '玉'이 생략되어 있다. 즉 '옥으로써', '옥을'의 의미가 된다. '玉人'은 옥을 다루는 전문가를 뜻함.

• 爾(이)
이인칭 대명사.

• 若以與我(약이여아)
'若'은 '만약에'의 뜻으로 가정문을 이끈다. '以' 뒤에 역시 '玉'이 생략되어 있다. '與'는 '주다'. '若以與我'는 '만약 옥을 내게 준다면'으로 풀이된다.

• 喪(상)
죽다. 잃다.

• 不若(불약)
여기서의 '若'은 '같다'의 의미이다. '不若'은 '같지 않다' '~만 못하다'의 의미. 'A不若B'는 'A는 B만 못하다(B가 A보다 낫다)'의 의미.

선택의 기준

앞의 본문에 든 이야기에서는 상대방으로부터 원치 않는 물건 등 호의를 받았을 때 슬기롭게 넘기는 두 사람의 경우를 살필 수 있다. 두 사람 모두 제법 높은 벼슬을 하고 있던 사람들로 이들에게 주어지는 선물이 아무런 대가도 요구하지 않는 것이었다고는 상상하기 힘들다. 요컨대 이들은 뇌물을 받게 되는 상황에 놓여 있었던 것이다.

이 두 사람의 처신은 욕심을 부리지 않고 이를 거절한다는 점에서 일치하지만 왜 거절하느냐의 이유를 살펴보면 차이가 있음을 보게 된다. 물고기를 거절한 정나라 재상은 매우 현실적인 이유를 든다. 물고기 선물을 받았다가 발각되어 벼슬을 잃게 되면 결국 좋아하는 물고기를 수시로 먹는 것이 어려워지기 때문이다. 뒤집어 보면, 만약 물고기 선물을 받고서도 벼슬을 계속 하는 것이 보장된다면 받을 수도 있다는 이야기다.

반면, 자한은 원칙적인 입장에서 선물을 거절한다. '물건을 탐하지 않음'이라는 자신의 도덕적 원칙을 지키기 위해 좋은 옥을 받지 않으며, 서로 자신의 보배를 지키는 것이 더 낫지 않느냐는 재치 있는 말로 상대를 설득한다.

사람들이 살아가면서 사리를 판단하고 이에 따라 선택, 실천하는 데에는 도덕적 기준이 작용할 수도 있고, 실리적 기준이 작용할 수도 있다. 유가儒家에서는 전자에 따라 사는 사람을 '군자'라고 보았고, 후자에 따라 사는 사람을 '소인'이라고 보았다. 양자 사이에서 흔들리는 것이 바로 인간의 삶 아닐까?

《신서新序》와 《몽구蒙求》

《신서》는 한漢대의 유향劉向이 엮은 책이다. 유향은 한 황실의 종실로 대학자이기도 했는데, 예전부터 전해져 내려오는 서적들을 정리하는 일을 했다. 《신서》는 춘추春秋시대부터 한漢초까지의 유명한 사람들의 전기傳記와 흥미로운 일화逸話를 수록하고 있으며 황제가 역사를 통해 교훈을 얻기를 바라며 지은 책이라고 한다. '여러 가지 일들[雜事]', '사치를 꼬집음[刺奢]', '절개있는 선비[節士]', '의롭고 용기있는 사람[義勇]', '좋은 계책[善謀]'의 편들로 구성되어 있다.

《몽구》는 당唐대의 이한李瀚이 편찬한 책으로, 교훈이 될 만한 옛 사람의 사적을 가려 뽑은 학생용 계몽서이다. 지금 우리가 읽는 것은 송宋대 서자광徐子光이 이한의 책의 잘못된 점을 바로잡고 주석을 붙인 판본이다. 여러 유형의 인물 군상을 있는 그대로 제시하여 독자가 스스로 평가, 판단하도록 구성한 책으로 조선시대에는 주자학의 이념에 위배되는 내용이 많다고 하여 배척되었다.

送李侍郎赴常州
송 이 시 랑 부 상 주

－상주로 가는 이시랑을 전송하며

賈 至

雪晴雲散北風寒 (설청운산북풍한)

楚水吳山道路難 (초수오산도로난)

今日送君須盡醉 (금일송군수진취)

明朝相憶路漫漫 (명조상억로만만)

눈 개이고 구름 흩어지니 겨울바람 더욱 찬데
초의 물과 오의 산, 갈 길이 험하구려.
오늘 그대 보내나니 모름지기 한껏 취하시게
내일 아침이면 서로 그리워해도 길만 아득하리니.

지은이

가지賈至(718~772)

중국 당唐나라 때의 시인으로 자는 유린幼隣이며 낙양洛陽 사람이다. 현종玄宗 때 기거사인起居舍人을 지냈으며, 이백李白·두보杜甫 등과도 절친한 사이였다.

字句 풀이

李侍郎－미상. 시랑侍郎은 육부의 상서 밑에 있는 관직.

常州－지금의 중국 강소성江蘇省 상주시常州市.

晴－눈이나 비가 개다.

楚水吳山－초楚는 대체로 지금의 중국 호남성湖南省·호북성湖北省 일대를 가리키고, 오吳는 강소성江蘇省·안휘성安徽省 남부 지역을 지칭한다. 이시랑이 상주로 가기 위해 지나야 할 지역이다.

須－마땅히 ~해야 한다. 명령 혹은 당위를 나타내는 부사.

漫漫－끝없이 긴 모양. 아득한 모양.

해설 벗을 멀리 떠나 보내는 마음이 절절이 담긴 시다. 눈이 개고 구름이 흩어지니 더욱 추워졌다는 세심한 관찰에서 벗에 대한 깊은 우정이 드러난다. 날씨 걱정에, 험한 길 걱정이 간절하지만 잠시 잊고 오늘은 한껏 취하자고 한다. 내일이면 그리워도 만날 수 없을 테니.

'풀리지 않음'으로써 풀다

노魯나라의 매듭장이가 새끼줄 매듭 두 가닥을 송宋나라 원왕元王에게 보냈다.

원왕은 전국에 영을 내려 재주있는 사람으로 하여금 이를 풀게 하였다. 하지만 아무도 풀지 못하였다.

어느 날 예열兒說*의 제자라는 사람이 자청하고 나서서 그 중 하나를 풀고 나머지 하나는 풀지 못하였다. 그리고 이렇게 말하였다.

"풀 수 있는 것을 내가 풀지 못하는 것이 아니고 이 매듭은 원래 풀리지 않게 되어 있습니다."

원왕이 노나라 매듭장이에게 물었더니, 그가 이렇게 대답하였다.

"그렇습니다. 애당초 풀리지 않도록 되어 있습니다. 나는 매듭을 지으면서 그것이 풀리지 않을 것임을 알았지만, 매듭을 짓지 않았으면서도 그것이 풀리지 않음을 알았으니, 그는 재주가 저보다 한 수 위입니다."

예열의 제자는 '풀리지 않는다'는 대답으로 '풀리지 않는 매듭'을 푼 것이다.

●《여씨춘추呂氏春秋》 이불해해지以不解解之

* 예열兒說 : 전국시대 송나라의 변사.

출전 《여씨춘추》는 진秦나라 재상을 지냈던 여불위呂不韋(B.C. 290~235)의 문객들에 의해 이루어진 책이다. 여불위는 선비들을 후하게 대접하여 그의 문객이 3천 명에 이르렀다고 한다. 《여씨춘추》는 문장이 간명하고 생동감이 있으며 우언이 풍부하다.

得魚忘筌 (득어망전)
물고기를 얻으면 통발은 잊는다

글자풀이
忘(망)-잊다. 망각하다.
筌(전)-통발.

뜻풀이
물고기를 얻었으면 통발은 잊어버려야 한다는 말이다. 본질에 치중하고 지엽적인 것에 얽매이지 말라는 뜻이다.

이 성어는《장자莊子》의 '통발은 고기를 잡는 데 목적이 있는 것이기에, 고기를 잡으면 통발은 잊는다(筌者所以在魚, 得魚而忘筌)'는 말에서 유래한 것이다.

불경佛經에 뗏목을 만들어 강물을 무사히 건너간 사람이 물을 다 건너고 나서도 뗏목을 지고 간다는 비유가 있다.

물을 건너가는 데 요긴하게 썼으면 그만이지 힘들게 그것을 지고 갈 필요가 없는 것이다. 동일한 교훈을 주는 비유이다.

그리고 이 고사성어는 말을 통해 뜻을 깨달았으면 곧 말을 잊어버려야 한다는 의미로 많이 사용된다. 진리와 뜻의 전달에 목적이 있는 것이고, 말은 단지 그것을 표현하기 위한 불완전한 수단이나 방편에 지나지 않는다.

그런데 이런 지엽적인 것에 집착하게 되면 본래의 뜻에서 벗어나기 쉽기 때문에 이를 경계한 것이다.

囊中之錐 (낭중지추)
재능은 숨길 수 없다

글자풀이
囊(낭)-주머니.
錐(추)-송곳.

뜻풀이
주머니 속의 송곳이라는 말이다. 주머니 속에 송곳을 넣고 있으면 자연히 그 송곳 끝이 뾰족하게 튀어나오게 마련이다.

이처럼 재능이 있는 사람은 아무리 그것을 감추려고 해도 저절로 드러난다는 뜻이다.

뛰어난 사람은 많은 사람 중에 섞여 있어도 저절로 두드러진다는 뜻으로 쓰이기도 한다.

V

역사적 기록과 허구의 이야기

이 단원에서 읽을 글들은 중국과 한국의 역사서, 일화집, 소설 등에서 뽑은 것으로 한문 공부의 재미를 더해 줄만한 글들이다.

중국과 한국, 일본에서는 고대로부터 왕실에서 직접 역사에 대한 기록들을 관장해 왔고, 대대로 역사에 대한 기록이 존중받았다. 그래서인지 한문 기록 가운데에는 역사를 기록한 글들이 신화나 종교에 관계된 글들보다 시기적으로도 앞서고 분량으로 볼 때에도 훨씬 많다. 청대의 어떤 학자는 '고대의 경전은 모두 역사적 기록이다'라고 주장하기까지 했는데, 한문 자체가 애당초 역사를 기록하기 위해 발달했다고 보아도 큰 무리는 없을 것이다. 동아시아의 문화적 전통이 가지고 있는 한 특징을 잘 드러내 주는 현상이다.

그런데, 고대로 갈수록 객관적 사실에 대한 기록과 꾸며낸 이야기의 경계는 불분명하며 점차 양자가 분화되는 것을 볼 수 있다. 한대漢代의 사마천司馬遷이 쓴 《사기史記》에는 소설과 같은 서술이 많이 나오며, 남북조南北朝시대의 귀신 이야기들은 사실의 기록인 것처럼 서술되어 있다.

이 단원을 공부하다 보면 한문으로 씌어진 글이 이처럼 생동감 넘치고 흥미진진할 수 있구나 하는 점을 느끼게 될 것이다.

1 四面楚歌

항왕군　　벽해하　　　병소식진　　　한군급제후병
項王軍이 壁垓下한대 兵少食盡하여늘 漢軍及諸侯兵이

위지수중
圍之數重이라.

야문한군사면개초가　　　항왕　　내대경왈
夜聞漢軍四面皆楚歌하고 項王이 乃大驚曰 :

한개이득초호　　시하초인지다야
"漢皆已得楚乎아? 是何楚人之多也오?"

항왕즉야기　　음장중　　유미인명우　　상행종
項王則夜起하여 飮帳中하니 有美人名虞하여 常幸從하고

준마명추　　상기지
駿馬名騅하여 常騎之라.

어시　　항왕　　내비가강개　　자위시왈
於是에 項王이 乃悲歌慷慨하여 自爲詩曰 :

역발산혜기개세　　시불리혜추불서
"力拔山兮氣蓋世러니 時不利兮騅不逝로다

추불서혜가내하　　우혜우혜내약하
騅不逝兮可奈何오 虞兮虞兮奈若何오?" ●《사기》 항우본기

 항왕의 군대는 해하에 진지를 틀었는데 병사는 적었고 먹을 것도 다 떨어졌다. 한의 군대와 제후의 병사들이 그들을 몇 겹씩 에워싸고 있었다. 밤이 되자 한의 군대가 사방에서 모두 초나라 노래를 부르는 것이 들려왔다. 항왕은 이에 크게 놀라며 말했다.

 "한이 이미 초나라를 모두 얻은 것인가? 어찌하여 초나라 사람이 저렇게 많은 것인가!"

 항왕은 밤중에 일어나 막사 안에서 술을 마셨다. 미녀로 이름이 우라는 이가 있었는데 은총을 받아 항상 따라다녔고, 준마로 이름이 추란 말이 있었는데 늘 그 말을 탔다. 이 때에 항왕은 비통한 노래를 불러 의기가 격앙되자, 스스로 다음과 같은 시를 지었다.

 '나의 힘은 산을 뽑을 정도이고 기개는 온 세상을 뒤덮을 정도인데, 시세가 불리하고 추는 달리려 하지 않는구나. 추가 달리지 않으니 어찌할 것인가? 우야, 우야, 너를 어찌하면 좋을꼬!'

한자활용

軍
軍紀(군기) : 군대의 기율紀律.
軍用(군용) : 군사상의 소용. 군수軍需.
冬將軍(동장군) : 몹시 추운 겨울의 이칭
　　　　　　　異稱.

數
數理(수리) : ①수학의 이론이나 이치.
　　　　　　②계산의 이치.
數値(수치) : 계산하여 얻은 값. 셈값.
計數(계수) : 수효를 계산하다.

多
多辯(다변) : 말이 많다.
多彩(다채) : ①여러 가지 색채. ②종류가
　　　　　　풍부하며 호화스럽다.
煩多(번다) : 번거롭게 많다.

漢
漢譯(한역) : 한문으로 번역하다.
漢籍(한적) : ①한漢나라 시대의 서적.
　　　　　　②중국 책.
銀漢(은한) : 은하銀河.

重
重寶(중보) : ①귀중한 보배. ②옛날 화폐
　　　　　　에 붙이던 이름.
重修(중수) : 낡은 건조물을 다시 고치다.
愼重(신중) : 삼가고 조심스럽다.

常
常勤(상근) : 매일 출근하다.
常綠(상록) : 사시四時 나뭇잎이 늘 푸르
　　　　　　다.
無常(무상) : 덧없다. 정해짐이 없다.

- **項王**(항왕)

  항우項羽. 이름은 적籍이고 우羽는 그의 자字이다. 초楚의 장수. 중국에서 최초의 통일 제국을 건설한 진秦을 무너뜨린 후, 한漢을 세운 유방劉邦과 천하의 패권을 다투었다. '서초패왕西楚霸王'이라고도 불렸다.

- **壁**(벽)

  보루堡壘를 만들어 주둔하다. 원래는 군대가 주둔하는 보루의 의미인데, 여기서는 동사로 쓰였다.

- **垓下**(해하)

  지명. 지금의 중국 안휘성安徽省에 위치. 천하를 동서로 양분하기로 맹약을 맺은 직후 귀향하던 초의 군대는 한군의 기습을 받아 이곳에서 포위되었다.

- **諸侯**(제후)

  유방의 편에 서서 항우와 대적한 제후들을 가리킨다. 한신韓信 등이 여기에 포함된다.

- **數重**(수중)

  여러 겹으로. 겹겹이.

- **皆已**(개이)

  모두 이미~.

- **是何**(시하)

  이 어찌~.

- **帳**(장)

  전장에서 장수가 묵는 막사.

- **虞**(우)

  항우가 전장에도 데리고 다닐 정도로 아끼던 여인으로, 우희虞姬, 우미인虞美人이라고도 불리는데, '虞'가 성인지 이름인지는 분명하지 않다.

- **騅**(추)

  오추마烏騅馬. 검푸른 바탕에 흰 털이 섞인 말. 항우가 아끼던 준마의 이름.

- **兮**(혜)

  초楚 지방의 노래에 추임새로 들어가는 소리.

- **奈何**(내하)

  의문사. '어찌하랴?'의 의미.

- **奈若何**(내약하)

  너를 어찌할까? 여기서의 '若'은 2인칭 대사로, '奈何' 사이에 목적어로 들어가 있다.

중국의 역사서

지금까지 남아 있는 중국의 가장 오래된 역사서는 《상서尙書》라고 할 수 있는데, 상고시대부터 주周대까지의 역사를 기록하고 있다. 이 책은 《서경書經》이라고도 불리며 유가의 기본 경전으로 치기도 한다. 춘추, 전국시대의 역사를 기록한 책으로 남아 있는 것은 공자가 편찬한 것으로 알려진 《춘추春秋》가 있으며 《국어國語》, 《전국책戰國策》 등이 전해진다. 이 책들은 나라별 주요한 사적을 연대기 순으로 기록한 편년체 역사서이다.

중국에서의 역사 기록은 한漢대에 사마천司馬遷이 《사기史記》를 완성함으로써 본격적인 궤도에 들어선다. 《사기》는 제왕의 일을 기록한 '본기本紀', 권세 있는 가문의 인물들을 기록한 '세가世家', 역사를 움직인 다양한 부류의 인물들을 기록한 '열전列傳', 그리고 각 시대의 제도들을 기록한 '서書', 그리고 연표인 '표表'로 구성되어 있다.

이 중에서 '본기'와 '열전'이 가장 중요한 비중을 차지하기에 이러한 역사 서술을 '기전체紀傳體'라고 부른다. 후한대에 나온 반고班固의 《한서漢書》를 비롯하여 이후 역사서들은 기본적으로 이 체제를 따르고 있다.

사마천司馬遷과 《사기史記》

사마천(B.C. 145?~B.C. 87?)은 역사가 집안에서 태어나 젊은 시절에는 전국을 여행하며 명산대천名山大川을 돌아보고 옛 유적지를 찾아다녔으며 지방의 전설을 수집하기도 했다. 36세가 되던 해, 태사령太史令 벼슬을 하던 부친 사마담司馬談이 역사서 편찬 사업을 완수하라는 유언을 남기고 세상을 떠났다. 38세에 부친의 뒤를 이어 태사령이 된 사마천은 《사기》의 편찬을 준비하기 시작하여 42세에 집필을 시작했다.

그러던 중 48세에, 부하들을 위해 흉노족에 투항한 장군 이릉李陵을 두둔하다가 황제의 노여움을 사서 사형에 처해지게 되었다. 사마천은 집필을 시작한 역사서를 완성해야 한다는 사명감 때문에 궁형宮刑(고환을 들어내는 형벌)을 자처한다. 출옥한 후 중서령中書令이 되었고, 55세에 《사기》 130권을 완성했다. 사마천은 〈오제본기五帝本紀〉로부터 역사를 쓰고 있는데, 전설상의 황제黃帝 등을 역사 속으로 끌어들인 점이 주목된다.

앞에서 읽은 〈항우본기項羽本紀〉는 유방劉邦과 함께 천하를 놓고 다투었던 항우項羽의 사적을 기록한 것이다. 실제로는 제왕의 자리에 오르지 못했던 항우의 사적을 한漢을 창시한 유방의 전기인 〈한고조본기漢高祖本紀〉 앞에 두어 '본기'로 기록한 점이 독특하다고 하겠는데, 항우를 실제의 제왕으로 인정한 셈이다. 항우가 실패한 원인을 꼽아 비판하고 있지만 사마천은 내심 항우를 동정하고, 그의 실책을 안타까워하고 있다.

^종^군^행
從軍行 其四
- 종군의 노래

王 昌 齡

青海長雲暗雪山 (청해장운암설산)
孤城遙望玉門關 (고성요망옥문관)
黃沙百戰穿金甲 (황사백전천금갑)
不破樓蘭終不還 (불파누란종불환)

청해의 긴 구름 설산을 어둡게 덮을 때
외로운 성에서 멀리 옥문관을 바라본다.
누런 모래 사막의 수없는 전투에 쇠 갑옷 다 뚫
린다 해도
누란을 깨뜨리지 않고는 결코 돌아가지 않으리라.

지은이

왕창령王昌齡(698~757)

중국 당唐나라 때의 시인으로 자는 소백少伯이다. 성격이 자유분방하여 여러 차례 폄적을 당하였고, 성당盛唐 변새시파邊塞詩派로 분류된다. 규원시閨怨詩에도 능했으며, 특히 칠언절구七言絶句에 뛰어났다.

字句 풀이

青海 - 지금의 중국 청해성青海省의 청해호青海湖. 당은 이 지역에서 토번土蕃과 많은 전투를 치렀다.

長雲 - 넓게 드리운 구름. 이 시에서는 전운戰雲, 즉 전쟁의 조짐을 상징한다.

玉門關 - 관關이란 변경의 요충지에 설치한 관문. 옥문관은 당시 중국과 서역 지역 사이의 교통의 요지이자 군사 요충지로, 지금의 중국 감숙성甘肅省 돈황현敦煌縣 서북쪽에 위치하고 있다.

樓蘭 - 서역 민족의 이름, 혹은 그 우두머리를 지칭함.

해설 전반부는 암담한 변방의 풍경묘사 속에 막막함과 고독감을 표현하고 있으며, 후반부에서는 시상이 전환되어 어떠한 고난이 있더라도 누란을 쳐부수고야 말겠다는 비장한 결의를 다지고 있다. 특히 마지막 구는 '불파不破'와 '불환不還'이라는 이중부정을 통한 리듬감 속에 짙은 비장미가 느껴진다.

<table>
<tr><td>

적 중 작
磧中作

－사막에서 짓다

岑　參

走馬西來欲到天 (주마서래욕도천)
辭家見月兩回圓 (사가견월양회원)
今夜不知何處宿 (금야부지하처숙)
平沙萬里絶人烟 (평사만리절인연)

말 달려 서쪽으로 와 하늘에 다다르려 하는데
집 떠나 보아온 달은 두 번이나 차올랐지.
오늘 밤은 또 어디서 머물러야 하려나?
넓게 펼쳐진 만리 사막에 인가의 밥짓는 연기
끊겼네.

</td><td>

지은이

잠삼岑參(715~770)
중국 당唐나라 때의 시인으로 하남성
河南省 남양南陽 사람이다. 오랫동안
군막에서 생활하였는데, 이러한 체험
을 바탕으로 뛰어난 변새시邊塞詩를
많이 창작하여 성당盛唐 변새시파로
분류되는 한 사람이다.

字句 풀이

磧－모래 벌판, 사막.
辭家－집을 떠나다.
兩回圓－(달이) 두 번 둥글어지다. 두 달
　이 지나다.
平沙－평평하고 넓게 펼쳐진 사막.
人烟－사람 사는 집에서 피어오르는 연
　기. 밥짓는 연기.

</td></tr>
</table>

해설　이 시에서는 서쪽 하늘 끝에 다다르려 한다는 첫째 구의 진술만으로도 작자의 착잡한 심
정을 엿볼 수 있다. 짧은 절구 속에 광활한 사막 지대의 공간감과 그곳을 지나는 이의
시름을 잘 담아내고 있다. 당대唐代에 서역은 신개척지이면서 동시에 고생스러운 군영 생
활과 전쟁의 공간이었다. 당대의 문인들은 경력을 쌓기 위해 서역 군영에서의 복무를 자
처하는 경우가 많았는데, 이역에서의 생활이 결코 편한 것만은 아니었으리라. 이러한 시
들은 제재나 감수성 면에서 중원에서 지어진 시와 그 성격을 달리하는데, 흔히 '변새시邊
塞詩'라고 불린다.

진짜 법대로 장관

이리李離는 춘추시대 진晉나라 문공文公 때의 법무부 장관이었다. 평소에 법을 다룸에 있어 공평무사하고 엄정하기로 유명하였다.

어느 날 그는 지나간 재판의 기록을 다시 한번 검토하다가 잘못된 판결로 사람을 죽게 한 일이 있었던 것을 발견하였다. 그는 곧 관복을 벗고 죄인의 형상으로 문공 앞에 나아가 자기를 사형에 처해 달라고 자청하였다.

문공은 그를 위로하면서 이렇게 말하였다.

"관직에는 높고 낮음이 있고, 형벌에는 가볍고 무거움이 있게 마련이오. 그리고 이 사건으로 말하자면 아랫사람이 잘못 처리한 것이니 그대가 책임질 일이 아니오."

이리는 엎드려 고개도 들지 않고 말하였다.

"제가 장관의 높은 자리에 있으면서 자리를 아랫사람에게 양보했던 일이 없으며, 남보다 많은 봉급을 받으면서 아랫사람에게 나누어 준 일이 없었습니다. 그런데 이제 잘못하여 사람을 죽여 놓고 그 책임을 아랫사람에게 미룰 수 없습니다. 저를 사형에 처해 주시기 바랍니다."

문공은 이리의 강경한 말을 듣고 나서 자못 심기가 불편한 표정으로 말하였다.

"그대 말대로 아랫사람이 죄를 지을 경우 윗사람에게도 책임이 있다고 한다면, 나에게도 죄가 있다는 말인가?"

"법에는 형을 잘못 판결한 자는 그 형을 살아야 한다고 명시되어 있습니다. 사람을 잘못 죽인 자는 마땅히 죽어야 합니다. 임금님께서는 제가 민정을 잘 살피고 조그마한 일도 잘 처리할 것으로 믿고 저를 법무부 장관에 임명하셨습니다. 그런데 지금 저는 오히려 잘못된 판단으로 사람을 억울하게 죽게 만들었습니다. 죽어 마땅한 죄입니다."

말을 마치자, 이리는 벌떡 일어나 호위병이 들고 있던 칼에 몸을 던져 스스로 목숨을 끊고 말았다.

● 《사기》 이리복검李離伏劍

출전 V-1의 '알아둡시다'를 볼 것.

捲土重來(권토중래)

한 번 패하였다가 힘을 길러 다시 쳐들어옴

글자풀이

捲(권) ─ 말다. 감아 말다. 힘쓰다.
重(중) ─ 거듭. 다시. 무겁다.

뜻풀이

한 번 싸움에 패하였던 사람이 다시 힘을 길러 땅을 휘말아 들어오듯 쳐들어온다는 뜻이다. 이 성어는 당唐나라 말기의 유명한 시인 두목杜牧의 〈오강정시烏江亭詩〉에 나오는 말이다.

勝敗兵家不可期 (승패병가불가기)
包羞忍恥是男兒 (포수인치시남아)
江東子弟多豪傑 (강동자제다호걸)
捲土重來未可知 (권토중래미가지)

승패는 병가兵家에서 기약할 수 없는 법,
수치羞恥를 받아들이고 참는 것이 사나이이다.
강동江東의 자제 중에는 호걸이 많으니,
땅을 휘말아 다시 올 수 있었을지도 알 수 없었던 것을.

항우項羽가 해하垓下에서 유방劉邦에게 패하여 달아나다가 오강만 건너면 자기의 본거지인 강동인데도 건너지 않고 끝내 자결하고 만다. 두목이 이를 슬퍼하며 지은 시이다.

四面楚歌(사면초가)

사방이 모두 적으로 고립된 상태

글자풀이

四面(사면) ─ 사방四方. 온통.
楚(초) ─ 전국시대의 나라 이름. 가시나무.
歌(가) ─ 노래. 노래하다.

뜻풀이

사방이 모두 초나라 노래라는 말로 사방이 온통 적군으로 둘러싸여 고립무원孤立無援의 상태에 처한 것을 뜻한다.
항우項羽와 유방劉邦의 초한전楚漢戰에 나오는 유명한 이야기다. 항우가 해하垓下에서 패전의 위기에 봉착하였을 때, 유방의 군사들이 겹겹이 포위하였다. 장량張良의 꾀에 따라 밤에 초나라 투항병사들을 전진배치하고는 모든 군사들로 하여금 초나라 노래를 부르게 했다.
이에 얼마 안 남은 초나라 장병들은 고향생각이 나고 사기가 저하되어 이탈자가 많아졌다.
이 때 항우는, "한군漢軍이 이미 초나라를 다 차지했단 말인가. 적진에 어찌 이리도 초나라 사람이 많은가?"하고 절망 상태에 빠졌다고 한다.

2 弓裔

弓裔는 新羅人이니 姓金氏라. 考는 第四十七憲安王誼靖이요

母는 憲安王嬪御나 失其姓名이요,

或云 四十八景文王膺廉之子라 하다.

以五月五日로 生於外家한대 其時에 屋上有素光하여

若長虹하고 上屬天이라.

日官이 奏曰 : "此兒는 以重午日生하고 生而有齒하며

且光焰異常하니 恐將來不利於國家라 宜勿養之라."

王勅中使하여 抵其家殺之한대 使者取於襁褓中하여

投之樓下어늘 乳婢竊捧之라가 誤以手觸하여

眇其一目이러니 抱而逃竄하여 劬勞養育하다.

● 《삼국사기》 궁예견훤전

궁예는 신라 사람으로 성은 김씨이다. 아버지는 제47대 헌안왕 의정이고, 어머니는 헌안왕의 궁녀로 이름은 실전되었다. 혹자는 제48대 경문왕 응렴의 자식이라고도 한다. 5월 5일에 외가에서 태어났다. 당시 집 위에는 흰색 빛이 있었는데 마치 긴 무지개와도 같았고 위로 뻗어 하늘에 닿았다. 일관이 글을 올려 말하였다.

"이 아이는 오五가 겹치는 날에 태어났고, 나면서 치아가 있었으며 또한 빛이 이상하였습니다. 아마도 장래에 나라에 이롭지 못할 것이니 절대로 그 아이를 길러서는 안됩니다."

왕은 사자에게 명을 내려 그 집에 가서 아이를 죽이도록 했다. 사자는 포대기에서 아이를 꺼내어 누대 아래로 던졌다. 유모가 몰래 그를 받았는데 실수로 손으로 찔러 한쪽 눈이 애꾸가 되었다. 그를 안고 도망가 숨어서 힘겹게 양육하였다.

한 자 활 용

考
考古(고고) : 옛것을 상고詳考하다.
考察(고찰) : 연구하는 처지에서 생각하고 살피다.
先考(선고) : 돌아간 아버지. 선친先親.

憲
憲度(헌도) : 법칙. 법도.
憲政(헌정) : 헌법에 의해 하는 정치.
改憲(개헌) : 법률이 정하는 수속 절차에 따라서 헌법의 내용을 고치다.

恐
恐喝(공갈) : 무섭게 으르고 위협하다.
恐怖(공포) : 두렵고 무섭다.
恐慌(공황) : ①두려워서 허둥지둥하다.
②경기가 몹시 침체하여 혼란한 상태.

王
王師(왕사) : ①임금의 군대. ②임금의 스승.
王威(왕위) : 임금의 위엄.
花王(화왕) : 꽃 중의 왕. 즉 모란꽃을 가리킨다.

官
官紀(관기) : 관청의 규칙. 관리官吏의 규율.
官設(관설) : 관官에서 설치하다.
百官(백관) : 모든 벼슬아치.

養
養老(양로) : 노인을 돌보아 편안히 지내게 하다.
養育(양육) : 잘 자라도록 기르다.
保養(보양) : 몸을 건강하게 보존하여 기르다.

字句 풀이

- 弓裔(궁예)

  ?~918년. 신라 47대 헌안왕憲安王과 궁녀 사이에서 태어났다. 또는 48대 경문왕景文王의 아들이라고도 한다. 유모 손에서 자랐으며 커서 승려가 되었다. 통일신라 말기 혼란한 시국 속에서 여러 호족을 규합, 송악松嶽(지금의 개성)을 기반으로 후고구려를 세우고 901년부터 918년까지 왕으로 재위했다.

- 考(고)

  죽은 아버지.

- 憲安王誼靖(헌안왕의정)

  신라의 제47대 왕. 857년부터 861년까지 재위. 의정誼靖은 그의 이름이다.

- 嬪御(빈어)

  황제나 왕의 바로 곁에서 시중을 드는 여인. 궁녀.

- 景文王膺廉(경문왕응렴)

  신라의 제48대 왕. 861년부터 875년까지 재위. 응렴膺廉은 그의 이름이다. 신라 왕족으로 47대 헌안왕의 사위였던 그는 아들이 없던 헌안왕의 왕위를 계승했다.

- 素光(소광)

  흰 빛.

- 屬(촉)

  잇다. 부치다. 접근하다.

- 日官(일관)

  천문天文을 살펴 국가의 큰 일에 관해 예측하던 관리.

- 奏(주)

  임금에게 글을 올려 아뢰다.

- 重午日(중오일)

  오월 오일, 단오. 음력 오월은 십이지十二支 중 오에 해당한다. '重五(중오)'라고도 한다.

- 光焰(광염)

  밝은 빛. '焰'은 화염 혹은 빛을 뜻한다.

- 恐(공)

  두려워하다. 여기서는 '아마도'의 의미로 부정적인 결과를 예측하며 걱정하는 뜻이 포함되어 있다.

- 宜勿(의물)

  마땅히 말아야 한다.

- 勅(칙)

  임금의 명령을 적은 문서. 여기서는 동사로 쓰였다.

- 中使(중사)

  궁중에서 보내는 사자使者. 내밀히 보내는 사자. 내사內使라고도 함.

- 抵(저)

  거스르다. 막다. 다다르다.

- 襁褓(강보)

  아기를 싸는 포대기.

- 竊捧(절봉)

  몰래 떠받들다.

- 眇(묘)

  애꾸눈.

- 逃竄(도찬)

  도망가 숨다.

- 劬勞(구로)

  고생스럽게 힘쓰다.

우리나라의 역사서

우리나라의 역사서 편찬은 삼국시대 초기에 중국의 문물을 적극적으로 도입하면서부터 본격적으로 시작되었다. 고구려, 백제, 신라에는 각기 《유기留記》, 《서기書記》, 《국사國史》 등의 역사서가 있었다고 하나 전해지지 않는다. 현재 전하는 가장 오래된 역사서로는 고려 때에 편찬된 《삼국사기三國史記》와 《삼국유사三國遺事》를 들 수 있다.

《삼국사기》는 고려 인종仁宗 때에 김부식金富軾 등이 왕명을 받아 편찬한 역사서이다. 중국 《사기》의 예에 따라 기전체紀傳體로 편찬되었으며, 총 50권으로 본기本紀 28권, 열전列傳 10권, 지志 9권, 표表 3권으로 이루어져 있다. 편찬의 중심 인물이었던 김부식 등의 사대주의적 역사관이 반영되었으며, 통일신라를 정통으로 삼아 발해의 역사를 배제하는 편향을 보였다고 비판받기도 하지만 삼국과 통일신라의 역사를 연구하는 가장 기본적인 사료라는 점은 부인할 수 없다.

《삼국유사》는 고려 충렬왕忠烈王 때의 승려인 일연一然이 삼국시대로부터 전해지던 다양한 일화를 모아 지은 역사서이다. 역사적 사건과 인물들의 뒷 이야기를 다루고 있어 《삼국사기》의 미비한 점을 보충하는 우리나라 고대사 연구의 중요한 사료로 취급받고 있다.

조선 초에는 전 왕조 역사에 대한 정리, 평가 작업이 활발하게 이루어졌다. 그 대표적인 것이 세종世宗 때에 편찬 작업을 시작해서 단종端宗 때에 간행한 기전체 역사서 《고려사高麗史》로, 세가世家 46권, 열전 50권, 지志 39권, 표表 2권, 목록 2권 등 총 139권으로 이루어져 있다. 김종서金宗瑞, 정인지鄭麟趾 등이 편찬 작업에 참여하였다. 이와 함께 편년체의 역사서인 《고려사절요高麗史節要》도 편찬되었다.

한편 고려와 조선시대에는 각 왕의 재위 기간별로 편년체 역사를 편찬하였으며 이를 '실록實錄'이라고 부른다. 고려실록은 현재 전해지지 않고 있으나, 조선실록은 태조太祖실록부터 철종哲宗실록까지 25대에 걸친 기록이 남아있다. 이는 조선사를 연구하는 중요한 사료이며, 당시 우리나라 사관들의 수준, 엄밀함을 보여주는 소중한 문화 자산이기도 하다.

이 밖에도 문인들에 의해 사적私的으로 편찬된 다양한 역사서들이 있었다. 특히 구한말에는 민족적 자긍심을 북돋으려는 취지에서 많은 역사서들이 편찬되었다. 예를 들어 단군으로부터의 고대사를 기술하고 있는 네 종류의 비전秘傳 역사서를 묶어 펴내었다고 하는 《환단고기桓檀古紀》와 같은 책은 재야의 사학자들에 의해 귀중하게 취급되고 있는 반면, 제도권 학계에서는 사료로서의 신빙성에 대해서 의심하고 있다.

山莊夜雨 (산 장 야 우)
– 산장의 밤비

高 兆 基

昨夜松堂雨 (작야송당우)
溪聲一枕西 (계성일침서)
平明看庭樹 (평명간정수)
宿鳥未離棲 (숙조미리서)

간밤 송당松堂에 비가 내려
시냇물 소리 베갯머리 서쪽에 들린다.
새벽녘에 뜰의 나무를 바라보니
자던 새는 아직 둥지를 뜨지 않았다.

지은이
고조기高兆基(?~1157)
　고려 인종仁宗 때의 문신으로 초명初
名은 당유唐愈이고 호는 계림雞林이
며, 제주濟州 사람이다. 오언시五言詩
에 뛰어났다.

字句 풀이
昨夜－어제 밤.
松堂－소나무 사이에 지은 집. 여기서는
　　　산장山莊을 가리킴.
枕－베갯머리.
平明－새벽.
宿鳥－어제 밤부터 자던 새.
未離棲－아직 둥지를 뜨지 않았다. '未'
　　　는 '아직 ~하지 않다'. '棲'는 '깃들다',
　　　'둥지'.

해설　시인은 간밤에 빗소리와 불어난 계곡물 소리를 들으며 아마 온갖 상념으로
잠을 설친 것 같다. 그래서 이른 새벽에 뜰에 서서 아직 물방울을 머금고
있을 나무를 바라보는데, 거기에서 우선 아직 둥지를 뜨지 않고 있는 새들
에게 시선이 머문다. 시인의 예민한 감각과 따뜻한 마음을 읽을 수 있다.

조 조 마
早朝馬
-이른 아침에 말을 타다

洪 侃

紫翠橫空澗水流 (자취횡공간수류)

風煙千里似滄洲 (풍연천리사창주)

石橋西畔南坮路 (석교서반남대로)

拄笏看山又一秋 (주홀간산우일추)

자줏빛·비취빛 기운 하늘을 가로지르고 시냇물
졸졸 흐르고
바람과 안개 속에 천리는 흡사 창주滄洲 같다.
돌다리 서쪽 가 남대南坮 가는 길
홀笏로 턱을 괴고 산을 바라보니 또 온통 가을이
구나.

지은이

홍간洪侃

고려 원종元宗(1259~1274 재위) 때
의 시인으로 자는 평보平甫이고 호는
홍애洪涯이며, 안동安東 사람이다. 당
시풍唐詩風을 추구하였던 시인이다.

字句 풀이

紫翠-자줏빛과 비취빛.

橫空-하늘을 가로지르다.

澗水-시냇물. 계곡물.

風煙-바람과 안개. 바람이 불고 안개가
낌.

滄洲-창랑주滄浪洲. 동해의 신선이 사
는 곳.

南坮-어사대御史臺.

拄笏-홀을 괴다. '笏'은 사대부가 조복
朝服을 입을 때 허리띠에 끼고 다니던
것.

해설 이 시는 가을날 이른 아침에 말을 타고 어사대御史臺로 출근하는 정경을
읊은 것이다. 전반부에서는 마치 신선세계와 같은 신비로운 분위기를 느끼
게 하고, 후반부에서는 말이 석교에 이르렀을 즈음에 문득 온 산에 가을이
완연한 것을 바라보고 놀라는 시인의 모습이 그려져 있다.

눈[目]도 믿을 수 없다

공자孔子가 진陳·채蔡*에서 고생할 때 묽은 국조차 먹지 못하였다. 이레 동안 쌀알은 구경도 못했고 낮에는 잠만 자야 했다.

그러던 중 안회顏回**가 쌀을 구하여 밥을 할 수 있게 되었다. 밥이 거의 다 익어갈 무렵, 공자는 안회가 시루에서 밥을 한움큼 집어먹는 것을 멀리서 보았다. 공자는 일부러 이를 못본 척 하였다.

조금 뒤 밥이 익자 안회는 공자를 뵙고 밥을 드렸다. 공자는 은근히 떠보듯 말하였다. "지금 막 꿈에서 돌아가신 부친을 뵈었구나. 음식이 깨끗해야 제사라도 지낼수 있을 텐데……."

안회가 대답했다.

"그러면 안되겠습니다. 조금 전에 시루 속으로 재가 들어갔습니다. 음식을 버리는 것은 좋지 않은 것이라서 제가 집어먹었답니다."

공자는 탄식하였다.

"믿을 수 있는 것이 눈이라 할 수 있는데 눈도 믿을 수 없구나. 믿을 수 있는 것이 마음이라 할 수 있는데 마음도 믿을 수 없구나. 제자들아, 잘 기억해 두어라. 사람을 아는 것이 정말로 쉽지 않은 일이란다."

●《여씨춘추》 지인고불이知人固不易

* 진陳·채蔡 : 모두 춘추시대 나라의 이름이다. 공자는 한때 이곳에서 심한 곤경에 처한 적이 있다.
** 안회顏回 : 덕행이 높기로 유명한 공자의 수제자.

출전   《여씨춘추》는 진秦나라 재상을 지냈던 여불위呂不韋(B.C. 290~235)의 문객들에 의해 이루어진 책이다. 여불위는 선비들을 후하게 대접하여 그의 문객이 3천 명에 이르렀다고 한다. 《여씨춘추》는 문장이 간명하고 생동감이 있으며 우언이 풍부하다.

功成身退 (공성신퇴)

공을 이루면 물러난다

뜻풀이

공을 이루면 몸은 물러난다는 말로 자기가 이룬 공에 대해 보답을 바라거나 그것으로 부귀영화를 누리려 하지 않는다는 뜻이다.

《노자老子》에 '공을 이루고도 이에 머무르지 않는다. 대저 머무르지 않기에, 이로써 공도 떠나지 않는다(功成而弗居. 夫唯弗居, 是以不去)'는 말이 있다.

아무리 뛰어난 공을 이루었다고 해도 보답을 바라거나 그 결과를 다 누려 버리면 그것은 더 이상 공이 아니다.

또한 영화가 극에 달하면 반드시 내리막이 있게 되는데, 이는 더 비참한 법이다. 이 성어를 '토사구팽兎死狗烹'과 관련지어 생각해 볼 필요가 있다.

역대로 많은 창업공신들이 그 왕조가 천하를 통일하고 나면 죽음을 당하는 것을 볼 수 있다. 이는 왕권강화의 필요와 권력의 매정함에도 기인하지만, 공신들이 공을 자처하며 부귀영화를 바랐기 때문이다.

유방劉邦이 천하를 통일한 후 한신韓信을 비롯한 많은 공신들을 남김없이 죽였다. 이때 장량張良만이 은퇴했기에 무사히 여생을 마칠 수 있었다.

하지만 인간의 본성상 공을 이루고도 보답을 바라지 않는 것은 힘든 일이다. 그래서 더욱 가치있고 새겨볼 만한 말이다.

三人成虎 (삼인성호)

근거없는 말도 여러 사람이 말하면 믿게 된다

글자풀이

三人(삼인) - 여기서 삼三이란 많다는 뜻으로 여러 사람을 가리킴.

成(성) - 이루어지다.

虎(호) - 호랑이.

뜻풀이

세 사람이 똑같은 말을 하면 없던 호랑이도 있게 된다는 뜻이다. 즉 아무리 터무니없는 이야기도 여러 사람이 같은 말을 하면 믿게 된다는 뜻이다.

증자曾子로 더 잘 알려진 증삼曾參은 효성이 지극하고 마음씨 착하기로 유명한 사람이었다.

어느 날 그와 이름이 같은 사람이 사람을 죽였다. 이 소문을 들은 마을 사람들이 증삼의 어머니에게 찾아가, "증삼이 사람을 죽였다"고 전했다. 베를 짜고 있던 어머니는, "내 자식은 사람을 죽일 리가 없다"며 조금도 흔들리지 않고 계속 베를 짰다.

조금 후에 또 한 사람이 와서 같은 소식을 전했다. 그 때도 어머니는 의연하게 베만 짰다. 그러다가 세 번째로 또 한 사람이 와서 같은 말을 했다.

그러자 증자의 어머니는 베틀을 버리고 몸을 피해 달아났다고 한다.

3 志怪小說 이야기

1. 羊祜年五歲에 時令乳母로 取所弄金鐶한대

   乳母曰 : "汝先無此物"이라 하여늘

   祜卽詣隣人李氏東垣桑樹中하여 探得之라

   主人驚曰 : "此吾亡兒所失物也라 云何持去오?"

   乳母具言之하니 李氏悲惋하고 時人異之하다.　　　●《수신기》

2. 漢廣川王이 好發冢이러니 發欒書冢한대 其棺柩明器가

   悉毁爛無餘어늘 唯有一白狐가

   見人驚走라 左右逐之不得이요 戟傷其左足이러니

   是夕에 王夢一丈夫한대 鬚眉盡白하여늘

   來謂王曰 : "何故로 傷吾左足고"하고 乃以仗叩王左足이라.

   王覺腫痛이러니 卽生瘡하여 至死不差하다.　　　●《수신기》

1. 양호가 나이 다섯 살일 때 유모더러 자기가 갖고 놀던 금 고리를 찾아 달라고 했다. 유모가 말했다. "너에게는 본디 그런 물건이 없었단다." 호는 이에 이웃 사람 이씨네 동쪽 담장의 뽕나무 속으로 가더니 그것을 찾아냈다.

　주인이 놀라 말했다. "이것은 내 죽은 아이가 잃어버린 물건인데, 어찌하여 가져가느냐?" 유모가 이에 대해 상세하게 말하자 이씨는 슬퍼하며 한탄했으며 당시 사람들은 그 일을 기이하게 여겼다.

2. 한나라 광천왕은 무덤을 파헤치길 좋아했다. 난서의 무덤을 파헤치니 관과 부장품은 모두 썩어 남은 것이 없었다. 다만 흰여우 한 마리가 사람을 보고 놀라 달아났다. 좌우의 사람들이 그것을 쫓았지만 잡지는 못하고 창으로 왼발에 상처만 입혔다.

　그 날 저녁 왕은 한 사내의 꿈을 꾸었다. (그는) 수염과 눈썹이 모두 희었는데, 찾아와 왕에게, "무슨 이유로 내 왼발을 상하게 했는가?"라고 말하더니 지팡이로 왕의 왼쪽 발을 쳤다. 왕이 잠을 깨니 아팠다. 곧 종기가 생겼는데 죽을 때까지 낫지 않았다.

한자활용

羊
羊毛(양모) : 면양·산양 등의 털.
羊腸(양장) : ①양의 창자. ②꼬불꼬불한 길의 비유.
牧羊(목양) : 양을 치다.

先
先代(선대) : 조상의 대代.
先導(선도) : 앞장서서 인도하다.
先取(선취) : 남보다 먼저 취득하다.

樹
樹人(수인) : 인재를 양성하다.
樹脂(수지) : 나무에서 나오는 진.
花樹(화수) : 꽃나무.

乳
乳名(유명) : 어릴 때의 이름. 아명兒名.
乳齒(유치) : 젖니. 배냇니.
離乳(이유) : 젖을 떼다.

隣
隣家(인가) : 이웃집.
隣接(인접) : 이웃하다.
善隣(선린) : 이웃과 사이좋게 지내는 일.

器
器量(기량) : ①재능. ②재능과 국량局量.
器樂(기악) : 악기만으로 연주하는 음악.

字句 풀이

- **羊祜**(양호)
  진晉의 장군으로 변론에도 뛰어난 인물이었다고 한다.
- **所弄**(소농)
  가지고 놀던 (바).
- **金鐶**(금환)
  금으로 만든 가락지, 고리 따위.
- **先**(선)
  지금에 앞서서, 이전에
- **詣**(예)
  이르다. 도착하다. 찾아가다.
- **隣**(인)
  이웃. '鄰'으로도 쓴다.
- **垣**(원)
  담장. 낮게 쌓은 담. 전하여 담으로 둘러싸인 관청 따위의 건물.
- **桑樹**(상수)
  뽕나무.
- **亡兒**(망아)
  죽은 아이.
- **云何**(운하)
  어찌하여.
- **乳母具言之**(유모구언지)
  '具言'은 일의 전말을 갖추어 자세히 말하다. '之'는 양호가 고리를 찾아낸 경위를 가리킨다.
- **悲惋**(비완)
  슬퍼하고 한탄하다.

- **漢廣川王**(한광천왕)
  한漢대의 제후국 가운데 하나인 광천국廣川國의 왕으로 봉해졌던 종실宗室 유거劉去.
- **發冢**(발총)
  무덤을 열다, 파헤치다.
- **欒書冢**(난서총)
  난서의 무덤. 난서는 춘추시대 진晉나라의 대부. 생전에 큰 전공을 세웠다.
- **棺柩**(관구)
  시신을 안치하는 널. '棺'은 안쪽의 널이고, '柩'는 관 밖을 에워싼 널이다.
- **明器**(명기)
  시신과 함께 넣은 각종 부장품. '明'은 의류를, '器'는 각종 기물을 말한다.
- **毁爛**(훼란)
  헐고 썩다.
- **戟**(극)
  창. 날 끝이 두 가닥으로 갈라진 병기.
- **叩**(고)
  두드리다.
- **腫**(종)
  종기, 살이 부어오르는 증상.
- **瘡**(창)
  부스럼, 종기.
- **差**(차)
  어긋남. 차이. 병이 낫다.

알아둡시다

간보干寶와 《수신기搜神記》

간보(?~336)는 동진東晉 때 사람으로 《진기晉記》를 저술한 사관史官이었다. 그는 여러 가지 신비로운 술법과 현상에 관심이 많았으며 일찍이 아버지의 여종이 죽었다가 되살아나고 형이 기절했다가 깨어서는 귀신을 보았다고 한 이야기 등을 듣고 더욱 이런 일들에 끌리게 되었다고 한다. 그래서 편찬하게 된 것이 《수신기》, 즉 신비로운 존재, 현상들을 찾아 기록한 책이다.

신비로운 현상에 대한 기록

《논어論語》에는 이런 구절이 있다. '공자께서는 괴이한 힘과 잡스런 귀신에 대해서는 말씀 하지 않으셨다(子不語怪力亂神).' 또 이런 구절도 있다. '계로가 귀신을 섬기는 일에 관해 묻자 공자께서 말씀하셨다. "사람도 제대로 섬기지 못하는데 어찌 귀신을 섬기랴?" (계로가) 감히 죽음에 대해 묻습니다 하자, 말씀하셨다. "삶에 대해서도 다 알지 못하는데 어찌 죽음에 대해 알 수 있으랴."(季路問事鬼神, 子曰未能事人焉能事鬼. 敢問死, 曰未知生焉知死.)'

고대 유가儒家는 어떻게 하면 현실의 문제를 해결할 수 있을지에 대해 고민했지, 신비로운 현상이나 사후의 세계에 대해서는 언급을 회피했다. 그것을 완전히 부정하는 것은 아니었지만 그것에 집착하는 것은 무의미한 일이라고 여겼던 듯하다. 한대漢代에 유가가 유일한 정통 사상으로 간주되면서 귀신 등 초자연적 현상에 대한 언급이나 기록은 꺼려졌으며, 역사 기록의 전통이 정착되면서 이러한 일들에 대한 기록은 배제되었다.

그러나 이에 대한 사람들의 관심이 없어질 수 있는 것은 아니었을 것이다. 한대를 거치면서 민간에서는 도교道敎, 신선 신앙이 급속히 발전하였고 또한 외부로부터 불교가 전입되면서 죽음과 그 이후의 세계에 대한 사유도 활발해졌다. 위진남북조魏晉南北朝시대에 들어서면서 역사적 기록에서 배제된 사람들, 사건들에 대한 기록이 활발히 이루어지기 시작했으며 귀신, 신선 등 유가에서 배제했던 신비로운 일들에 대해 기록하는 일도 많아졌다. 앞에서 읽은 두 편의 짧은 이야기는 그러한 기록 중 하나인 《수신기》에 수록된 것이다. 앞의 이야기는 환생에 대한 믿음을 암시하는데 불교의 윤회설의 영향을 입은 것이라고 볼 수 있겠고, 뒤의 이야기는 민간에 널리 퍼져 있던 신비주의적 인과응보 관념에 바탕을 둔 것이라고 하겠다.

이러한 기록들을 통칭 '지괴志怪'라고 하는데, 이는 전통적 의미에서의 '소설小說'에 포함되는 것이다. 이는 물론 오늘날의 창작 소설과는 판이하게 다른 것이며, 다른 책에 기록되어 있거나 전해들은 이야기를 적은 것으로, 이를 기록한 사람들은 역사를 기록하는 행위와 마찬가지로 글로 남길 만한 사건들을 기록하고 있다고 생각했지 허구적 이야기를 쓴다고 여기지는 않았다.

절구
絶句 其二
- 절구

杜 甫

江碧鳥逾白 (강벽조유백)
山青花欲然 (산청화욕연)
今春看又過 (금춘간우과)
何日是歸年 (하일시귀년)

강물이 파라니 새 더욱 희고
산이 푸르니 꽃이 불타는 듯하다.
금년 봄도 보아하니 또 가고 있으니
어느 때가 고향에 돌아갈 해일까?

지은이

두보杜甫(712~770)
　중국 당唐나라 때의 대시인으로 자는 자미子美이고 호는 소릉少陵이며, 하남성河南省 공현鞏縣에서 태어났다. 안녹산의 난 때 숙종肅宗에게 찾아가 잠시 좌습유左拾遺 벼슬을 하였고, 성도成都, 기주夔州 등의 지방을 유랑하며 고향으로 돌아가려다가 배 위에서 죽었다. 중국 시사詩史에서 집대성적 성취와 창신創新의 업적을 겸하였다는 평가를 받으며 시성詩聖으로 불린다.

字句 풀이

江―사천성四川省 성도成都에 있는 금강錦江.
鳥逾白―새가 더욱 희다. '逾'는 더욱, 한층 더, 넘다.
花欲然―꽃이 불타려고 한다. 꽃이 불타는 듯하다. '然'은 '燃'과 같다.
歸年―고향으로 돌아갈 수 있는 해.

해설　이 시는 두보가 성도에서 봄을 지내며 지은 시인데, 짧은 구절 속에 고향을 그리는 마음이 잘 표현되어 있다. 1, 2구는 절묘한 대구로 봄날의 경물을 묘사하고 있는데, 색채의 안배와 용자用字가 뛰어나다. 이어서 봄이 '또' 지나간다는 표현 속에 여러 해를 보낸 짙은 아쉬움을 표출하면서, 고향에 돌아갈 날을 간절히 기다리고 있다.

강 남 봉 이 구 년
江南逢李龜年

− 강남에서 이구년을 만나다

杜 甫

岐王宅裏尋常見 (기왕택리심상견)
崔九堂前幾度聞 (최구당전기도문)
正是江南好風景 (정시강남호풍경)
落花時節又逢君 (낙화시절우봉군)

기왕의 저택에서 늘 만났었고
최구의 집에서 몇 번이나 노래를 들었던가.
바야흐로 강남은 한창 좋은 풍경인데
꽃이 지는 시절에 다시 그대를 만났구려.

지은이

'절구絶句' 참고

字句 풀이

江南−중국 양자강揚子江 남쪽. 이 시에
　　서는 지금의 호남성湖南省 장사長沙
　　일대임.
李龜年−현종玄宗의 총애를 받으며 인
　　기가 많았던 남자 가수.
岐王−현종의 아우 이범李範.
尋常−늘, 자주.
崔九−비서감秘書監 벼슬로 있던 최척
　　崔滌.
幾度−몇 번. 몇 차례.
正是−바로 ～이다. 정말 ～이다.

해설　이 시는 두보가 죽기 얼마 전에 강남에서 이구년을 만나 읊은 것인데, 작품 전체에서 직접적으로 애상을 표출한 말은 한마디도 없으면서 짙은 비애와 무한한 감회가 담겨있다. 1, 2구에서는 예전에 화려했던 이구년의 모습을 떠올리며 회상하고 있다. 그러나 지금의 이구년은 영락零落하여 강남을 떠돌고 있는 것이다. '낙화시절落花時節'에는 단순히 꽃이 지는 시절이라는 의미만이 아니라 이구년과 자신이 영락한 시절, 당 왕조가 쇠락한 시절 등 풍부한 함축적 의미를 지닌다. 나아가 '우봉군又逢君'이라는 단서만 던져놓고 시인은 그만 입을 닫고 마는 것이다.

송정백이 도깨비를 잡다

남양南陽 사람 송정백宋定伯이 밤길을 가다가 도깨비를 만났다. 도깨비의 '누구냐'는 물음에, 정백은 얼떨결에 자신도 도깨비라며 거짓말을 하였다.

그러자 도깨비가 계속 물었다.

"그래 어디까지 가시오?"

"완시宛市까지 가오."

"나도 마침 완시까지 갑니다. 동행이 생겨서 잘 되었소."

그들은 길동무가 되어 몇 리를 갔는데 도깨비가 교대로 업고 가자며 제의하였다. 정백이 동의하자 도깨비가 먼저 정백을 업고 걷는데 몸이 무거워 이상하게 생각했다.

조금 후에 정백이 도깨비를 업고 걸었는데 거의 무게가 없었다. 정백이 물었다.

"나는 막 도깨비가 되었기에, 우리들이 무엇을 조심해야 하는지 잘 모릅니다."

"사람의 침은 참 무섭지요. 조심해야 됩니다."

한참을 가자 조그마한 강이 나왔다. 도깨비가 먼저 건너는데 마치 평지를 가듯 아무 소리도 나지 않았다. 정백이 건너갈 때에는 물이 튕기고 첨벙첨벙 소리도 났다. 그러자 도깨비는 또 의심스러워하며 물었다.

"어, 어째서 소리가 납니까?"

"죽은 지 얼마 안되어 물을 건너는 데 서툴러서 그렇습니다."

정백이 도깨비를 업을 차례가 되자, 정백은 도깨비를 어깨 위에다 올려놓고 꽉 붙잡고서 냅다 달리기 시작하였다. 도깨비는 큰 소리로 살려 달라고 외치며 발버둥쳤다. 완시의 중심가에 이르러 땅에다 도깨비를 내려놓으니 염소로 변하였다.

정백은 1천5백 냥에 그 염소를 팔았는데 그것이 변할까봐 침을 몇 번 뱉고 즐거운 마음으로 집에 돌아갔다.

●《열이전列異傳》 송정백착귀宋定伯捉鬼

출전 《열이전》은 위魏 문제文帝 조비曹조(187~226)에 의해 편찬되었다. 이 책은 육조六朝 시기에 유행한 지괴志怪 소설의 하나이며, 대부분 당시의 민간의 기록이다.

桀犬吠堯 (걸견폐요)

주인에게 무조건 충성하다

글자풀이

桀(걸) - 하夏나라 마지막 임금. 홰. 사납다. 교활하다.

吠(폐) - 짖다. 개가 짖다.

堯(요) - 요임금. 높다. 멀다.

뜻풀이

폭군의 대명사인 하夏나라 걸왕桀王이 기르는 개가 요堯임금과 같은 성군을 보고 짖는다는 뜻으로, 선악을 불문하고 각기 그 주인에게 충성을 다한다는 의미이다.

옛날 한신韓信이 중국의 북쪽을 평정하고 제齊나라 왕이 되었을 때, 그의 참모로 있던 괴통蒯通이 유방劉邦에게 복종하지 말고 항우項羽와 함께 천하를 삼분三分하자고 제안했지만, 한신은 그의 말을 듣지 않았다.

유방이 천하를 통일한 후 한신을 제거하고, 괴통이 모반을 꾀했다며 그를 삶아 죽이려 했다. 그 때 괴통이 말했다.

"도둑놈의 개도 요임금을 보면 짖습니다. 요임금이 어질지 않아서가 아니라, 개는 원래 그 주인이 아니면 짖기 때문입니다. 그때 저는 한신이 있는 줄만 알았지, 폐하가 계신 줄은 몰랐습니다. 천하에 뜻을 둔 사람이 한두 사람이 아니지만 폐하처럼 되지 못하는 것은, 폐하와 같은 힘과 덕이 없기 때문입니다. 그들을 모두 삶아 죽이실 생각입니까?"

그러자 유방은 그를 풀어주었다고 한다.

結草報恩 (결초보은)

깊은 은혜를 잊지 않고 갚다

글자풀이

結(결) - 맺다. 사귀다.

草(초) - 풀.

報(보) - 갚다. 알리다.

恩(은) - 은혜. 예쁘게 여기다.

뜻풀이

풀을 묶어서 은혜를 갚는다는 말로 은혜를 깊이 새겨 잊지 않고 갚는다는 뜻이다.

진晉나라의 대부 위무자魏武子는 그의 첩을 매우 사랑하였다. 그는 죽기 직전에 혼미한 정신에서 그의 첩을 순장시키라는 유언을 남긴다.

그러나 그의 아들 과顆는 아버지의 평상시의 의중을 헤아려 유언을 어기고 그의 서모를 개가시킨다.

후에 위과魏顆가 전쟁에 나가 진秦의 두회杜回와 싸워 위태롭게 되었는데, 서모의 아버지의 죽은 넋이 적군의 앞길에 풀을 묶어 두회로 하여금 걸려 넘어지게 하여 그를 사로잡고 전쟁에 이기게 도와주었다고 한다.

그래서 죽어 혼령이 되어서도 은혜를 잊지 않는다는 뜻으로 쓰이게 되었다.

4 南怡將軍과 粉面鬼

남이유시　유가상　　　견소해부복과소사이복상
南怡幼時에 遊街上이라가 見小奚負袱裏小笥而袱上에

좌착분면여귀　　인개불견
坐着粉面女鬼하되 人皆不見하니

이심괴지　　　종기소왕즉입우일재상가
怡心怪之하여 從其所往則入于一宰相家하더니

아이기가호곡
俄而其家號哭이어늘

이문지즉왈　　주가소낭자폭사
怡問之則曰：“主家小娘子暴死니이다.”

이왈　　오입견　　가활
怡曰：“吾入見이면 可活이라”하고

입문　　분귀거낭자흉　　　견이즉주피　　낭자소기
入門하니 粉鬼據娘子胸이라가 見怡卽走避하고 娘子甦起러니

이출　　낭자부사　　이갱입　　환소
怡出이면 娘子復死하고 怡更入이면 還甦할새

이문왈　　소해사중　　하물
怡問曰：“小奚笥中에 何物고?”

왈　　홍시야　　낭선취식　　기질도
曰：“紅柿也니 娘先取食하고 氣窒倒니이다.”

이구언기소견　　　이치사수약　　구지득생
怡具言其所見하고 以治邪祟藥으로 救之得生하니

차　　좌상권남　　제사녀야
此는 左相權擥의 第四女也라.

●《대동기문》

남이가 어렸을 때 길에서 놀다가 어린 하녀가 보자기로 작은 상자를 싸서 짊어지고 가는데 보퉁이 위에 분칠한 여자 귀신이 앉아 있는 것을 보았다. 그런데 사람들은 모두 보지 못하였다. 이가 마음속으로 괴이하다고 여겨 그 하녀가 가는 곳을 따라가니 어느 재상 댁으로 들어가는 것이었다. 그러더니 갑자기 그 집안에서 통곡 소리가 났다.

이가 (하인에게) 물으니 (그가) 대답하였다. "주인댁 작은아씨가 갑자기 죽었답니다." 이가 말했다. "내가 들어가 보면 살아날 수 있을 것이오" 그리고서는 문에 들어서니 분칠한 귀신이 아씨의 가슴팍에 머물고 있는 것이었다. 그러다 이를 보고서는 곧바로 도망가 피하였고, 아씨는 소생하여 일어났다가는 이가 나가면 아씨는 다시 죽었고, 이가 다시 또 들어가면 도로 소생하였다.

이가 물었다. "어린 하녀의 상자 속에는 무슨 물건이 들었습니까?" 대답하길, "홍시랍니다. 아씨가 먼저 가져다 먹고서는 기가 막혀 쓰러졌습니다." 이가 자신이 본 바를 소상히 얘기하고서 마귀 쫓는 약을 가지고 그녀를 치료하자 살아날 수 있었으니, 그녀는 좌의정 권남의 넷째 딸이었다.

한 자 활 용

南
南岸(남안) : 남쪽 강안江岸, 또는 해안海岸.
南窓(남창) : 남쪽으로 향한 창문.
湖南(호남) : 전라북도·전라남도를 일컫는 말.

粉
粉碎(분쇄) : 잘게 부수다, 또는 잘게 부서지다.
粉劑(분제) : 가루로 된 약제藥劑.
製粉(제분) : 가루로 만들다.

遊
遊言(유언) : 근거없는 말.
遊泳(유영) : 헤엄, 또는 헤엄치다.
交遊(교유) : 서로 사귀어 놀다. 서로 교제하다.

皆
皆勤(개근) : 일정한 기간 동안 휴일 외에 하루도 빠짐없이 출석 또는 출근하다.
皆旣蝕(개기식) : 개기일식과 개기월식.
擧皆(거개) : 거의 모두. 대부분.

- 南怡(남이)

1441~1468. 조선 세조世祖의 총애를 받았던 무장으로 이시애의 반란을 평정하는 등의 공로를 인정받아 1468년 27세의 나이로 병조판서에 올랐다. 그러나 같은 해 예종睿宗 즉위 후, 역모를 꾀한다는 모함을 받아 처형당했다. 순조純祖 18년(1818)에 복권되었다.

- 小奚(소해)

어린 계집종.

- 負袱裹小笥(부복과소사)

'袱'은 보자기. '裹'는 '보자기 따위로 싸다'라는 의미의 동사. '笥'는 음식이나 옷을 담는 네모진 상자. '負袱裹小笥'는 '보자기로 작은 상자를 싸서 짊어지다'로 풀이된다.

- 坐着(좌착)

앉다. '着'은 '들러붙다'라는 의미를 갖는다.

- 粉面女鬼(분면여귀)

분 바른 얼굴의 여자 귀신.

- 怡心怪之(이심괴지)

이가 마음속으로 그러한 상황을 괴이하게 여기다.

- 從其所往(종기소왕)

그가 가는 곳을 따라가다.

- 入于一宰相家(입우일재상가)

한 재상의 집으로 들어가다. '于'는 처소를 표시하는 말이다.

- 俄(아)

갑자기. 잠깐만에.

- 號哭(호곡)

울부짖다.

- 暴死(폭사)

갑자기 죽다. '暴'은 어떤 상황이 급작스레 일어남을 표시하는 부사다.

- 據(거)

어떤 지점을 떠나지 않고 점거하고 있다.

- 甦起(소기)

소생하여 일어나다. '甦'자는 '회생하다'라는 뜻을 갖는 '蘇(소)'자의 속자俗字로, '다시'의 뜻을 갖는 '更(갱)'과 '살다'라는 뜻을 갖는 '生(생)'이 합쳐진 점이 흥미롭다.

- 氣窒倒(기질도)

기가 막혀 거꾸러지다.

- 以治邪祟藥(이치사수약)

사악한 기운을 다스리는 약으로, 즉 마귀 쫓는 약으로.

- 救之得生(구지득생)

그녀를 치료하니 살 수 있었다.

- 左相(좌상)

좌의정左議政.

- 權擥(권남)

1416~1465. 계유정란을 주도하여 세조의 즉위에 공을 세운 문신으로 남이의 장인.

《대동기문大同奇聞》

1926년 강효석이 편찬하여 한양서원을 통해 발행한 책이다. 조선 태조 때부터 고종 때까지의 역대 인물들의 전기와 일화를 모은 책으로 모두 716개 조목으로 되어 있으며 부록으로 정몽주 등 고려 말의 절개를 지킨 인물에 관한 98개 조목이 붙어 있다. 각 조목의 머리에는 해당 인물의 이름을 들고 사건을 요약하여 제목을 달아놓았는데, 이를테면 앞서 읽은 남이 장군의 어린 시절 일화에는 〈남이인분면귀취처南怡因粉面鬼娶妻〉 즉 '남이가 분 바른 귀신으로 인해 장가들다'라는 제목이 붙어 있다.

역사와 허구의 사이

우리는 흔히 역사적 기록과 허구적 서사敍事를 엄밀히 구분하여 사유하려는 경향이 있다. 이는 한편으로는 근대 실증주의 역사학의 영향 때문이고 한편으로는 근대 소설 장르의 성립과 발전의 영향 때문이라고 할 수 있겠다. 그러나 최근의 역사학 이론은 역사를 다양한 해석을 용인하는 열린 텍스트로 파악함으로써 유일무일한 '사실史實'의 복원을 지향하는 실증주의 사학을 부정하고 있으며, 허구적 서사에 기반을 둔 소설이 역사 기술을 끌어안으려는 노력을 하고 있음도 주지의 사실이다.

그런데 이처럼 역사와 허구를 넘나드는 사유 방식이 최근의 것만은 아니다. 사실 고대 사람들의 사유 속에서 양자는 그처럼 확연히 구분되어 있지 않았다. 고대 동아시아 역사서의 전범이라고 할 수 있는 《사기》만 보더라도, 저자 사마천은 신화와 전설의 영역을 역사 기술 속으로 적극적으로 끌어들이고 있을 뿐 아니라 역사를 보는 자신의 견해와 개별 사안에 관한 자신의 감정을 적극적으로 역사 기술에 개입시키고 있기도 하다. 과장과 풍자 등 문학적 수사가 풍부하게 동원된 것도 말할 나위 없다. 후대에 가면 역사와 허구를 구분하는 의식이 점차 생겨나지만 양자는 여전히 소통의 가능성을 열어두고 있었다. 중국의 명청대, 우리나라의 조선조 때에 유행한 역사소설은 그 극명한 예이다. 나관중의 《삼국연의》는 실제 사실과는 어긋나는 내용이 많다고 한다. 그렇지만 그것은 오랜 시간을 거쳐 민간에서 형성되어온 나름대로의 역사 해석의 결정체로서 그것 자체가 하나의 대안적 '역사 기술'이 되었던 것이다.

남이 장군이 실제로 귀신을 보는 신통력을 지녔었는지, 그리고 과연 그러한 특별한 능력 덕분에 당대 세력가였던 좌의정 권남의 사위가 될 수 있었는지에 대해서는 분명 의심의 여지가 있다. 아마도 남이 장군이 젊은 나이에 누명을 쓰고 억울하게 죽어간 후, 사람들이 그를 추모하며 결국에는 신격화시켰고, 앞에서 읽은 것과 같은 이야기도 정착되었을 것이다.

사람들은 그러한 이야기를 남이 장군과 그의 행적을 해석하는 하나의 열쇠로 삼게 되었던 것이고 그럼으로써 그것은 나름대로의 '역사'로 자리잡게 된 것이니, 이 단계에 이르면 역사적 기록이냐 허구적 서사냐 하는 구분은 무의미해지고 만다.

^{산 거}
山居
– 산에 살며

李 仁 老

春去花猶在 (춘거화유재)
天晴谷自陰 (천청곡자음)
杜鵑啼白晝 (두견제백주)
始覺卜居深 (시각복거심)

봄은 갔어도 꽃은 아직 피어 있고
하늘은 갰는데 골짜기는 절로 그늘진다.
두견새 한낮인데도 울고 있어서
비로소 내 거처가 깊은 곳인 줄 알겠네.

지은이

이인로李仁老(1152~1220)
  고려 중기의 대표적인 시인으로 자는 미수眉叟, 호는 쌍명재雙明齋로 인주仁州(지금의 인천) 사람이다. 《파한집破閑集》 등의 저서가 있다.

字句 풀이

花猶在 – 꽃은 여전히 남아있다. '猶'는 오히려, 여전히.
谷自陰 – 골짜기는 절로 그늘진다.
杜鵑 – 두견새. 소쩍새.
白晝 – 한낮.
卜居 – 거처를 정하다.

해설 이 시는 시상의 전개에 있어서 앞의 세 구가 모두 마지막 구의 '복거심卜居深'에 귀착하는 방식을 취하여, 시상이 통일되고 조리가 있다. 1, 2, 3구가 모두 산 속 깊은 곳에 자리잡은 거처를 묘사하고 있다.

書天壽僧院壁
서 천 수 승 원 벽
－천수사 승방 벽에 쓰다

李仁老

送客客未到 (송객객미도)
尋僧僧亦無 (심승승역무)
唯餘林外鳥 (유여림외조)
款曲勸提壺 (관곡권제호)

나그네를 전송하려는데 나그네는 도착하지 않
았고
스님을 찾아가 보았으나 스님도 또한 없다.
오직 숲 밖의 새들만이 남아있어
다정스레 술병 들기를 권한다.

지은이

'산거山居' 시 참고

字句 풀이

天壽－천수사天壽寺. 송도松都 동문東門
　　밖에 있는 사찰.
客未到－나그네가 아직 도착하지 않았
　　다.
尋僧－스님을 찾아가다.
款曲－다정하고 성의가 있음.
提壺－본래는 새 이름이나 '술병을 들다'
　　의 의미도 있어서 쌍관어 雙關語이다.

해설　시인이 친구인 조통趙通이 양주梁州로 부임할 때 함자진咸子眞과 이곳에서 전별餞別을 하려고 하였다. 조통이 정오가 되도록 오지 않자, 시인이 승방을 방문하였으나 아무도 없었다. 그래서 이 시를 승방 벽에다 쓴 것이다. 1, 2구에서 '객客'과 '승僧'자를 반복해서 사용함으로써 강조하는 속에 리듬감을 형성하고 있으며, 또한 이들이 오지 않은 것에 대한 아쉬움의 시정詩情과 조화를 이루고 있어 한결 멋이 있다.

누가 더 잘생겼소?

　제齊나라의 추기鄒忌는 키가 8척이고 얼굴도 잘생긴 사람이었다. 아침에 의관을 갖추어 입으면서 거울을 들여다보다가 문득 아내에게 물었다.

　"나와 북촌에 사는 서공徐公 중에 누가 더 잘생겼소?"

　"당신이 훨씬 미남이십니다. 서공이 어찌 당신만 하겠어요!"

　북촌의 서공은 제나라에서 손꼽히는 미남이다. 추기는 아내의 말이 믿기지 않았으므로 다시 그의 첩에게 물었다.

　"나와 서공 중 누가 더 잘생겼나?"

　"서공이 어찌 당신의 발끝이라도 따라오겠습니까!"

　다음날, 사랑방에 손님이 찾아왔다. 추기는 그와 이야기하다가 문득 그에게도 물어보았다.

　"나와 서공을 비교한다면 누가 더 잘생겼을까요?"

　"서공은 당신만 못합니다."

　그 다음날 서공이 찾아왔기에 자세히 살펴보았는데 아무래도 자기가 서공만 못하다는 생각이 들어서 거울을 들여다보니 역시 크게 차이가 있었다.

　추기는 곰곰이 생각하여 그 비밀을 알아냈다.

　'아내가 나를 미남이라고 한 것은 자기 남편이라 편애하기 때문이고, 첩이 내가 더 미남이라고 한 것은 나를 두려워하기 때문이고, 사랑방 손님이 내가 더 잘생겼다고 한 것은 나에게 뭔가 바라는 것이 있기 때문이다.'

●《전국책戰國策》 추기비미鄒忌比美

출전　《전국책》의 원저자는 알려져 있지 않으며, 한漢나라 때 유향劉向에 의해 교정되었다. 이 책의 내용은 대부분 전국시대戰國時代 유세객들에게서 나온 것으로 상대방을 설득하기 위해 교묘한 비유를 써서 이야기를 기게 늘어놓은 것이 특징이다. 중국의 전국시대라는 명칭은 이 책의 이름에서 나온 것이다.

毛遂自薦(모수자천)

스스로를 천거하다

글자풀이

毛遂(모수) - 조趙나라 사람으로 평원군平原君
  의 식객.
薦(천) - 천거하다.

뜻풀이

모수가 스스로를 천거한다는 뜻으로 어떤 일
에 자기가 적임자라며 자발적으로 나서는 경
우를 일컫는다. 진秦나라가 조趙나라 수도 한
단邯鄲을 포위하자, 조나라에서는 평원군을
초楚나라에 보내 구원병을 요청하게 했다.
평원군은 길을 떠나기에 앞서 문무를 겸비
한 참모 20명을 뽑아 데리고 가려 했다. 인
선을 끝냈으나 19명밖에 뽑지 못해서 한 명
이 모자랐다. 이 때 모수라는 사람이 자청해
서 나섰다고 한다. 결국 평원군은 이 모수에
의해 일을 성사시키게 된다.

因人成事(인인성사)

원님 덕에 나팔불다

뜻풀이

다른 사람으로 인해 일을 이룬다는 뜻인
이 말의 유래는 앞의 '모수자천'에서 이어지
는 것이다.

착하기만 한 평원군과 우유부단하고 진나라
를 겁내는 초왕楚王과의 협상은 계속 지지
부진했다. 보다 못한 참모들이 모두 모수에
게 올라가 보라고 했다. 그 때 모수는 칼을
차고 협상장에 뛰어들어 갔다.
초왕이 호통을 치자, 모수가 말했다.
"왕께서 저를 꾸짖으시는 것은 초나라 군대
가 있기 때문입니다. 하지만 지금은 저와의
거리가 열 걸음 안에 있으므로 초나라 군
대가 달려온들 아무 소용이 없습니다. 왕의
목숨은 이 모수의 손안에 있습니다. 옛날
문왕文王은 백리의 땅으로 모든 제후들을
신하로 만들었습니다.
지금 초나라는 사방 5천 리에 군대가 백만
이 넘습니다. 그런데 선대先代에 진나라 장
수 백기白起란 어린 놈이 3만의 군대로 초
나라 수도를 함락시키고 선왕을 욕되게 한
치욕을 잊으셨습니까? 이 일을 조나라도 부
끄러워하고 있는데 왕께서는 진나라를 미워
할 줄도 모르시는군요. 두 나라의 연합은 사
실 초나라를 위한 것이지 조나라를 위한 것
이 아닙니다."
이 말에 고무되어 복수심에 불탄 초왕은 출
병을 결정하고 피를 나누어 마시며 맹약을
했다. 협상을 성공적으로 끝낸 모수는 나와
서 기다리고 있던 참모들을 보고 말했다.
"당신들은 모두 형편없는 사람들이며, 남에
의지해 일을 이루는 사람들이다.(公等錄錄,
所謂因人成事者也)"
또한 '인인성사'는 사회생활에서 혼자 힘으
로 되는 일이 없고 상호의존해야 한다는
뜻으로 쓰이기도 한다.

5 桃園結義

飛曰 : "吾莊後에 有一桃園한데 花開正盛이라.

明日에 當於園中祭告天地하고 我三人이 結爲兄弟하여

協力同心然後에 可圖大事라"하니,

玄德·雲長이 齊聲應曰 : "如此甚好"라 하다.

次日於桃園中에 備下烏牛白馬祭禮等項하고

三人이 焚香하고 再拜而說誓하여

曰 : "念컨대 劉備·關羽·張飛雖然異性이나

旣結爲兄弟하니 則同心協同하여 救困扶危하고

上報國家하고 下安黎庶하리라. 不求同年同月同日生이나

但願同年同月同日死라. 皇天后土는 實鑒此心하소서.

背義亡恩이면 天人이 共戮하리라"하다.

誓畢에 拜玄德爲兄하니 關羽次之요 張飛爲弟하다. ●《삼국연의》

　장비가, "우리집 뒤에 도원桃園이 있는데 꽃들이 한창 만발하였습니다. 내일 마땅히 도원에서 천지신명께 제사를 지내고, 우리 세 사람이 의형제를 맺고 힘을 합하고 마음을 같이합시다. 그런 후에 큰 일을 도모할 수 있을 것입니다"라고 말을 하니, 유비와 관우가 이구동성으로 대답하여, "이와 같이 한다면 정말로 좋을 것이다"라고 하였다.

　다음날 도원에 검은 소와 흰 말과 제례용품 등을 갖추어 놓고, 세 사람이 향을 피우고 두 번 절하고는 서약하여 말하길, "생각컨대 유비, 관우, 장비는 비록 성이 다르기는 하나 이미 의형제를 맺었으니 힘을 합하고 마음을 같이하여 어렵고 위험한 처지에 있는 사람들을 구하고 도우면서 위로는 나라에 보답하고 아래로는 몽매한 백성들을 편안하게 해주고자 합니다. 같은 해, 같은 달, 같은 날에 태어날 것을 추구하지는 못하였으되 다만 같은 해, 같은 달, 같은 날에 죽기를 원합니다. 하늘과 땅의 신께서는 진실로 이런 마음을 살펴주소서. 의리를 배반하고 은혜를 잊으면 하느님과 사람들이 함께 죽이리라"라고 하였다.

　서약을 마치고 유비를 형으로 모시고 관우는 둘째로 삼고 장비가 아우가 되었다.

한자활용

飛
飛馬(비마) : 나는 듯이 달리는 말.
飛沫(비말) : 튀어오르는 물방울.
雄飛(웅비) : 기운차고 용기있게 활동하다.

桃
桃源(도원) : 선경仙境. 별천지.
桃夭(도요) : 혼기婚期에 달한 여자.
仙桃(선도) : 선경仙境에 있다는 복숭아.

莊
莊嚴(장엄) : ①고상하고 엄숙하다. ②규모가 크고 엄숙하다.
莊重(장중) : 장엄하고 정중하다.
山莊(산장) : 산에 있는 별장.

盛
盛代(성대) : 번성하고 태평한 세상.
盛望(성망) : 갸륵한 덕망. 훌륭한 인망.
昌盛(창성) : 성하여 잘되어 가다.

字
句
풀
이

- **結義**(결의)
  타인끼리 의리義理로써 친족親族 같은 관계를 맺는 것.

- **飛**(비)
  장비張飛. 중국 삼국시대 촉한蜀漢의 용장勇將. 자字는 익덕益德.

- **吾莊**(오장)
  우리집.

- **花開正盛**(화개정성)
  꽃이 피어 한창 화려하다.

- **祭告**(제고)
  대사大事를 신명神明에게 제사 지내고 고하는 일.

- **結爲兄弟**(결위형제)
  의형제를 맺다.

- **協力同心**(협력동심)
  힘을 합하고 마음을 같이함.

- **可圖大事**(가도대사)
  큰 일을 도모할 수 있다.

- **玄德**(현덕)
  유비劉備의 자字. 중국 삼국시대 촉한蜀漢의 황제.

- **雲長**(운장)
  관우關羽의 자字. 중국 삼국시대 촉한蜀漢의 용장.

- **齊聲**(제성)
  이구동성異口同聲.

- **烏牛白馬**(오우백마)
  검은 소와 흰 말.

- **祭禮**(제례)
  제례용품. 제사 의식.

- **再拜而説誓**(재배이설서)
  두 번 절하고 서약을 말하다. '而'는 접속사.

- **救困扶危**(구곤부위)
  어렵고 위험한 처지에 있는 사람을 구하고 돕다.

- **黎庶**(여서)
  몽매한 백성.

- **皇天后土**(황천후토)
  하늘의 신과 땅의 신.

- **實鑒此心**(실감차심)
  진실로 이런 마음을 살피다.

- **背義亡恩**(배의망은)
  의리義理를 배반하고 은혜를 잊다. '亡'은 '忘'의 뜻으로 잊다.

- **天人**(천인)
  하느님과 사람.

- **誓畢**(서필)
  서약이 끝나다.

《삼국지三國志》와 《삼국연의三國演義》

《삼국지》는 진수陳壽(233~297)가 쓴 기전체紀傳體의 역사서로 《위서魏書》, 《오서吳書》, 《촉서蜀書》로 구성되어 있다. 《삼국연의》는 명나라 때의 나관중羅貫中(1367 전후)이 전해 내려오던 삼국 관련 이야기들을 바탕으로 하여 쓴 소설이며, 현재 우리가 흔히 보는 것은 청대淸代에 모종강毛宗崗이라는 사람이 120회 본으로 개작한 것이다. 《삼국연의》는 정사正史에 기초를 두고는 있지만 역사적 사실과는 차이가 많이 나는, 작가의 상상력이 가미된 문학작품이다.

정사 《삼국지》는 후에 삼국을 통일한 위나라를 정통으로 삼고 있음에 반해, 소설인 《삼국연의》에서는 유비의 촉한을 정통으로 삼고 있다. 특히 촉한의 재상을 지낸 제갈량의 지략은 신기에 가까운 것으로 그려져 있으며, 촉한의 명장인 관우는 의義의 화신인 완벽한 인물로 묘사되고 있다. 반면 소설에서 조조는 음흉하고 냉정한 인물로 묘사되는데, 실제로 그는 시 짓기를 즐겨하던 매우 다감한 성격이었던 것으로 파악된다. 우리나라에서는 《삼국연의》를 흔히 '삼국지'라고 부르기 때문에 가끔씩 혼동을 초래하기도 한다.

사대기서 四大奇書

중국 명대明代에 지어져 널리 유행한 《삼국연의三國演義》, 《수호전水滸傳》, 《서유기西遊記》, 《금병매金瓶梅》를 가리키는 말이다. 이러한 장편소설들은 '장章' 혹은 '회回'로 나뉘어 있기 때문에 장회체章回體 소설이라고도 부른다.

《수호전》은 시내암施耐庵(1296~1370)이 지은 것으로 양산박梁山泊에 모여든 송강宋江 등 108명의 호걸 이야기이다. 갖가지 사연을 가진 이들은 하나의 집단을 이루어 부패한 권력집단에 대항하다가 모두 비참한 최후를 맞는다. '도둑질을 가르치는 책'이라 하여 오랫동안 금서로 묶여 있었으며, 정부에 투항한 후 반란을 진압하여 공을 세운다는 식으로 결말이 바뀌어 유통되기도 하였다.

《서유기》는 오승은吳承恩(1500?~1582?)이 지은 것으로 당唐의 승려 현장玄奘이 인도로 불경을 가지러 간 이야기에 기초하여 쓰여진 것이다. 손오공孫悟空 등 특이한 주인공이 등장하여 갖가지 모험을 겪는 이야기로, 불교와 도교의 세계관에 바탕을 둔 기상천외한 상상력이 돋보이는 소설이다. 사대기서 가운데에서 가장 난해한 작품이라고 할 수 있다.

《금병매》를 쓴 사람은 누구인지 확실치 않으며 소소생笑笑生이라는 필명으로만 알려져 있다. 이 소설에 등장하는 여주인공 반금련潘金蓮·이병아李瓶兒·춘매春梅 3인의 이름에서 각각 한 자씩 따서 작품 이름이 정해진 것이다. 등장 인물들의 엽기적인 성생활과 추잡스러운 사회 활동이 적나라하게 묘사되어 있다. 이전에는 '음탕함을 가르치는 책'이라 하여 금서로 묶여 있었다.

春_춘 望_망

春望

– 봄에 바라보다

杜 甫

國破山河在 (국파산하재)

城春草木深 (성춘초목심)

感時花濺淚 (감시화천루)

恨別鳥驚心 (한별조경심)

烽火連三月 (봉화연삼월)

家書抵萬金 (가서저만금)

白頭搔更短 (백두소갱단)

渾欲不勝簪 (혼욕불승잠)

나라는 허물어졌건만 산하는 남아있고
성에 봄이 찾아오니 초목만이 우거졌다.
시절을 생각하니 꽃이 눈물을 뿌리게 하고
이별을 한탄하니 새소리에도 마음이 놀란다.
봉화불이 석 달을 계속되니
집안 편지는 만 냥에 값하리라.
흰 머리털은 긁을수록 더욱 짧아지니
이제는 아주 비녀를 이기지 못할 지경이네.

지은이

두보杜甫(712~770)

중국 당唐나라 때의 대시인으로 자는 자미子美이고 호는 소릉少陵이다. 안록산의 난 때 좌습유左拾遺 벼슬을 하였고, 성도成都, 기주夔州 등의 지방을 유랑했다. 시성詩聖으로 불린다.

字句 풀이

國－나라. 국도國都인 장안.
濺淚－눈물을 뿌리다.
烽火－전란이 일어났을 때 신호로써 피워 올리는 횃불.
家書－집에서 온 편지.
抵萬金－만금에 해당하다.
搔－손톱으로 가려운 곳을 긁다.
渾－온통, 아주.
不勝－이기지 못하다, 견디지 못하다.
簪－상투를 틀어올려 고정시키는 비녀.

해설

이 시는 두보가 안녹산의 난을 겪으면서 장안에서 지은 시이다. 1연에서는 전란을 겪은 뒤라 초목만이 무성하다는 말로 그 참상을 표현하고 있다. 전체적인 시상은 국가의 전란에서 가족에 대한 걱정, 자신의 쇠락으로 옮겨가면서 그 비애의 깊이가 깊어지고 있으며, 갖가지 걱정과 감회가 착종된 다층구조를 이루고 있다.

혀만 있고 이는 없는 이유

노자老子의 스승인 상창常摐이 병이 들자 노자가 병문안을 갔다.

"선생님은 병이 깊습니다. 저희 제자들에게 해주실 가르침이 없으신지요?"

"자네가 묻지 않아도 내가 자네에게 말해 주려고 하였네. 고향을 지날 때면 수레에서 내리는 법인데 자네는 그 이치를 아는가?"

"고향을 지날 때 수레에서 내리는 것은 고향을 잊지 말라는 뜻이 아닌가요?"

"그렇다네. 그러면 큰 나무를 보면 종종걸음으로 가는 법인데 그 이유를 아는가?"

"큰 나무를 보면 종종걸음으로 가는 것은 그 나이든 것을 공경하라는 뜻이 아닌가요?"

"그래, 그것이야."

그러고는 자신의 입을 벌려서 노자에게 보여주며 말하였다.

"내 혀가 남아있는가?"

"그렇습니다."

"내 이는 남아있는가?"

"없습니다."

"자네는 그 이치를 아는가?"

"혀가 남아있는 것은 부드럽기 때문이 아닙니까? 이가 없어진 것은 그것이 굳세기 때문이 아닙니까?"

"그래, 그것이야. 천하의 모든 이치가 이미 여기에 다 들어 있지. 더 이상 자네에게 이야기해 줄 것이 없다네."

●《설원說苑》 설존치망舌存齒亡

출전   《설원》은 서한西漢 유향劉向(B.C. 77~B.C. 6)의 저작이다. 그는 한대漢代 황족의 후손으로 부친 유흠劉歆과 함께 많은 문서를 정리하고 저술도 남겨 중국 목록학目錄學의 비조로 통한다. 《설원》은 선진先秦에서 한대에 이르기까지 역사적인 사실 가운데 치국治國에 도움이 될 만한 일화들을 싣고 있다.

泣斬馬謖(읍참마속)

안타깝지만 어쩔 수 없이 벌을 주다

글자풀이

泣(읍)-울다.

斬(참)-베다. 베어 죽이다.

馬謖(마속)-삼국시대 촉蜀나라의 장수.

뜻풀이

울면서 마속馬謖의 목을 벤다는 뜻으로《삼국연의三國演義》에 나오는 이야기이다.

제갈량諸葛亮이 제1차 북벌北伐을 감행했을 때 마속에게 중요한 임무를 맡겼는데, 마속은 자신의 능력을 과신하며 만약에 그것을 수행하지 못하면 자기의 목을 내어놓겠다고 했다.

마속은 제갈량의 지시를 어기고 임의로 행동하다가 결정적인 실수를 저질렀고, 결국 촉군은 중대위기에 처하여 철수할 수밖에 없었다. 인재가 부족한 촉나라에서 마속은 아까운 장수였다.

그러나 제갈량은 군령을 엄히 하지 않으면 북벌이라는 중차대한 임무를 수행할 수 없었기에 눈물을 머금고 마속을 참했다고 한다.

七縱七擒(칠종칠금)

상대를 마음대로 다루다

글자풀이

縱(종)-놓아주다. 방종하다. 가령. 세로.

擒(금)-사로잡다.

뜻풀이

일곱 번 놓아주고 일곱 번 잡는다는 말로《삼국연의三國演義》에 나오는 고사이다.

제갈량諸葛亮이 남만南蠻을 평정하러 갔을 때 남만왕 맹획孟獲을 일곱 번 풀어주었다가 일곱 번 사로잡았으면서 결국 굴복시켰다.

남만 사람들은 한 번 복종했다가도 쉽게 배반을 하기 때문에 그들을 힘으로 굴복시킬 뿐만 아니라 마음으로부터도 확실히 복종시키기 위함이었다고 한다.

어쨌든 '칠종칠금'은 한수 아래인 상대를 마음대로 다루며 농락한다는 뜻이다.

VI

옛사람의 해학

유머는 언어 표현의 가장 높은 단계라고들 한다. 그래서인지 한문으로 씌어진 옛사람들의 유머러스한 표현들을 정확하게 이해하는 것은 그리 쉽지 않다.

본 단원에서 읽을 글들은 곰곰이 생각할수록 입가에 미소를 띠게 하는 옛사람들의 유머 감각을 한문을 통해 직접 느껴보기 위해 옛 책들 가운데서 뽑은 것들이다. 개개 한자들의 뜻 외에 보이지 않는 문맥과 용례가 함께 작용하여 이루어지는 한문의 유머러스한 표현들은 품위 있으면서도 은근하다. 이런 글들을 찬찬히 들여다보면서 한문 표현의 맛과 멋을 익히는 것 또한 한문에 대한 안목을 넓히는 데에 꼭 필요한 일이다.

상부계층의 언어로 발전해 왔기 때문에 한문에서는 품위와 위엄이 중시되어 왔다. 풍모와 예의를 중시하던 엄격한 옛사람들의 속마음에도 늘 유머감각이 넘치고 있었다는 것을 느껴보는 것은 한문 공부의 색다른 재미일 것이다.

汝凍吾兒

애자유손　　　용렬불학　　　매가장이부전
艾子有孫한대 慵劣不學하여 每加杖而不悛이어늘

기자근유시아　　　항공아지불승장이사야
其子僅有是兒라 恒恐兒之不勝杖而死也하고

책필체읍이청
責必涕泣以請이라.

애자노왈　　　오위약교자　　　불선야
艾子怒曰：“吾爲若敎子라 不善邪아”하고

장지유준　　　기자무여지하
杖之愈峻하니 其子無如之何러라.

일일설　　　손박설이희　　　애자견지
一日雪하여 孫搏雪而嬉러니 艾子見之하고

치기의　　　사궤설중
褫其衣하여 使跪雪中한대

기자　　　불부감언　　　역탈기의　　　궤기방
其子는 不復敢言이요 亦脫其衣하고 跪其傍이라.

애자경문왈　　　여아유죄　　　응수차벌　　　여하여언
艾子驚問曰：“汝兒有罪하니 應受此罰이어늘 汝何與焉고”

기자읍왈　　　여동오아　　　오역동여아
其子泣曰：“汝凍吾兒하시니 吾亦凍汝兒리이다”하니

애자소이석지
艾子笑而釋之하더라.

●《애자후어》

애자에게는 손자가 있었다. 게으르고 우둔하여 공부를 하지 않았는데, 늘 매를 대도 고치질 못했다. 그 아들로서는 오로지 이 아이밖에 없었는지라 아이가 매를 이기지 못해 죽을까 항상 두려워하여, 아이가 꾸중을 들을 때면 반드시 눈물을 흘리며 (용서를) 청했다. 애자는 화를 내면서, "내가 너를 위해 자식을 가르치는데, 좋지 않으냐?"라고 말하며 아이를 더욱 심하게 매질했고 아들로서는 어찌할 도리가 없었다.

하루는 눈이 왔다. 손자는 눈을 뭉치며 즐거워했다. 애자가 그것을 보고서는 옷을 벗기고 눈 위에 무릎을 꿇도록 했다. 아들이 감히 말은 못하고 자신도 옷을 벗고서는 아이의 곁에 무릎을 꿇었다.

애자가 놀라서, "네 아이에게 잘못이 있어 마땅히 이 벌을 받는 것인데, 너는 어찌하여 함께하느냐?"고 물으니, 그 아들이 울며 말했다. "아버님이 제 아이를 얼려 죽이시니 저도 당신의 아이를 얼려 죽이렵니다." 애자가 웃으면서 아이를 놓아주었다.

한자활용

兒
兒童(아동) : 어린아이. 어린이.
兒名(아명) : 어릴 때의 이름.
迷兒(미아) : 길을 잃고 자기 집을 못찾아 헤매는 아이.

責
責務(책무) : 맡은 바 일.
責善(책선) : 착한 일을 하도록 권고하다.
問責(문책) : 잘못을 캐묻고 책망하다.

雪
雪景(설경) : 눈이 내리거나 눈이 쌓인 경치.
雪憤(설분) : 분함을 풀다.
殘雪(잔설) : ①녹다 남은 눈. ②봄이 되어도 남아 있는 눈.

勝
勝算(승산) : 적에게 이길 가망.
勝地(승지) : 경치가 좋은 곳.
必勝(필승) : 꼭 이기다. 반드시 이기다.

敎
敎導(교도) : 가르쳐서 인도하다.
敎本(교본) : ①교과서. ②교육의 근본.
邪敎(사교) : 부정하고 요사스런 종교.

使
使役(사역) : 일을 시키다.
使嗾(사주) : 남을 부추기어 나쁜 일을 하게 하다.
勞使(노사) : 노동자와 사용자.

- **艾子**(애자)
  우화집인 《애자잡설艾子雜說》,《애자후어艾子後語》에 등장하는 가공의 인물.

- **慵劣**(용렬)
  게으르고 머리가 우둔하다.

- **加杖**(가장)
  매를 가하다. 매를 때리다.

- **悛**(전)
  잘못을 뉘우쳐 행동을 고치다. '改悛(개전)'.

- **其子**(기자)
  애자의 아들, 즉 아이의 아버지.

- **不勝杖**(불승장)
  매를 이기지 못하다. 매를 견디지 못하다.

- **邪**(야)
  의문 어기사. 이때는 '사'가 아니라 '야'로 읽는다.

- **愈峻**(유준)
  더욱 준엄峻嚴하다.

- **無如之何**(무여지하)
  어찌하지 못하다. 어찌할 도리가 없다.

- **搏**(박)
  손으로 붙들다, 쥐다.

- **褫**(치)
  옷을 벗겨 빼앗다.

- **跪**(궤)
  꿇어앉다.

- **不復敢言**(불부감언)
  다시는 감히 말하지 못하고.

- **汝何與焉**(여하여언)
  너는 어찌하여 (아이와 행동을) 함께하느냐?

알아둡시다

우언寓言

우언이란 어떤 특별한 이치를 전달하려고 쓰여진 이야기를 뜻한다. 서양의 《이솝우화》같은 것을 생각하면 될 것이다. 중국 사람들도 아주 오래 전부터 실존했던 인물, 혹은 가상의 인물을 허구적 상황 속에 배치시켜 만들어 낸 이야기를 통해 이치를 설파하거나 세태를 풍자했다. 자연물에 대한 이야기 속에 어떤 이치를 담아내는 것 역시 우언이라고 할 수 있다.

《장자莊子》의 경우 이러한 우언을 통해 의미의 전달을 극대화하고 있으며, '우언'이라는 명칭도 이 책에서 비롯되었다. 뿐만 아니라《맹자》와 같은 유가 계열의 전적과 제자백가의 전적에도 우언은 종종 등장하며 후대에도 꾸준히 지어져 중국 산문의 주요한 부분을 구성한다. 앞서 읽은 《애자후어艾子後語》에서 뽑은 글도 우언이라고 볼 수 있다.

허구적 인물과 상황을 등장시키며 이야기를 구성한다는 점, 직접적으로 어떤 주장을 펴는 것이 아니라 사람들의 형상 사유에 호소한다는 점에서 우언을 소설 발생 계통 속에 포함시키는 경우도 있다. 물론 우언을 넓은 의미에서의 서사물의 전통에 넣을 수는 있겠지만 중국에서의 소설의 발생과 어떤 관계가 있는지에 대해서는 논란의 여지가 있다.

산문의 실질적 기능을 중시했던 중국적 풍토 속에서, 우언을 짓던 사람들은 이러한 글을 '입언立言', 즉 어떠한 주장을 전달하는 글의 한 부류로 인식하고 있었다.

참고

애자후어艾子後語 명明대에 소주蘇州 사람인 육작陸灼(생몰 연도 미상)이 지은 우언집寓言集이다. 송宋대에 소식蘇軾의 이름을 도용하여 출판된 《애자잡설艾子雜說》을 본떠 지은 책으로 모두 15편의 이야기를 싣고 있다. 가공의 인물인 애자艾子를 등장시켜 세태를 풍자하고 있다.

晚망望

－저녁 풍경

李 奎 報

李杜啁啾後 (이두조추후)

乾坤寂寞中 (건곤적막중)

江山自閑暇 (강산자한가)

片月掛長空 (편월괘장공)

이백과 두보가 시를 다 짓고 나자
하늘과 땅이 적막해졌다.
강과 산 절로 한가한데
조각달만 하늘에 걸려 있네.

지은이

이규보李奎報(1168~1241)

　　고려 중기의 시인으로 자는 춘경春卿, 호는 백운거사白雲居士이며, 시·술·거문고를 매우 좋아하여 삼혹호선생三酷好先生으로 불렸다. 2천여 수의 시를 남기고 있으며, 저서로는 《백운소설白雲小說》, 《동국이상국집東國李相國集》이 있다.

字句 풀이

李杜－당나라 때 시인인 이백李白과 두보杜甫.

啁啾－본래는 '새가 울다'는 뜻인데, 여기서는 이백과 두보가 시를 읊조리는 것을 뜻함.

乾坤－하늘과 땅.

寂寞－적적하고 쓸쓸함. 고요함.

片月－조각달.

掛長空－하늘에 걸려 있다.

해설　시인은 저녁 풍경을 바라보며 우선 이백과 두보를 생각하는데, 중국시의 최고봉인 그들이 사라지고 나자 더 이상 필적할 만한 시인이 없어 천지가 적막하다. 3구에서는 시상이 전환되어 그래도 강산은 변함없이 한가함을 말하고, 마지막 구에서 다만 공중에 걸려있는 조각달을 언급하며 시를 함축적으로 끝맺으면서 여운을 주고 있다.

영 정 중 월
詠井中月
- 우물 속의 달을 읊다

李 奎 報

山僧貪月色 (산승탐월색)

幷汲一瓶中 (병급일병중)

到寺方應覺 (도사방응각)

瓶傾月亦空 (병경월역공)

산승이 달빛을 탐하여
물과 함께 한 병 속에 길었다.
절에 이르면 응당 깨닫겠지
병을 기울이면 달도 또한 없음을.

지은이

'만망晩望' 시 참고.

字句 풀이

詠 - 읊다.
月色 - 달빛. 여기서는 우물물에 비친 달
   을 뜻함.
幷汲 - 달빛을 물과 함께 긷다.
方應覺 - 바야흐로 응당 깨닫다.
瓶傾 - 병을 기울이다.

해설   시상이 기발하고 운치가 있는 시이다. 우물 속에 비친 달빛을 탐하여 함께 길어가고자 하는 착상이 재미있다. 하지만 그렇게 탐하여 담아 돌아가도 결국 기울여 보면 '공空'이라는 말에서 선리禪理가 느껴진다.

허풍도 웬만큼 떨어야지

조趙나라에 허풍을 잘 떠는 떠돌이 도사가 있었다. 애자艾子가 웃으면서 "연세가 어떻게 되십니까?"라고 묻자 도사는 대수롭지 않다는 표정으로 웃으면서 말했다.

"저는 이미 제 나이를 잊었습니다. 제가 어렸을 때 복희宓羲가 팔괘八卦를 그리는 것을 보았는데, 그가 뱀의 몸뚱이에 사람의 머리를 하고 있어 놀라 자빠질 뻔 하였지요. 여와女媧 때에는 하늘이 서북쪽으로 기울고 땅이 동남쪽으로 꺼졌던 일이 있었는데, 그때에 저는 마침 이 세상 한가운데에 있어서 다치지 않았습니다. 치우蚩尤가 다섯 가지 무기로 나를 공격했는데 내가 그저 손가락 하나로 그의 이마를 쳤더니 그만 피를 흘리며 도망가더군요. 창힐蒼頡이 어려서 아직 글자를 깨우치지 못하여 나에게 가르침을 청하였을 때 나는 그가 워낙 우둔하여 재목이 될 수 없겠다고 말하며 거절하였지요. 요堯가 태어났을 때 그의 집에 초대를 받아 떡국을 얻어먹은 일도 있었는데 떡국이 참 맛있더군요. 순舜이 그의 부모에게 학대를 받고 밤낮으로 울길래 내가 그를 잘 타일러 효자로 만들었습니다. 공갑孔甲이 나에게 용龍고기 장조림을 한 덩어리 보내주기에 멋모르고 한입 먹었더니 지금도 입안에 비린내가 감돕니다. 강태공姜太公이 낚시질이 서툴러 내가 한수 지도를 했더니, 고맙다고 잡은 물고기를 늘 나에게 보내주더군요. 하루는 서왕모西王母가 나를 잔치에 초대하여 상락桑洛의 좋은 술을 계속 권하기에 너무 많이 마셨더니 아직 술이 깨지 않아 얼떨떨하여 오늘이 어느 해인지 잘 모르겠습니다."

애자는 다만 황당하고 기가 찰 뿐이었다. 얼마 뒤에 조나라 왕이 말에서 떨어져 갈비뼈가 부러졌다. 의사가 "천 년 이상 오래된 피를 발라야 낫습니다"라고 말하자, 애자가 왕에게 그 도사 이야기를 했다. 왕은 기뻐하며 그를 붙잡아 와서 죽이려 했다. 그러자 도사는 눈물을 흘리며 애원하였다.

"저의 부모님이 갓 쉰 살이 되셨기에 이웃 사람을 불러 몇 잔 마셨는데, 제가 취중에 허풍이 너무 지나쳤나 봅니다. 제발 살려 주십시오."

조나라 왕은 그를 호되게 꾸짖고 나서 풀어 주었다.

●《애자후어》 대언大言

출전 Ⅵ-1의 '알아봅시다'를 볼 것.

鼓腹擊壤 (고복격양)

태평성대의 생활

글자풀이

鼓(고)-두드리다. 치다. 북.
腹(복)-배. 복부.
擊(격)-치다. 부딪치다.
壤(양)-흙. 땅. 토지.

뜻풀이

배를 두드리고 땅을 친다는 뜻으로 곧 의식 衣食이 풍족하여 태평세월을 즐기는 일을 말한다.

옛날 요堯임금이 천하를 다스린 지 50년이 되었을 때, 그는 아직도 천하가 태평한지, 백성들이 즐거운 생활을 하고 있는지 자신이 없었다. 그래서 하루는 아무도 모르게 평민 복장을 하고 민정 시찰을 나갔다.

길가에서 한 노인이 두 다리를 쭉 뻗고 한쪽 손으로는 배를 두드리고, 한쪽 손으로는 흙덩어리를 치면서 노래를 부르고 있었다.

"해가 뜨면 일하고, 해가 지면 쉬며, 우물 파서 마시고, 밭을 갈아 먹으니, 제왕의 힘이 나에게 무슨 소용이 있겠는가?(日出而作, 日入而息, 鑿井而飮, 耕田而食, 帝力何有於我.)"

격양가擊壤歌로 칭해지는 이 노래는 태평성대를 상징하는 것으로 유명하다.

群盲象評 (군맹상평)

장님이 코끼리 만지기

글자풀이

群(군)-무리. 모으다. 많다.
盲(맹)-장님. 소경. 눈이 멀다. 도리를 구별
　　　하지 못하다.
象(상)-코끼리. 모양. 그림.
評(평)-평가하다. 품평.

뜻풀이

여러 명의 장님들이 코끼리를 만지고는 평한다는 뜻으로, 전체를 보지 못하고 일부분만 아는 사람이 자기가 알고 있는 것이 전체라고 고집하는 어리석음을 가리킨다.

불경佛經에 여러 명의 소경들을 모아놓고 코끼리를 만지게 하고는 평하게 하는 내용이 나온다.

코끼리의 상아를 만진 소경은 코끼리가 큰 무와 같다고 하고, 코를 만진 소경은 절굿공이와 같다고 하고, 다리를 만진 소경은 절구통과 같다고 하였다.

또한 등을 만진 소경은 평상과 같다고 하고, 배를 만진 소경은 독처럼 생겼다 하고, 꼬리를 만진 소경은 밧줄과 같다고 하며 서로 옳다고 한치의 양보도 없이 싸운다는 이야기가 있다.

② 何必出看

1. 司馬溫公이 在洛陽閑居러니 時上元節이라
夫人이 欲出看燈할새,
公曰 : "家中點燈이어늘 何必出看고?"
夫人曰 : "兼欲看遊人이라" 하니,
公曰 : "某是鬼耶아?" 하더라.

●《헌거록》

2. 盜入人家하여 伏于廳下한대 主人已知之하고 以杖觸之하니,
則盜曰 : "戲之過矣라 恐傷我目耳로다."
主人曰 : "吾豈與盜漢으로 爲戲耶아?" 하니
而盜漢出奔曰 : "吾是班族也어늘
汝何不稱我盜賊兩班하고 而敢呼盜漢耶아?
我旣不取汝物하니 則吾則無罪로되
而汝則當有以常漢으로 詬兩班之律也라" 하더라. ●《어수신화》

1. 사마광司馬光이 낙양에서 한가하게 지내고 있었는데, 때마침 정월 대보름이라 부인이 나가서 등불을 보려고 하였다.

   공이 말하였다. "집안에 등불을 밝혔는데 하필이면 나가서 보려고 합니까?"

   부인이 말하였다. "그 참에 놀이하는 사람을 보려고 합니다."

   공이 말하였다. "이 사람은 귀신이란 말이오?"

2. 도둑이 어떤 집에 침입하여 대청 마루 밑에 숨었는데, 주인이 이미 알고서 지팡이로 쿡쿡 찌르니 도둑이 말하였다. "장난이 지나치군요. 나의 눈을 찌를까 두렵습니다."

   주인이 말하였다. "내가 어찌 도둑놈과 장난을 하겠는가?"

   도둑이 달아나면서 말하였다. "나는 양반 출신인데 그대는 어찌 나를 도둑양반이라고 하지 않고 감히 도둑놈이라고 부르는가? 내가 아직 그대의 물건을 훔치지 않았으니 나는 곧 죄가 없으나 그대는 마땅히 상놈이 양반을 꾸짖은 죄로 다스려야 할 것이다."

한 자 활 용

馬
馬力(마력) : 동력動力의 단위.
馬場(마장) : 말을 놓아 먹이는 곳.
駑馬(노마) : 걸음이 느린 말. 둔한 말.

燈
燈明(등명) : ①등불. 등불의 밝기. ②부처 앞에 바치는 등불.
燈油(등유) : 등불에 쓰는 기름.
石燈(석등) : 석등롱石燈籠. 장명등長明燈.

節
節減(절감) : 절약하여 줄이다.
節義(절의) : ①절개와 의리. ②굳은 지조.
高節(고절) : 고상한 지조를 지켜 변하지 않는 절개.

公
公金(공금) : 정부나 공공단체에 속한 돈.
公約(공약) : ①공법상公法上의 제약.
②공중公衆에 대하여 약속하는 일.
奉公(봉공) : 나라나 사회를 위하여 힘써 일하는 것.

字句풀이

- **司馬溫公**(사마온공)
중국 송나라의 정치가이자 학자인 사마광司馬光. 《자치통감資治通鑑》을 엮었다.

- **洛陽**(낙양)
중국의 지명. 낙수洛水의 북쪽에 위치해 있고, 동주東周의 도읍지.

- **閑居**(한거)
한가하게 지내다.

- **時**(시)
때마침.

- **上元節**(상원절)
정월 대보름. 《세시기歲時記》에 의하면 정월 대보름날 행사로 초저녁에 사람들이 떼를 지어 횃불 혹은 등불을 들고 달맞이를 하는 습속이 있었는데, 달을 먼저 발견하는 사람이 복을 받는다고 여겼다 한다.

- **欲出看燈**(욕출간등)
나가서 등불 밝혀놓은 것을 보고자 하였다. '欲'은 '~하고자 하다.'

- **點燈**(점등)
등불을 켜다. '點'은 '불을 켜다.'

- **遊人**(유인)
등불 놀이하는 사람.

- **某是鬼耶**(모시귀야)
아무개는 귀신이란 말이오? '某'는 사마광이 자기를 가리키는 말.

- **伏于廳下**(복우청하)
대청 마루 밑에 엎드려 있다. '于'는 '~에'.

- **已知之**(이지지)
이미 그것을 알다. '已'는 이미. '之'는 '도둑이 대청 마루 밑에 숨은 것'을 가리킴.

- **以杖觸之**(이장촉지)
지팡이로 그를 찌르다. '以'는 '~로써'. '之'는 '도둑을 가리킴'.

- **戱之過矣**(희지과의)
장난이 지나치다.

- **吾豈與盜漢 爲戱耶**(오기여도한위희야)
내가 어찌 도둑놈과 더불어 장난을 하겠는가? '豈'는 '어찌 ~하겠는가?'. '與'는 '~와 더불어'. '漢'은 '놈'의 뜻으로 남자의 천칭賤稱이며, '盜漢'은 도둑놈.

- **出奔**(출분)
달아나다. 도망가다.

- **班族**(반족)
양반 출신.

- **何不**(하불)
어찌 ~하지 않는가?

- **敢**(감)
감히 ~하다.

- **而汝則當有以常漢詬兩班之律也**(이여즉당유이상한후양반지율야)
그러나 너는 곧 마땅히 상놈으로서 양반을 꾸짖은 것에 대한 처벌이 있을 것이다. '常漢'은 상놈. '詬'는 꾸짖다, 욕보이다. '律'은 죄율罪律로 여기서는 처벌.

사대부士大夫와 양반兩班

'사대부'는 중국의 경우 북송北宋 이래의 지배계층을 지칭하는 말로, 우리나라의 경우 고려 말, 조선 초 이래의 지배계층을 지칭하는 말로 널리 쓰인다. '사대부'는 본디 유가적 교양을 바탕으로 국가에서 주관하는 과거 시험을 통해 등용된 관료와 전직 관료를 뜻하며, 이전의 지배계층이었던 세습 귀족과 구별된다.

북송 전기의 문인이자 관료였던 구양수歐陽修, 소식蘇軾, 왕안석王安石, 증공曾鞏, 사마광司馬光, 범중엄范仲淹 등은 엄격한 자기 연마를 통해 능력과 도덕성을 겸비한 이상적인 사대부의 상像을 구현한 인물들로 평가된다. 이 가운데 범중엄은 "천하가 근심하기에 앞서 근심하고, 천하가 기뻐한 후에 기뻐한다(先天下之憂而憂, 後天下之樂而樂)"라고 사대부로서의 삶의 자세를 표방한 바 있다. 그러나 각종 혜택을 받게 된 사대부층은 점차 특권 계층으로 굳어져 갔다. 법적으로는 과거 시험이 모든 양민에게 공개되어 있었지만, 사대부 집안 출신이 아닌 사람으로서는 과거에 급제할 수 있을 정도로 교육을 받을 수 있는 사회적·경제적 여건을 갖기 힘들었다.

조선의 경우 문과文科 시험에 급제한 이들의 집단인 문반文班과 무과武科 시험에 급제한 이들의 집단인 무반武班을 합쳐 '양반兩班'이라고 불렀는데, 이 역시 본래의 의미는 과거를 통해 등용된 문·무 관료와 전직 관료를 지칭한다. 후대로 갈수록 이 '양반' 역시 특권 계층으로 고착되어 사실상 양반 집안 출신이라야 과거 시험에 응시할 수 있게 되었다.

사마광司馬光과 《자치통감資治通鑑》

사마광(1019~1086)은 자가 군실君實이고, 산서성山西省 하현夏縣 사람이며, 세칭 속수선생涑水先生이라고도 한다. 그는 송대宋代의 문인이자 역사가이며, 정치적으로는 왕안석王安石의 신법新法에 반대하는 보수파의 대부로 이름이 높았다.

《자치통감》은 그가 칙명으로 편찬한 294권의 편년체編年體 역사서인데, 주周 위열왕威烈王 23년부터 오대五代 후주後周 세종世宗 6년까지 1362년 동안의 역사를 비평적인 안목을 가지고 다룬 명저이다. 이 책은 연年, 월月, 일日에 따라 국가의 대사와 군신君臣들의 언행을 수록하고, 사이사이에 저자의 논찬論贊을 삽입하여 흥망성쇠의 원인과 자취를 밝히는 구성을 하고 있다. 이 책은 사마광이 19년 동안 심혈을 기울여 썼다고 한다.

참고

헌거록軒渠錄 중국 송나라 학자인 여본중呂本中이 엮은 책.

어수신화禦睡新話 조선시대에 소화笑話를 모아 엮은 책.

강 설
江雪

― 눈 내리는 강

柳 宗 元

千山鳥飛絶 (천산조비절)

萬徑人蹤滅 (만경인종멸)

孤舟簑笠翁 (고주사립옹)

獨釣寒江雪 (독조한강설)

온 산에는 새도 날지 않고

모든 길에는 사람 발자취가 끊겼다.

외로운 배에 도롱이 삿갓 쓴 노인

홀로 눈 내리는 추운 강에서 낚시를 드리웠네.

지은이

유종원柳宗元(773~819)

중국 당唐나라의 시인이자 문장가로 자는 자후子厚이며 하동河東(지금의 山西省 永濟縣) 사람이다. 왕숙문王叔文이 주도하는 정치개혁에 가담했다가 실패하여 귀양을 가기도 했으며, 한유韓愈와 함께 당대 고문운동을 주도한 인물이다.

字句 풀이

千山 ― 온 산. 모든 산. 여기서 '千'은 다음 구의 '萬'과 마찬가지로 막연히 많은 수를 뜻함.

鳥飛絶 ― 새의 날아감이 끊어졌다. 새가 날지 않는다.

簑笠 ― 도롱이와 삿갓.

해설 이 시는 유종원의 산수시의 대표작이다. 먼저 1, 2구에서 눈이 가득 덮인 산하의 모습을 날지 않는 새와 끊어진 발자취로 생생하게 형상화하여 화폭의 배경처럼 처리하고 있다. 그 가운데 도롱이와 삿갓을 쓰고 묵묵히 눈을 맞으며 낚싯대를 드리운 노인의 형상을 삽입하여 마치 한 폭의 동양화를 눈으로 직접 보는 듯하다.

對酒
^{대 주}
－술을 대하고

白居易

蝸牛角上爭何事 (와우각상쟁하사)
石火光中寄此身 (석화광중기차신)
隨富隨貧且歡樂 (수부수빈차환락)
不開口笑是癡人 (불개구소시치인)

달팽이 뿔 위에서 무엇을 다투는가?
부싯돌 불빛이 반짝 하는 찰나에 이 몸을 기탁하고서.
부유한 대로, 가난한 대로 또한 즐겁게 살 일
입을 벌려 웃지 않는다면 어리석은 사람이다.

지은이

백거이白居易(772~846)

중국 당唐나라 때의 시인으로 자는 낙천樂天이다. 그는 가난한 집안 출신으로 어릴 때부터 백성들의 고난을 목도하였고, 이를 폭로하는 사회시를 많이 지었는데 이러한 신악부운동新樂府運動으로 높이 평가받고 있다.

字句 풀이

蝸牛－달팽이의 일종.《장자莊子》에 달팽이 왼쪽 뿔에 사는 촉씨觸氏와 오른쪽 뿔에 사는 만씨蠻氏 두 부족이 서로 싸운다는 우화가 있는데, 이는 인간사를 풍자한 것이다.
石火光－돌과 돌이 맞부딪칠 때 번쩍하고 나는 불빛. 짧은 순간을 뜻함.
隨－～를 따라. ～한 대로.
歡樂－즐거워하다. 즐겁게 살다.

해설 이 시는 다섯 수로 된 연작시 중의 한 편인데, 백거이의 낙천적인 인생관이 잘 나타나 있다.《장자》에 나오는 우화를 빌어 인간사를 재미있게 풍자하고 있는데, 짧은 인생에서 부귀나 빈천에 얽매이지 말고 웃으며 즐겁게 살자고 한다.

모르는 게 병病

악광樂廣에게 가까운 친구 한 사람이 있었는데 오랜만에 그를 찾아왔다. 악광이 까닭을 묻자 그 친구는 이렇게 대답하였다.

"지난번 내가 자네 집에 머물고 있을 때 술대접을 받은 일이 있었지. 그 때 막 잔을 들어 술을 마시려 하는데 문득 술잔 안에 작은 뱀 한 마리가 보이더군. 그냥 꿀꺽 마시기는 하였지만 기분이 몹시 나빴다네. 그 후로 그만 병이 나서……."

악광은 친구를 대접할 당시의 상황을 조심스럽게 돌이켜 생각해 보았다. 그 때 거실 벽에는 작은 뱀이 아로새겨진 채색된 각궁角弓이 하나 걸려 있었는데, 술잔 안에 비친 작은 뱀은 틀림없이 바로 그 각궁의 뱀이 반사되었던 것인 듯하였다.

그리하여 악광은 술잔을 원래의 자리에다 놓고서 그의 친구에게 물었다.

"술잔 안에 무엇이 보이는가?"

"지난번에 보이던 것과 똑같네."

이에 악광은 지난번 술잔에 작은 뱀이 보였던 까닭을 설명하였다.

친구는 그때서야 비로소 모든 의문이 완전히 풀렸고, 병도 곧 나았다.

● 《진서晉書》 배궁사영杯弓蛇影

출전　《진서》는 당唐나라 초기의 정치가이자 사학가인 방현령房玄齡이 편찬한 130권의 역사책이다.

膠柱鼓瑟 (교주고슬)

어리석고 고집불통인 사람

글자풀이

膠(교)-아교. 아교로 붙이다.
柱(주)-기둥. 기러기발.
鼓(고)-치다. 타다. 두드리다.
瑟(슬)-악기 이름.

뜻풀이

슬瑟을 연주하려면 줄을 받치고 있는 작은 기둥을 옮기면서 소리의 높낮이를 조율해야 한다.

그런데 한 번 가락에 맞추었다고 해서 그 기둥을 아교풀로 붙여 고정을 시켜 버리면 다른 소리를 낼 수 없고 다양한 가락을 연주할 수 없다.

마치 기타를 치는데 왼쪽 손으로 한 코드를 맞추었다고 그대로 손과 기타줄을 본드로 접착시켜 버리는 것과 같다.

즉 이처럼 융통성이 없고 미련하며 고집불통인 사람이나 그런 행위를 가리킬 때 쓴다.

나아가 한 번 어떤 방법으로 성공했다고 해서 때와 장소를 가리지 않고 그 방법만을 쓴다면 실패하고 만다는 뜻도 가진다.

口蜜腹劍 (구밀복검)

겉으로 잘 대해주는 척하면서 속으로 해칠 생각을 품다

글자풀이

蜜(밀)-꿀. 벌꿀.
腹(복)-배. 속마음.
劍(검)-칼. 베다. 찌르다.

뜻풀이

입으로는 꿀처럼 달콤한 말을 하면서도 속에는 칼을 품고 해칠 생각을 하고 있다는 뜻이다. 흔히 겉과 속이 다른 음험하고 간사한 사람을 일컫기도 한다.

당唐나라 현종玄宗 때의 간신 이임보李林甫가 이러한 대표적인 사람으로 유명하다.

그는 19년간이나 실권을 쥐고 있으면서 현종에게는 아첨하고 자기보다 뛰어난 사람이나 충신들을 교묘하고 달콤한 언사로 속여서는 가차없이 제거하여 번성하던 당나라를 망친 주범이다.

《십팔사략十八史略》에 이르기를 '……그는 성질이 음험해서 사람들이 말하길 "입에는 꿀이 있고, 배에는 칼이 있다(口有蜜腹有劍)" 라고 한다'고 평하고 있다.

3 夫妻訟鏡

_{산 촌 여 자 문 경 시 유 소 위 청 동 경}   _{원 여 망 월}
山村女子聞京市有所謂靑銅鏡이 圓如望月하고

_{상 원 일 득 견}   _{이 무 유}   _{기 부 적 상 경}   _{시 당 월 망}
常願一得見이나 而無由러니 其夫適上京할새 時當月望이라.

_{여 자 망 경 명}   _{이 위 부 왈}   _{경 시 유 여 피 월 지 물 운}
女子忘鏡名하고 而謂夫曰 : "京市有如彼月之物云이라 하니

_{군 필 매 래}   _{사 아 일 견}
君必買來하여 使我一見케 하소서."

_{부 도 경}   _{내 매 경}   _{이 불 해 조 면}   _{지 가 발 지}
夫到京하여 乃買鏡이나 而不解照面하고 至家發之하여

_{사 기 처 시 지}   _{처 조 견}   _{기 부 지 방}   _{유 녀 좌 언}
使其妻視之한대 妻照見하니 其夫之傍에 有女坐焉이라.

_{평 생 미 상 자 견 기 면}   _고   _{부 지 기 영 지 재 부 방}
平生未嘗自見其面일새 故로 不知己影之在夫傍하고

_{이 위 기 부 매 영 인 래 야}   _{대 로 발 투}
以爲其夫買影人來也라 하여 大怒發妬하다.

_{부 괴 경 왈}   _{오 차 시 관 지}   _{내 규 경 면}
夫怪驚曰 : "吾且試觀之라"하고 乃窺鏡面하니

_{기 처 방}   _{유 남 좌 언}   _{부 역 미 상 자 견 기 면}
其妻傍에 有男坐焉이라. 夫亦未嘗自見其面일새

_고   _{부 지 기 영 지 재 처 방}   _{이 위 기 처 득 호 부 야}
故로 不知己影之在妻傍하고 以爲其妻得好夫也라 하여

_{역 대 로 상 투}   _{부 지 경 입 관}   _{호 상 호 소}
亦大怒相鬪하다. 夫持鏡入官하니 互相呼訴하되

_{처 즉 왈}   _{부 득 신 처}   _{부 즉 왈}   _{처 득 타 부}
妻則曰 : "夫得新妻라" 하고 夫則曰 : "妻得他夫라"하다.

_{관 왈}   _{제 상 기 경}   _{수 상 지}   _{개 경 어 안 상}
官曰 : "第上其鏡하라" 하여 遂上之하고 開鏡於案上하니,

_{관 역 미 상 견 경 자}   _{부 자 지 기 면 모}   _{이 위 의 관 복}
官亦未嘗見鏡者라 不自知其面貌하고 而威儀官服

_{여 기 동 자 재 좌}   _{이 위 신 관 래 도}
與己同者在座하니 以爲新官來到라 하다.

●《명엽지해》

산골에 사는 여자가 서울에는 푸른 구리거울이 둥글기가 보름달 같은 것이 있다는 말을 듣고 항상 한번 얻어서 보기를 원하였으나 방법이 없었다. 그의 남편이 서울로 갈 때 마침 달이 보름달이었다.

여자가 거울의 이름을 잊고는 남편에게 말하길, "서울에 저 달과 같은 물건이 있다고 하니, 당신께서 반드시 사와서 나로 하여금 한번만 보게 해주세요"라고 하였다.

남편이 서울에 도착하여 거울을 샀으나 얼굴이 비친다는 것을 알지 못하고 집에 이르러 꺼내서 그의 아내로 하여금 거울을 보게 하였는데, 아내가 비추어 보니 그의 남편 곁에 어떤 여자가 앉아 있었다.

평생토록 한번도 스스로 자신의 얼굴을 본 적이 없었기 때문에 자기의 그림자가 남편의 옆에 있는 것을 모르고 남편이 거울에 비치는 여자를 사왔다고 여기고는 크게 화를 내며 투기를 하였다.

남편이 놀랍고 이상하여서, "나도 시험삼아 그것을 봐야겠소"라고 말하고 거울을 들여다보니, 그의 아내 옆에 어떤 남자가 앉아 있었다. 남편 역시 한번도 스스로 자신의 얼굴을 본 적이 없었기 때문에 자기의 그림자가 아내 옆에 있는 것을 모르고 그의 아내가 잘생긴 남자를 얻었다고 여기고는 또한 크게 화를 내며 서로 싸웠다.

남편이 거울을 가지고 관청에 들어가니 서로 관부에 하소연하였다.

아내는 "남편이 새 부인을 얻었습니다"라고 말하고 남편은, "아내가 다른 남편을 얻었습니다"라고 하였다.

관원이 말하길, "잠시 그 거울을 올려라"라고 하여, 마침내 거울을 올리고 책상 위에 거울을 펼쳐놓았다.

사또도 역시 한번도 거울을 본 적이 없는 사람이었다. 스스로 자신의 모습을 알지 못하고 위엄 있는 거동과 관복 차림이 자기와 똑같은 사람이 자리에 앉아 있으니 신관이 도착한 것으로 여겼다.

字句 풀이

- **訟鏡**(송경)
  거울로 인하여 소송을 제기하다.
- **京市**(경시)
  서울.
- **圓如望月**(원여망월)
  둥글기가 보름달 같다. '如'는 '~와 같다'. '望月'은 보름달.
- **無由**(무유)
  방법이 없다.
- **適上京**(적상경)
  마침 서울로 가다.
- **使我一見**(사아일견)
  나로 하여금 한번 보게 하다. '使'는 사역동사.
- **而不解照面**(이불해조면)
  얼굴이 비친다는 것을 알지 못하다.
- **至家發之**(지가발지)
  집에 이르러 그것을 꺼내다.
- **其夫之傍**(기부지방)
  그녀 남편의 옆.
- **有女坐焉**(유녀좌언)
  어떤 여자가 그곳에 앉아 있었다. '焉'은 '於之'의 축약형.
- **未嘗**(미상)
  일찍이 ~한 적이 없다.
- **自見其面**(자견기면)
  스스로 자신의 얼굴을 보다.
- **不知己影之在夫傍**(부지기영지재부방)

자기 그림자가 남편 옆에 있는 것을 알지 못하다.
- **以爲其夫買影人來也**(이위기부매영인래야)
  남편이 거울에 비치는 여자를 사왔다고 여겼다. '以爲'는 '~라고 여기다'.
- **發妬**(발투)
  투기하다.
- **試觀之**(시관지)
  시험삼아 보다.
- **窺鏡面**(규경면)
  거울을 들여다보다.
- **持鏡入官**(지경입관)
  거울을 가지고 관아에 들어가다.
- **互相**(호상)
  서로.
- **呼訴**(호소)
  사정을 관아에 하소연함.
- **第上其鏡**(제상기경)
  잠시 그 거울을 올려라. '第'는 잠시. '上'은 동사로 '올리다'.
- **開鏡於案上**(개경어안상)
  책상 위에 거울을 펴놓다. '開'는 동사로 '펴놓다'. '於'는 '~에'.
- **與己同者在座**(여기동자재좌)
  자기와 똑같은 사람이 자리에 앉아 있다. '與'는 '~와'.
- **以爲新官來到**(이위신관래도)
  신관 사또가 부임한 것으로 여기다.

文에 대한 탄압의 역사

예로부터 동아시아의 위정자들은 '文'에 대해 양면적 태도를 취해왔다. 정권을 창출하는 과정에서는 무력의 역할이 우위를 차지한다면 그것을 유지해 나가는 정치의 과정에서는 '文'과 그것을 다루는 문인들의 역할이 지대했으므로 위정자들은 글과 문인을 존중하지 않을 수 없었다.

그러나 '글'은 권력에 대해 언제나 비판적이 될 소지가 있는 '위험한' 것이었기 때문에 한편으로는 그것을 경계하고 탄압했다. 저 유명한 진시황秦始皇의 '분서갱유焚書坑儒' 사건은 이러한 탄압의 극단적인 예가 되겠는데, 그 뒤로도 탄압과 검열은 끊임없이 이루어져 왔다.

중국의 경우, 명대明代, 청대淸代에 오면 거대해진 제국과 복잡해진 사회관계를 효율적으로 통제하기 위해 조직적, 정기적으로 탄압과 검열이 이루어졌다. 비판적인 사상이 검열의 대상이 되었을 뿐 아니라, 많은 종류의 소설 역시 정통적 가치에 위배되는 것으로 여겨져 압수되어 불살라졌다.

우리나라의 경우, 성리학을 유일한 정통 사상으로 떠받들었던 조선시대에는 그 외의 사상에 기반한 글은 모두 이단으로 지목되어 박해를 당했다. 서양에서 기독교가 전해지자 크게 탄압을 가했던 것도 마찬가지 맥락에서였다.

이처럼 옛 문인들은 권력과의 이중적 관계 속에서 글을 썼다. 이러한 상황 속에서 점잖은 문인들이 우스갯소리를 엮어내고 있다는 것은 무엇을 의미하는가?

아마도 이를 통해 직접적으로 행하기 힘든 세태에 대한 풍자를 하기도 했을 것이며, 별 의미 없는 것처럼 보이는 말장난을 통해 심신의 긴장을 달래는 한편 권위 있는 '말'에 대해 넌지시 딴청을 피워보기도 했을 것이다.

앞에 수록한 이야기에서, 시골 부부는 그렇다고 치더라도 상황에 대한 정확한 판정을 내려야 할 관원마저도 세상 물정을 도통 모르는 인물로 그려지고 있다는 점은 이런 종류의 이야기가 단순한 우스갯소리에서 끝나는 것이 아니고 나름대로 세태 풍자의 의도를 숨기고 있다는 점을 암시한다.

참고

명엽지해蓂葉志諧 조선시대 후기에 홍만종洪萬宗이 익살스러운 이야기를 모아 엮은 책.

지은이

이행李荇(1478~1534)

조선 중종中宗 때의 문인으로 자는 택지擇之, 호는 용재容齋이다. 대사헌 大司憲, 좌의정左議政 등을 역임했으며, 또한 그림을 잘 그렸다.

팔 월 십 오 야
八月十五夜

— 팔월 십오일 밤

李　荇

平生交舊盡凋零 (평생교구진조령)
白髮相看影與形 (백발상간영여형)
正是高樓明月夜 (정시고루명월야)
笛聲凄斷不堪聽 (적성처단불감청)

평생 사귄 벗들은 다 가버렸고
백발이 되어 몸과 그림자만 마주 대한다.
바야흐로 높은 누각 달 밝은 밤
애끓는 피리 소리 차마 들을 수 없네.

字句 풀이

交舊 — 옛 친구.

凋零 — 시들어 떨어지다. 다 죽고 가버리다.

相看影與形 — 외로움을 표현한 말.

正是 — 바로 ~이다. 마침 ~이다.

笛聲 — 피리 소리.

凄斷 — 처량하고 애가 끊어지다.

不堪 — 견디지 못하다.

해설 팔월 한가위 밤에 홀로 남은 작가의 구슬픈 심정이 잘 나타나 있다. 노년에 벗들도 다 죽고 없어 몸과 그림자만 서로 마주 대한다는 말 속에 깊은 고독감과 비애가 느껴진다. 게다가 달도 밝은 한가위 명절이라서 그 슬픔은 더하니, 시인은 그 밤 처량한 피리 소리를 차마 들을 수 없는 것이다.

술을 좋아한 성성이

성성이*는 대단히 총명하지만 술을 좋아하는 짐승이다. 산기슭에 사는 사람들이 달콤한 술로 채운 술통을 설치하고, 술잔을 작은 것부터 큰 것까지 모두 갖추어 늘어놓는다. 그리고 풀을 엮어서 신발처럼 꾸며 덫을 만들고, 이리저리 연이어 서로 엮어서는 길가에 놓는다.

성성이는 이것들을 보면 곧 자기들을 유혹하는 것임을 안다. 또 설치한 사람들의 성명과 그들의 부모 조상까지 알아내어 하나하나 그 죄상을 꾸짖고 욕한다.

"이런 개 ×× 같은 인간들. 누가 바보인 줄 아나! 누구 증조할아버지는 빌어먹은 놈이지."

그러다가 조금 지나면 어떤 성성이가 말한다.

"야, 어째 이 맛있는 술을 조금 안 마실 수 있냐? 제일 작은 잔으로 딱 한잔만 하자."

그러고는 함께 제일 작은 술잔으로 마신다. 그리고 욕을 하며 그곳을 떠난다. 조금 지나자 다시 돌아와 조금 더 큰 잔으로 마시고 다시 욕을 하며 떠나간다.

이렇게 하기를 여러 번, 이제 가만히 있어도 제일 큰 잔이 입으로 다가온다. 취하게 될 것이라는 사실을 잠시 잊어버리고 만다.

어느덧 멀쩡한 땅이 포물선을 그리고, 성성이 무리에서는 니나노 소리가 울려퍼지기 시작한다. 그리고 함께 웃으며 장난을 치고, 옆에 있는 장난감 같아 보이는 신발들을 신어 본다.

이 때 산기슭에 사는 사람들이 쫓아오면 서로 밟고 엎어지며 붙잡히게 되는데, 한 마리도 벗어날 수 없다. 이런 일이 그 뒤에도 또 그대로 일어난다.

●《현혁편賢奕編》 성성호주猩猩好酒

* 성성이 : 원숭이의 일종으로 몸집이 크고 술을 좋아함.

출전 《현혁편》은 명대明代의 문인인 유원경劉元卿(1544~1609)이 지은 필기소설이다. 모두 16가지로 분류 편찬되었는데, 그 중 '비유譬喩', '응해應諧'편에 우언이 많이 실려 있다.

得隴望蜀(득롱망촉)
만족할 줄 모르는 인간의 욕심

글자풀이
得(득) – 얻다. 이익.
隴(롱) – 중국 감숙성甘肅省 동남부 일대. 밭
　　　　두둑.
望(망) – 원하다. 바라다.
蜀(촉) – 중국 사천성四川省 지역.

뜻풀이
농롱隴땅을 얻은 다음에 촉蜀땅을 또 바란다는 뜻으로 인간의 욕심이 끝이 없음을 일컫는다. 이 말은 《후한서後漢書》에 나오는 것으로 광무제光武帝가 잠팽岑彭에게 한 말에서 유래한다.
광무제는 천수현을 평정하고 낙양으로 돌아가면서 잠팽에게 쓴 편지에서 이렇게 말했다.
"농서隴西의 나머지 성이 다 함락되거든 곧 군사를 거느리고 남쪽의 촉나라를 쳐라. 사람은 만족할 줄 모르기 때문에 고통스러운 것이다. 이미 농지방을 평정했는데 다시 촉을 바라게 되는구나(既平隴復望蜀). 매양 한 번 군사를 출발시킬 때마다 그로 인해 머리털이 희어진다."
장래를 위해 적군을 완전히 소탕할 필요가 있어 그렇게 명령했지만, 이것이 인간의 지나친 욕심에서 비롯된 것은 아닐까 하고 반성해 본 것이다.

馬革裏尸(마혁과시)
필사의 각오로 싸우겠다

글자풀이
革(혁) – 가죽. 고치다.
裏(과) – (보자기 같은 것으로) 싸다. 꾸러미.
尸(시) – 주검. 시체.

뜻풀이
옛날에 전쟁터에서 싸우다 죽은 장수는 말가죽으로 시체를 쌌다고 한다.
'마혁과시'라는 말은 전쟁터로 나가는 장수가 싸우다 죽어 말가죽에 시체가 싸인 채 돌아오겠다는 것이다. 즉 필사의 각오로 싸우겠다는 뜻이다.
후한後漢 광무제光武帝 때 월남 지방을 평정하고 돌아온 마원馬援이 곧바로 다시 흉노와 싸우러 가면서 한 말이다.
그는, "사나이는 마땅히 변방의 싸움터에서 죽어야만 한다. 말가죽으로 시체를 싸서 돌아와 장사를 지낼 뿐이다(以馬革裏尸, 還葬耳). 어찌 침대 위에 누워 아녀자의 시중을 받으며 죽을 수 있겠는가?"라고 말하며 전쟁터에 나갔다고 한다.

VII

명문 감상

　한문으로 씌어진 고전과 명작들은 밤하늘의 별들만큼이나 많다. 그 가운데 담긴 뜻으로 보나 글의 스타일로 보나 한문의 맛과 운치를 가장 잘 발휘한 글 몇 편을 고르고 골라 이 단원에 묶어 보았다.

　여기에 소개한 주옥같은 글들은 보면 볼수록 깊고 그윽한 향기와 여운이 우러나오는 명문 중의 명문들이다. 필자들도 틈날 때마다 이 글들을 읽고 있고 강의에서도 늘 다루고 있다. 묘한 것은 읽을 때마다 색다른 느낌과 흥취가 일어난다는 점이다. 아마 필자들뿐 아니라 이 글을 읽는 모든 사람들의 공통된 느낌일 것이다. 명문은 마치 밤하늘의 별처럼 누가 보아도 아름답고 당당하면서도 동시에 그 별을 바라보는 모든 사람에게 각기 다른 감동을 주는 신비스러운 생명력을 발휘하는 것인가 보다.

　한문의 뛰어난 점은 운치에 있다고들 한다. 혹자는 그것이 상형문자인 한자의 성격에서 비롯된다고도 하고, 혹자는 정신세계의 반영이라고도 한다. 여기 소개한 글들을 읽고 나서 '아하' 하는 탄식과 함께 문갑이 딸깍 닫히는 듯한 투명한 소리가 들린다면 그 사람의 한문 실력은 상승의 경지에 오른 것이 분명하다.

① 春夜宴桃李園序

부천지자　　　만물지역려　　　광음자　　　백대지과객
夫天地者는　萬物之逆旅요　光陰者는　百代之過客이라.

이부생약몽　　　위환기하　　　고인병촉야유　　　양유이야
而浮生若夢하니　爲歡幾何오?　古人秉燭夜遊는　良有以也라.

황양춘소아이연경　　　대괴가아이문장
況陽春召我以煙景하고　大塊假我以文章이라.

회도리지방원　　　서천륜지낙사
會桃李之芳園하여　序天倫之樂事하니

군계준수　　　개위혜련　　　오인영가　　　독참강락
群季俊秀는　皆爲惠連이어늘　吾人詠歌는　獨慚康樂이라.

유상미이　　　고담전청
幽賞未已에　高談轉淸이라.

개경연이좌화　　　비우상이취월　　　불유가작
開瓊筵以坐花하고　飛羽觴而醉月하니　不有佳作이면

하신아회
何伸雅懷리오?

여시불성　　　벌의금곡주수
如詩不成이면　罰依金谷酒數하리라.

하늘과 땅이라는 것은 만물의 여관이요, 시간이라는 것은 긴 세월을 거쳐 지나가는 나그네이다. 그런데 덧없는 인생은 꿈만 같으니, 기쁨을 누리는 것이 얼마나 되겠는가? 옛사람들이 횃불을 들고 밤놀이를 한 일은 참으로 이유가 있었구나! 하물며 따스한 봄이 아지랑이 어린 경관으로 나를 부르고, 천지가 나에게 글재주를 빌려주었음에랴?

복숭아꽃 오얏꽃 핀 아름다운 정원에 모여 형제들의 즐거운 놀이를 글로 쓰는데, 여러 아우들의 빼어난 글솜씨는 모두가 혜련惠連의 수준이나 나라는 사람 읊은 시만이 강락康樂에게 부끄러울 뿐이다.

그윽한 봄 경치의 감상, 끝이 없는데 고매한 담론 더더욱 청아淸雅하다. 옥자리 펴놓고 꽃 그림자 깔고 앉아 깃털 모양의 술잔을 날리면서 달을 보며 취하니, 좋은 시가 없다면 어떻게 고아한 심정 펴낼 수 있겠는가? 만약 시를 짓지 못한다면 벌주는 금곡원金谷園에서 안겨주었던 잔의 수에 준하리라.

한자활용

代
代辯(대변) : 남의 말을 대신하다.
代田(대전) : 번갈아 바꾸어가며 묵히거나 경작하는 토지.
稀代(희대) : 세상에 드물다. 희세稀世.

浮
浮世(부세) : ①덧없는 세상. ②현세現世.
浮游(부유) : ①건들건들 놀며 떠돌아다니다. ②하루살이.
輕浮(경부) : 행동이 경솔하고 신중하지 못하다.

客
客苦(객고) : 객지에서 겪는 고생.
客席(객석) : 손님이 앉는 자리.
賀客(하객) : 축하하는 손님.

談
談笑(담소) : 이야기도 하고 웃기도 하다.
談判(담판) : 결말을 짓기 위해 이야기하다.
淸談(청담) : 명리名利를 떠난, 청아한 이야기.

字
句
풀
이

- **逆旅**(역려)
  여관. 즉 손님을 맞아 재워주는 집. '逆'의 뜻은 맞이하다.

- **爲歡幾何**(위환기하)
  기쁨을 누리는 것이 얼마나 되겠는가? '幾何'는 아주 적음을 말함.

- **秉燭夜遊**(병촉야유)
  횃불을 들고 밤놀이를 하다. '秉'은 잡다. '燭'은 촛불. 횃불.

- **良有以也**(양유이야)
  정말로 이유가 있었도다. '良'은 정말로, 진실로. '以'는 이유. 까닭.

- **況**(황)
  하물며 ~에 있어서랴?

- **陽春召我以煙景**(양춘소아이연경)
  따스한 봄이 아지랑이 어린 경치로 나를 부르다.

- **大塊假我以文章**(대괴가아이문장)
  천지 자연은 나에게 글재주를 빌려주다. '大塊'는 천지 자연.

- **序天倫之樂事**(서천륜지낙사)
  천륜의 즐거운 놀이를 서술하다. 형제들의 모임이어서 이른 말.

- **群季**(군계)
  여러 아우들. '季'는 형제 중에서 막내.

- **皆爲惠連**(개위혜련)
  모두 혜련의 수준이다. 모두가 사혜련謝惠連 같은 시재詩才가 있다. 사혜련은 중국 남북조시대 송宋나라 출신의 시인으로 산수시인山水詩人 사령운謝靈運의 족제族弟로 문명文名을

함께 떨쳤으나 37세에 요사夭死하였다. 후인들은 사령운을 대사大謝라 하였고, 사혜련을 소사小謝라 불렀다.

- **獨慚康樂**(독참강락)
  다만 사강락謝康樂의 시재詩才에 미치지 못함이 부끄럽다. 강락은 사령운謝靈運을 가리킨다. 중국 남북조시대 송나라 출신의 저명한 산수시인山水詩人으로 그의 시풍은 후대에 크게 영향을 미쳤다. 문제文帝 때 관직이 시중侍中에까지 올랐으나, 참언으로 사형을 당하였다. 강락공康樂公이란 호칭은 본래 그의 조부 사현謝玄으로부터 세습된 작위爵位 이름이다.

- **幽賞未已**(유상미이)
  그윽한 감상이 끝나지 않다.

- **開瓊筵以坐花**(개경연이좌화)
  옥 자리 펴놓고 꽃을 깔고 앉다.

- **飛羽觴而醉月**(비우상이취월)
  깃털 모양의 술잔을 날리면서 달을 보며 취하다. '羽觴'은 깃털 모양의 술잔.

- **何伸雅懷**(하신아회)
  고아古雅한 심정을 어떻게 펴낼 수 있겠는가? '伸'은 서술하다.

- **罰依金谷酒數**(벌의금곡주수)
  벌주罰酒는 금곡원金谷園에서의 잔 수에 준한다. 중국 남북조시대 진晉나라의 석숭石崇이 자신의 별장 금곡원에 손님들을 불러 잔치를 베풀고 사람들에게 시를 짓게 하였는데, 이 때 시를 짓지 못한 사람에게는 벌주 3두斗를 마시게 했다는 고사故事에서 '金谷酒數'란 말이 유래했다. '依'는 준한다.

이백李白의 〈춘야연도리원서春夜宴桃李園序〉

이백이 어느 봄날 밤 복숭아꽃 오얏꽃이 핀 정원에서 형제들과 잔치를 벌이고 시를 지으면서 놀았는데, 이때 지은 시들을 모아 책을 만들고는 당시의 분위기와 감상을 서문序文으로 서술한 글이 바로 〈춘야연도리원서〉이다. 꽃이 핀 정원에서 화려한 잔치를 벌이고 있으면서도 인생 무상無常의 짙은 애수哀愁를 느끼고 있는 것이 특색이다. 방랑시인 이백李白의 면모가 잘 드러난 작품이다.

'서序'라는 문체文體에 대해

〈춘야연도리원서〉의 '서序'자는 문체의 이름이다. 작품을 쓰게 된 동기나 과정을 단계적으로 서술한 글이니, 우리가 흔히 말하는 '서문', '머릿글'이 바로 그것이다. 가장 오래된 것으로는 《시경詩經》의 대서大序・소서小序가 있고, 종류로는 책의 앞에 싣는 전서前序와 뒤에 싣는 후서後序가 있다. 옛날에는 증서贈序와 송서送序도 이 서류序類에 포함시켰으나, 후세에 와서는 나누어 구분하게 되었다.

변문駢文에 대해

중국에서는 이왕 글을 쓸 바에는 가급적이면 아름답게 표현하고자 하는 움직임이 후한後漢경부터 일어나 육조대六朝代에 극점에 달했고, 송대宋代 초기까지 이어졌다. 그리하여 아름다운 문장이 하나의 형태를 갖추어 고정되었고, 그 형태가 아니면 제대로 된 문장이 아니라는 인식까지 갖게 되었다. 이러한 형태의 문장을 변문駢文이라 한다.

변문은 변려문駢儷文・사륙문四六文・사륙변려문四六駢儷文이라고도 불린다. 이러한 명칭이 그 형식적인 특질을 말해주는데, 다음에 변문을 쓰기 위한 주요한 조건을 들어본다.

첫째, 1구句는 4자字 또는 6자를 중심으로 구성된다. 즉 4-4-6-6이라든가 4-6-4-6의 기본적인 형식이 곧 그것이다. '사륙문'이란 명칭은 여기에 기인한다. 다만 4자와 6자만으로는 단조롭기 때문에 가끔 독립된 1자 또는 2자를 끼우든가, 6자를 3-3으로 나누기도 한다.

둘째, 전체가 대구對句로 구성된다. '변려문'이란 명칭은 이에 기인한다. '변려駢儷'의 뜻이 '짝'을 의미하기 때문이다. 따라서 변문에서는 2구씩 묶어 1조組의 대구로 하지 않으면 안 된다. 4-4-6-6의 형태에서 4와 4가, 6과 6이 대구가 된다. 4-6-4-6에서도 마찬가지로, 이때에는 1구씩 건너뛰어 대구를 형성한다. 그밖에도 화려한 표현과 이야기를 함축하고 있는 어휘를 많이 구사하는 것도 조건의 범주에 든다.

우 인 회 숙
友人會宿
-벗들과 모여 자다

李 白

滌蕩千古愁 (척탕천고수)

留連白壺飲 (유련백호음)

良宵宜淸談 (양소의청담)

皓月未能寢 (호월미능침)

醉來臥空山 (취래와공산)

天地卽衾枕 (천지즉금침)

천고의 시름 씻어내고자
연거푸 백 병의 술을 마신다.
좋은 밤에는 청담을 나누어야지
밝은 달빛 아래 잠을 잘 수는 없다.
취기가 몰려와 텅 빈 산에 누우니
천지가 바로 이불이고 베개인 것을.

지은이

이백李白(701~762)

자는 태백太白, 호는 적선謫仙, 자호自號는 청련거사靑蓮居士이다. 두보杜甫와 함께 중국 성당기盛唐期의 대표적인 시인으로, 시의 작풍은 호탕하고, 비범하며 맑고 속되지 않다고 평가되었다. 25세 때 사천四川을 떠나 각지를 방랑하다가 42세 때 한림공봉翰林供奉이란 관직으로 입궁入宮하였다. 그러나 호탕한 음주생활로 인하여 2년 후에 벼슬을 그만두게 되었고, 만년에는 영왕永王 이린李璘의 막하에 있었으나 영왕의 반란에 연루되어 유배생활을 하게 되었다. 방면 후에 다시 방랑하다가 병사病死하였다. 문집으로 《이태백문집李太白文集》이 있다.

字句 풀이

滌蕩-말끔히 씻어내다.

千古愁-오랜 옛날부터 인간이 지고 살아가는 보편적 근심.

留連-연달아.

良宵-좋은 밤.

淸談-고상하고 맑은 내용의 이야기.

皓月-흰 달. 밝은 달.

衾枕-이불과 베개.

해설   도도하고 호탕한 기세는 시선詩仙 이백의 정신세계를 잘 보여주고 있다. 천고의 시름을 떨구어 버리고 무한한 자유의 경계로 들고 싶어하는 화자의 희망이 술을 매개로 이루어진다.

把酒對月歌
파 주 대 월 가

－술을 쥐고 달을 대하며 노래하다

唐　寅

我也不登天子船 (아야부등천자선)
我也不上長安眠 (아야불상장안면)
姑蘇城外一茅屋 (고소성외일모옥)
萬樹桃花月滿天 (만수도화월만천)

나는야 황제의 배에도 오르지 않을 것이고
나는야 장안의 단잠에도 들지 않으려네.
고소성 밖 초가 한 채엔
만 그루 복사꽃에 달빛은 하늘 가득하다.

지은이

당인唐寅(1470~1523)

중국 명明나라 때의 문인으로 자는 백호伯虎·자외子畏이고, 호는 육여거사六如居士이다. 문징명文徵明 등과 함께 오중사재자吳中四才子의 한 사람이며, 평생 명산대천을 유람했는데 성격에 얽매임이 없었고 그림에도 능했다.

字句 풀이

我也~安眠 － 두보杜甫의 〈음중팔선가飮中八仙歌〉에서 이백李白을 읊기를 '이백은 술 한 말에 시 백편, 장안 거리 주점에서 잠을 자다가, 천자가 불러도 배에 오르지 않고, 스스로 칭하길 신은 술 속의 신선이라 하네(李白一斗詩百篇, 長安市上酒家眠. 天子呼來不上船, 自稱臣是酒中仙)'라는 구절이 있다.

長安 － 지금의 중국 섬서성陝西省 서안西安. 전한前漢과 당唐의 수도가 있던 곳.

姑蘇城 － 지금의 중국 강소성江蘇省 소주蘇州의 옛 명칭. 절강성 항주와 함께 중국에서 가장 아름다운 도시로 꼽힌다.

해설 당인은 명대의 손꼽히는 광사狂士 중의 한 사람으로 부귀공명에 뜻을 두지 않고 가난하지만 여유로운 삶을 추구했다. 이 시는 두보의 〈음중팔선가〉에서 한 술 더 떠 당인은 자신은 아예 벼슬을 바라며 장안에 올라갈 일도 없을 것이라고 한다. 셋째 구는 당나라 장계張繼의 〈풍교야박楓橋夜泊〉의 '고소성 밖의 한산사姑蘇城外寒山寺' 구절을 연상시키며 고즈넉한 정서를 부추긴다.

물고기를 지극히 사랑한 사람

정鄭나라에 물고기를 아주 좋아하는 사람이 살고 있었다. 이런저런 방법을 썼지만 물고기를 얻지 못하자, 통발을 써 보기도 하고 물웅덩이를 만들어 유인하여 보기도 하고 혹은 통발에 먹이를 놓아두기도 하였다.

그는 집 뜰에 세 개의 대야를 놓고 거기에 물을 채웠다. 그리고 물고기를 잡게 되면 거기에 놓아길렀다. 잡혀온 물고기는 그물에서 고통을 막 벗어난 터라 아주 지쳐 있었다.

물위에 하얀 배를 드러내 놓은 채 떠 있기도 하고, 입을 물위에 내놓고 가쁘게 숨을 몰아쉬기도 하였다. 그리고 하루가 지나자 비로소 지느러미랑 꼬리를 흔들기 시작하였다.

정나라 사람은 물고기를 움켜쥐고 살펴보았다.

'비늘이 상하지 않았을까?'

조금 뒤에 쌀가루와 밀가루를 가져다가 먹이고는 다시 살펴보았다.

'배부르지 않을까?'

어떤 사람이 말하여 주었다.

"물고기는 본래 강에서 사는 법이오. 이제 물이 한 국자밖에 되지도 않는 곳에다가 놓고서 매일 그것을 만지작거리며 입으로는 '나는 물고기를 사랑한다, 나는 물고기를 사랑한다'라고 하지만, 그렇게 해서는 물고기가 죽지 않는 일이 드문 법이지요."

하지만 그는 그 말을 듣지 않았다. 3일이 지나지 않아서 물고기는 모두 비늘이 문드러져 죽고 말았다.

정나라 사람은 그 때서야 후회하였다.

●《연서燕書》 정인석어鄭人惜魚

출전 《연서》는 원元나라 말기에 송렴宋濂이 은거할 때 지은 우언집이다. 그는 예리하고 냉소적인 필치로 원대 사회의 암흑상을 그려내었다.

邯鄲之夢(한단지몽)

덧없는 인생과 부귀영화

글자풀이

邯鄲(한단)−조趙나라의 수도.

뜻풀이

한단의 꿈이란 인생의 덧없음이나 부귀영화의 허무함을 표현하는 말이다. 이 성어는 당唐나라 심기제沈旣濟가 쓴 〈침중기枕中記〉라는 전기소설傳奇小說에서 유래되었다. 여옹呂翁이라는 영감이 한단의 길가 주막에서 쉬고 있었다. 그 때 노생盧生이라는 젊은이가 찾아와 신세타령을 하며 부귀영화를 누리는 것이 소원이라고 했다. 그러자 여옹이 베개를 하나 주고서 이것을 베고 자면 소원성취가 된다고 하였다.

그 때 주모는 밥을 지으려 불을 지피고 있었다. 노생이 베개를 베고 눕자 어슴푸레 잠이 들었는데, 베개 구멍이 열리더니 그 속에 당대의 제일가는 부잣집이 나왔다.

노생은 그집 딸과 결혼을 하였고, 몇 년 뒤에는 과거에 급제하였다. 그 뒤 절도사節度使가 되어 오랑캐를 쳐부수어 공을 세우고 재상까지 되었다.

그렇게 50년간 부귀영화를 누리다가 숨을 거둘 무렵에 하품을 하고 기지개를 켜면서 잠에서 깨어났다. 옆에는 여옹이 그대로 앉아 있었고, 주모는 여전히 불을 때고 있었다고 한다.

여기에서 '노생지몽盧生之夢'·'여옹침呂翁枕'·'일취지몽一炊之夢' 등의 성어도 유래되었는데 모두 '한단지몽'과 같은 뜻이다.

邯鄲之步(한단지보)

어정쩡하게 흉내내며 본분을 망각한 사람

뜻풀이

한단邯鄲의 걸음걸이라는 이 성어는 제 본분을 잊고 공연히 남의 흉내를 내다가는 이것도 저것도 아닌 어정쩡한 것이 되고 만다는 뜻이다. 《장자莊子》에 다음과 같은 고사가 있다.

시골에 사는 한 젊은이가 번화한 도시를 동경한 나머지 한단에 갔다. 한단 사람들의 걸음걸이가 너무 멋있다고 생각한 젊은이는 그 걸음걸이를 흉내내어 걷기 시작했다.

채 다 배우기도 전에 그는 시골로 돌아와야 했다. 그는 본래의 걸음걸이마저 잊어버려 어떻게 걸어야 할지 몰라 엉금엉금 기어서 왔다고 한다.

물론 다소 과장된 이야기이지만 의미심장한 면이 있다. 한때 미국에 몇 년 있다가 온 사람들이 자랑삼아 혀꼬부라진 소리를 하면서, 영어도 서툴고 우리말도 서툰 경우가 있었다. '한단지보'와 비슷한 경우인 것이다.

수 륙 초 목 지 화　　가 애 자 심 번
水陸草木之花는　可愛者甚蕃하니

진 도 연 명　　독 애 국　　자 이 당 래　　세 인　　심 애 모 란
晉陶淵明은　獨愛菊하고　自李唐來로　世人이　甚愛牡丹하되

여 독 애 연 지 출 어 어 니 이 불 염　　　　탁 청 련 이 불 요
予獨愛蓮之出於淤泥而不染하고　濯淸漣而不妖하며

중 통 외 직　　　불 만 부 지
中通外直하고　不蔓不枝하며

향 원 익 청　　　정 정 정 식　　　가 원 관 이 불 가 설 완 언
香遠益淸하고　亭亭淨植하여　可遠觀而不可褻翫焉이라

여 위 국　　화 지 은 일 자 야　　모 란　　화 지 부 귀 자 야
予謂菊은　花之隱逸者也요　牡丹은　花之富貴者也요

연　　화 지 군 자 자 야
蓮은　花之君子者也니

희　　국 지 애　　도 후 선 유 문　　　연 지 애　　동 여 자　　하 인
噫라　菊之愛는　陶後鮮有聞이요　蓮之愛는　同予者가　何人고?

모 란 지 애　　의 호 중 의
牡丹之愛는　宜乎衆矣로다!

　　물이나 땅에서 자라는 풀과 나무의 꽃에는 정말로 사랑스러운 것들이 아주 많다. 진晉나라의 도연명陶淵明은 홀로 국화를 사랑하였고, 당唐나라 이래로 세상 사람들은 모란牡丹을 무척 사랑하지만, 나는 연꽃이 진흙 속에서 나왔으면서 물들지 않고, 맑은 세파細波에 씻겼으면서 요염하지 않으며, 줄기 속은 비었으되 겉은 곧고, 덩굴지지도 가지치지도 않으며, 향기는 멀수록 더욱 맑고 우뚝 깨끗한 모습으로 서 있어 멀리서 바라볼 수는 있어도 함부로 가지고 놀 수 없음을 사랑한다.

　　나는 생각하기를, 국화는 꽃 중의 은자隱者이고, 모란은 꽃 중에서 부귀한 자이며, 연꽃은 꽃 중의 군자인가 한다. 아! 국화를 사랑한 이가 도연명 이후에 있었단 말은 들은 적이 거의 없거니와, 연꽃을 사랑함을 나와 함께하는 이는 몇 사람이 되겠는가? 모란을 사랑하는 이가 많은 것은 당연하도다!

한자활용

陸
陸橋(육교) : 도로나 철로를 가로질러 놓은 구름다리.
陸運(육운) : 육상에서 하는 운송.
離陸(이륙) : 비행기가 날려고 육지에서 떠오르다.

明
明鏡(명경) : ①밝은 거울. ②밝게 살펴보다.
明敏(명민) : 일에 밝고 재치가 있다.
黎明(여명) : 희미하게 밝아오는 새벽.

蓮
蓮境(연경) : 절. 사원寺院.
蓮實(연실) : 연밥. 연자蓮子.
紅蓮(홍련) : 붉은 빛깔의 연꽃.

草
草案(초안) : ①초잡은 글. ②기초起草한 의안議案.
草原(초원) : 풀밭. 초지草地.
芳草(방초) : 꽃다운 풀.

世
世說(세설) : 세상에 떠도는 풍설. 소문.
世業(세업) : 대대로 물려받아서 하는 일.
經世(경세) : 세상을 다스리다.

愛
愛嬌(애교) : 남에게 귀엽게 보이는 태도.
愛族(애족) : 겨레를 사랑하다.
信愛(신애) : 믿고 사랑하다. 신의와 애정.

字
句
풀
이

- **可愛者**(가애자)
  정말로 사랑스러운 것.

- **甚蕃**(심번)
  아주 많다.

- **晋陶淵明**(진도연명)
  진晉나라 때의 도연명陶淵明. 국화를 지극히 좋아하였음.

- **自李唐來**(자이당래)
  이씨 당나라 이래로. '自~'는 ~로부터. '李唐'은 이연李淵이 수隋나라의 뒤를 이어 세운 나라를 이름.

- **甚愛牡丹**(심애모란)
  아주 모란牡丹꽃을 사랑한다. '丹'자는 본음本音은 '단'이지만 속음화 현상으로 독음이 '란'임.

- **予獨愛蓮之~**(여독애연지~)
  나는 홀로 연꽃이 ~함을 사랑한다. '蓮'자로 부터 '焉'자까지가 '愛'의 목적어임. '予'는 1인칭.

- **出於淤泥而不染**(출어어니이불염)
  진흙 속에서 나왔으면서 물들지 않다. '淤泥'는 진흙.

- **濯淸漣而不妖**(탁청련이불요)
  맑은 물결에 씻겼으면서도 요염하지 않다. '濯'은 씻기다. '漣'은 잔잔한 물결. '妖'는 요염하다.

- **中通外直**(중통외직)
  줄기 속은 비어 있고, 겉모양은 곧다.

- **不蔓不枝**(불만부지)
  덩굴지지도 않고 가지치지도 않는다.

- **香遠益淸**(향원익청)
  향기는 멀수록 더욱 맑다.

- **亭亭淨植**(정정정식)
  우뚝 깨끗하게 서 있다. '亭亭'은 우뚝한 모양. '淨'은 깨끗하다. '植'은 서 있다.

- **遠觀**(원관)
  멀리서 감상하다.

- **不可褻翫焉**(불가설완언)
  장난 삼아 가지고 놀 수는 없다. '褻'은 함부로 다루다. '翫'은 가지고 놀다. '玩(완)'자와 통함.

- **予謂**(여위)
  나는 이렇게 생각하다.

- **花之隱逸者也**(화지은일자야)
  꽃 중의 은자隱者이다. '隱逸'은 세상을 피하여 숨어 사는 사람.

- **噫**(희)
  아!

- **菊之愛**(국지애)
  국화를 사랑하다.

- **陶後**(도후)
  도연명 이후에. '陶'는 도연명.

- **鮮有聞**(선유문)
  들은 일이 거의 없다. '鮮'은 드물다. 거의 없다.

- **同予者**(동여자)
  나와 함께하는 사람.

- **何人**(하인)
  몇 사람인가? '幾人'과 같은 뜻.

- **宜乎衆矣**(의호중의)
  당연하도다, 많은 것은.

알아둡시다

주돈이周敦頤와 〈애련설愛蓮說〉

주돈이(1017~1073)의 자는 무숙茂叔이고, 호남성湖南省 도현道縣 출신이며, 고향의 지명을 따서 호를 염계濂溪라고 하였다. 북송北宋 초기의 철학자로 성리학性理學의 선구자이며, 그의 이학理學 논리는 후일 정호程顥·정이程頤에 승계되고 주희朱熹에 의하여 집대성되었다. 관리로서는 남강군南康郡 지사知事를 지냈고, 뒤에 여산廬山에 집을 짓고 여생을 보냈다. 저서로《태극도설太極圖說》1권과《통서通書》1권 등이 있다.

〈애련설〉은 주돈이가 연蓮은 군자를 닮은 덕이 있어서 자신은 다른 어떤 꽃보다도 그것을 좋아한다고 밝힌 글이다.

진晉나라의 도연명陶淵明은 관직을 버리고 전원田園에 귀의한 처지였기에 그는 은자隱者의 기상을 지닌 국화菊花를 좋아하였다. 그리고 오늘날 세간世間 사람들은 하나같이 부귀의 추구에만 빠져 있어서 부귀를 상징하는 모란을 애호한다. 그러나 작자는 도연명이나 세상 사람들과는 달리 군자의 풍격風格을 지닌 연蓮을 좋아한다는 것이다.

이 작품을 통해 작자는 역시 송대宋代 이학理學의 비조鼻祖답게 자연을 관찰함에 있어서도 그 개체 하나 하나의 기상과 풍격을 살피면서 도덕과 결부시켜 생각하였음을 볼 수 있다.

'설說'이라는 문체에 대해

〈애련설〉의 '설說'자는 문체의 이름을 나타낸 글자이다. 도리道理를 설명하면서 자기의 의견을 진술한 문장으로 견해를 십분 설파한다는 점에서는 '논論'류의 문장과 같다고 하겠으나 내용면에서는 일반적으로 '논'류의 글보다 평이한 것이 많다.

비유를 통해서 설득하는 경우가 많아 이야기가 재미있고《한비자韓非子》등 제자백가의 글에 기원을 두고 있다.

山中
_{산 중}

－산속에서

李 珥

採藥忽迷路 (채약홀미로)

千峰秋葉裏 (천봉추엽리)

山僧汲水歸 (산승급수귀)

林末茶煙起 (임말다연기)

약초 캐다 갑자기 길을 잃었는데
온 산 봉우리가 단풍잎에 묻혀 있네.
산승山僧이 물 길어 돌아가더니
숲 위로 차 끓이는 연기가 피어오르네.

지은이

이이李珥(1536~1584)

조선 중기의 대학자로 자는 숙헌叔獻, 호는 율곡栗谷이다. 어머니 신사임당으로부터 교육을 받았고, 이조판서吏曹判書, 우찬성右贊成 등을 역임하였다. 학문적으로는 이기일원론理氣一元論을 주장하였고, 기호畿湖학파를 형성하였다.

字句 풀이

迷路－길을 잃다.
千峰－천 개의 봉우리. 온 산 봉우리.
秋葉－단풍丹楓을 가리킴.
山僧－산사山寺에 있는 스님.
汲水－물을 긷다.
茶煙－차 끓이는 연기.

해설 마치 한 폭의 그림을 보는 듯한 시이다. 갑작스레 다가오듯 온 산의 단풍잎이 화폭의 배경으로 설정되어 있고, 그 속에 물을 긷고 돌아가는 산승의 모습이 포인트로 자리잡고 있으며, 한쪽 숲가에서는 차 끓이는 연기가 피어오르고 있어 구도가 잘 짜여진 한 폭의 동양화를 연상시킨다.

함 흥 시 월 간 국
咸興十月看菊
– 함흥에서 시월에 국화를 보며

鄭 澈

秋盡關河候雁哀 (추진관하후안애)
思歸且上望鄉臺 (사귀차상망향대)
慇懃十月咸山菊 (은근시월함산국)
不爲重陽爲客開 (불위중양위객개)

가을 지난 관하關河에는 기러기 소리 슬픈데
고향 생각나서 또 다시 망향대에 올랐노라.
시월에 핀 함산咸山의 국화는 은근한데
중양절을 위해서가 아니라 객을 위해 피었구나.

지은이
정철鄭澈(1536~1593)
　조선 선조宣祖 때의 문신으로 자는 계
함季涵, 호는 송강松江이다. 그의 〈관동
별곡關東別曲〉, 〈사미인곡思美人曲〉 등
의 가사歌辭 작품은 김만중金萬重에
의해 동방의 〈이소離騷〉로 평가받았
으며, 국문학의 발전에 크게 공헌하
였다.

字句 풀이
關河 – 함곡관函谷關과 황하黃河. 관산關
　　山과 하천河川. 여기서는 함흥咸興 지
　　역을 가리킴.
候雁 – 기러기. 기러기는 겨울철새임.
咸山 – 함흥咸興.
重陽 – 음력 9월 9일의 명절. 이 날은 선
　　비들이 높은 곳에 올라 시를 짓고 국
　　화를 감상하며 즐겼음.

해설　이 시는 정철이 함흥 지방에 어사로 가서 지은 것이다. 늦가을 변경 지방의
기러기의 슬픈 울음소리는 시인으로 하여금 고독과 향수에 젖게 만들고, 중
양절이 지났는데도 은근하게 피어있는 국화를 바라보며 자신을 위로하고 있
다. 시인의 정과 경물이 함께 융화되어 있다.

만萬자는 만획萬劃이다

여汝* 강변에 시골 영감이 살고 있었는데 재산은 많았지만 여러 대에 걸쳐 낫 놓고 기역자도 모르는 무식쟁이 집안이었다.

어느 해에 초楚 지방의 선생님을 모셔다가 그의 아들에게 글을 가르치게 했다. 선생님은 우선 그에게 붓 잡고 획 긋는 법부터 가르치기 시작하였다. 한 획을 긋고, "이것은 한 일一자니라"하고, 두 획을 긋고, "이것은 두 이二자니라"하였고, 세 획을 긋고, "이것은 석 삼三자니라"하고 가르쳤다.

그러자 그 아들은 기뻐서 깡충깡충 뛰면서 붓을 내동댕이치고는 그의 아버지에게 달려가 말하였다.

"아버지 아버지, 이젠 다 배웠어요. 선생님에게 더 이상 배우지 않아도 돼요. 돈 더 쓰실 것 없어요. 선생님을 그만 돌려보내셔도 돼요."

그 말을 들은 아버지는 만면에 희색을 띠고 말하였다.

"아이고, 내 아들 총명하기도 하지. 벌써 다 배웠단 말이냐."

영감은 자식이 대견하여 기뻐 어쩔 줄 몰랐다. 그리하여 선생님에게는 약간의 보수를 주고 돌려보냈다.

얼마 뒤 그 부잣집 영감은 친구 만萬씨를 초청하여 잔치를 벌일 생각으로, 이른 새벽에 아들을 깨워 초청장을 쓰도록 하였다. 그런데 한참이 지났는데도 써 오지 않으므로 영감은 그의 아들을 찾아가 재촉하였다.

그러자 그의 아들은 몹시 화를 내면서 말하였다.

"아이, 짜증나. 세상에 많고 많은 성씨姓氏 중에 하필이면 왜 만萬씨야! 아침부터 내내 쓰고 있는데 이제 겨우 오백 획 썼어요."

●《현혁편》 만자만획萬字萬劃

* 여汝 : 지금의 하남성河南省 경내에 있는 강 이름.

출전 《현혁편》은 명대明代의 문인인 유원경劉元卿(1544~1609)이 지은 필기소설이다. 모두 16가지로 분류 편찬되었는데, 그 중 '비유譬喩', '응해應諧'편에 우언이 많이 실려 있다.

宋襄之仁(송양지인)

무턱대고 인의만 내세우다 실패하다

글자풀이

宋襄(송양) – 춘추시대 송宋나라 양공襄公.

뜻풀이

송나라 양공의 인자함이란 말은 무턱대고 착하기만 하고 대의명분만 강조하다가 실패한 경우를 뜻한다.

춘추시대에 소국이었던 송나라의 양공이 강대국인 초楚나라와 강가에서 전쟁을 하게 되었다. 송군은 이미 전투태세를 완비했지만, 초군은 아직 강을 다 건너지 못했다.

공자公子 목이目夷가 바로 그 때에 공격하자고 했으나, 양공은, "군자는 상대방이 곤경에 처해 있을 때 공격하지 않는다"며 가만히 있었다. 초군이 강을 다 건넜지만 아직 전투태세를 다 갖추지는 못했다.

목이가 지금이라도 공격하자고 했으나, 양공은 또 거절했다. 초군이 전투태세를 다 완비하고 나자, 그 때서야 공격 명령을 내렸다. 송군은 참패를 했고, 양공도 크게 다쳤으며 결국 웃음거리가 되었다.

掩耳盜鈴(엄이도령)

눈가리고 아웅

글자풀이

掩(엄) – 가리다. 막다.
盜(도) – 훔치다. 도둑질.
鈴(령) – 방울.

뜻풀이

귀를 막고 방울을 훔친다는 말이다. 우리 속담에 '눈가리고 아웅'과 같은 뜻이다. 원래는 '귀를 막고 종을 훔친다掩耳盜鐘'라는 말을 썼다.

어떤 사람이 종을 훔치려 하였는데, 종이 너무 커서 가져가기가 힘들어 망치로 '꽝!'하고 깨뜨렸다. 그러고는 다른 사람이 들을까봐 급히 자기 귀를 막았다고 한다.

이처럼 저만 안들으면 남도 안들을 것이라고 생각하는 어리석은 행위를 비유하는 데 쓰인다.

3 　雜　說

世有伯樂然後_에 有千里馬_라. 千里馬常有_{로되}

而伯樂不常有_{니라}.

故_로 雖有名馬_나 祗辱於奴隷人之手_{하여}

駢死於槽櫪之間_{이요} 不以千里稱也_라.

馬之千里者_는 一食_에 或盡粟一石_{이어늘}

食馬者_는 不知其能千里而食也_{하니}

是馬雖有千里之能_{이나} 食不飽_{하면} 力不足_{하여}

才美不外見_{하고}

且欲與常馬等_{이나} 不可得_{이니} 安求其能千里也_{리오?}

策之不以其道_{하며} 食之不能盡其材_{하며}

鳴之不能通其意_{하고} 執策而臨之曰 : "天下_에 無良馬_라"_{하니}

嗚呼_{라!} 其眞無馬耶_아 其眞不識馬耶_{아?}

세상에 백락伯樂이 있은 후에야 천리마가 있게 된다. 천리마는 항상 있지만 백락이 언제나 있지는 않다. 그러므로 비록 명마가 있을지라도 다만 무지한 마부의 손에 욕을 당하면서 마구간에서 다른 말들처럼 나란히 죽게 되어 '천리마'로 불리지 못한다.

말 중에 천리를 달리는 놈은 한 끼니에 곡식 한 섬을 먹어치우거늘 말을 사육하는 자는 그 말이 천리를 달릴 수 있는지도 모르고 사육하니, 이 말이 비록 천리를 달릴 수 있는 능력이 있다 하더라도 먹는 것이 배부르지 않으면 힘이 모자라 재능의 훌륭함이 겉으로 나타나지를 못하고 게다가 보통 말과 같은 수준이나 되려고 해도 될 수가 없다. 어떻게 그 말이 천리를 달릴 수 있기를 바라겠는가?

채찍질하기를 그 올바른 방법으로 하지를 못하고, 사육하지만 그 말의 재능을 다 발휘하게 할 수 없으며, 울어도 그 뜻을 알지 못하면서 채찍을 잡고 말에게 다가서서 말하기를, "천하에 좋은 말이 없다"고 한다. 아! 정말로 말이 없는 것인가? 정말로 말을 알아보지 못하는 것인가?

한자활용

後

後尾(후미) : ①꼬리나 뒤꽁무니. ②대열의 맨 뒷부분.

後進(후진) : ①일정한 발전 수준에서 뒤지다. ②후배.

向後(향후) : 이 뒤. 이 다음.

手

手腕(수완) : ①팔. 손목. ②일을 운영하는 솜씨, 또는 수단.

手話(수화) : 농아聾啞들이 손짓으로 하는 말.

妙手(묘수) : 묘한 수.

名

名利(명리) : ①명예와 이익. ②명문이양 名聞利養의 준말.

名案(명안) : 좋은 생각. 뛰어난 계책.

汚名(오명) : ①더러워진 이름. ②누명.

間

間斷(간단) : 계속되지 않고 끊어지다.

間作(간작) : 주되는 작물 사이에 딴 작물을 재배하다. 사이짓기.

離間(이간) : 두 사람 사이를 멀어지게 하다.

字句 풀이

- **伯樂**(백락)

  원래 천제天帝의 말을 맡은 별의 이름이었으나 주周나라 때 손양孫陽이 말을 잘 식별하였으므로 그를 일컫는 인명이 되었음.

- **雖有名馬**(수유명마)

  비록 명마名馬가 있을지라도.

- **祗辱於奴隷人之手**(지욕어노예인지수)

  다만 노예 노릇 하는 이의 손에서 욕을 당하다. '祗'는 다만. '辱於~'는 ~에게 모욕을 당하다. '奴隷'는 종. 여기서는 무지한 마부馬夫를 가리킴.

- **騈死**(병사)

  (보통 말과 같이) 머리를 나란히하고 죽다.

- **槽櫪之間**(조력지간)

  마구간. '槽'는 구유. '櫪'은 마판.

- **不以千里稱也**(불이천리칭야)

  '천리마'로 불리우지 못한다.

- **馬之千里者**(마지천리자)

  말 중에 하루에 천리를 달리는 놈.

- **一食, 或盡粟一石**(일식, 혹진속일석)

  한 끼니에 간혹 곡식 한 섬을 다 먹는다. '粟一石'은 곡식 한 섬.

- **食馬者**(사마자)

  말을 사육하는 사람. '食'의 뜻이 '사육하다'의 경우에는 독음이 '사'임.

- **不知其能千里而食也**(부지기능천리이사야)

  그 말이 하루에 천리를 달릴 수 있는지도 모르고 사육한다.

- **千里之能**(천리지능)

  천리를 달릴 수 있는 능력.

- **食不飽**(식불포)

  먹는 것이 배부르지 않다.

- **才美不外見**(재미불외견)

  재능의 훌륭함이 밖으로 나타나지 않다. '外見'은 겉으로 나타나다.

- **且欲與常馬等**(차욕여상마등)

  게다가 보통 말과 같은 수준이나 되고자 해도. '且'는 게다가. '常馬'는 보통 말. '等'은 같다. 대등하다.

- **安求其能千里也**(안구기능천리야)

  어떻게 그 말이 천리를 달릴 수 있기를 바라겠는가. '安'은 어찌.

- **不以其道**(불이기도)

  올바른 방법으로 하지를 못하다. '其道'는 말을 다루는 바른 방법.

- **食之**(사지)

  말을 사육하다.

- **不能盡其材**(불능진기재)

  그 말의 재능을 다 발휘하게 할 수 없다.

- **鳴之不能通其意**(명지불능통기의)

  울어도 그 뜻을 알 수가 없다. '鳴之'는 말이 괴로움을 호소하는 것임. '之'는 강조의 뜻을 지님. '通其意'는 말의 의중을 알다.

- **執策而臨之**(집책이임지)

  채찍을 잡고 말한테 임하다.

- **其眞無馬耶**(기진무마야)

  정말로 말이 없는 것인가?

- **其眞不識馬耶**(기진불식마야)

  정말로 말을 알아보지 못하는 것인가?

한유韓愈의 〈잡설雜說〉

앞에서 읽은 〈잡설〉이라는 제목의 글은 단적으로 말하면 작자 한유(768~824)가 백락伯樂과 천리마千里馬의 이야기를 빌어 임용권자任用權者와 피임용권자被任用權者의 관계를 은유한 글이라 하겠는데 논지의 전개가 명쾌하고 비유와 구상이 비범하다 하여 비교적 짧은 글이긴 하지만 높이 평가되고 있는 명문이다.

세상에 천리마는 항상 있지만, 그 천리마가 세상에 알려지지도 못한 채 일생을 끝내게 되는 것은 감정鑑定의 명인인 백락과 같은 이가 없기 때문이라고 했다. 이를 통해 사람을 알아볼 줄 아는 명군名君·현상賢相이 없어서 뛰어난 인물이 있어도 그를 발굴해 내어 재능을 발휘하도록 하지 못하는 현실을 슬퍼하는 한편, 그러면서도 임용권자는 뛰어난 인물이 없다고 말하고 있음을 풍자하고 있다.

고문古文에 대해

변문騈文이 기교 위주로 흐르면서 내용면에서는 소홀한 경향을 띠게 되자 문장은 형식보다 내용이 중요하다는 주장이 북조北朝 말기부터 일기 시작하여 당대唐代 중기의 한유韓愈·유종원柳宗元에 이르러서 본격적으로 개진되었다.

이들은 변문이 발생하기 전의, 즉 전한前漢 이전의 간결하고 힘차며 명쾌한 옛 문장을 이상으로 삼았다. 따라서 이들의 문학 실천을 '고문부흥古文復興' 혹은 '고문운동古文運動'이라고 부르며, 이들이 쓴 문장을 '고문古文'이라고 한다.

고문은 송대宋代에 이르러 완전히 변문을 압도하였다. 그런데 당·송의 사회는 전한 이전의 사회에 비해 훨씬 복잡하였으므로, 당·송 시대의 사람들이 전한 이전의 문체를 그대로 본받아 쓴다는 것이 그리 쉬운 일은 아니었다. 그러므로 당·송 고문가들의 문장은 고문의 정신을 살리는 데 의의가 있었을 뿐, 문체상에서는 아무래도 고대의 문장과는 미묘한 차이를 보이고 있다. 그래서 전한 이전의 고문을 진한고문秦漢古文, 또는 선진고문先秦古文이라고 하고, 당·송의 고문을 당송고문唐宋古文이라고 구분하기도 한다.

고문에는 변문에서와 같은 규칙이 없다. 사실이나 의견을 그대로 표현하는 것이 고문의 이상이다. 그렇다고 기교를 전혀 부정하는 것은 아니다. 적절한 곳에서 대구對句를 쓴다든지, 고사故事와 유관한 어휘를 사용하기도 한다. 또한 두 자字를 묶어 어휘를 굳히고, 다시 두 어휘를 결합하여 4자구 만들기를 좋아하는 경향은 변문에서와 같이 정돈된 형태는 아니라 해도, 고문에서도 흔히 볼 수 있다.

月夜登南樓有懷唐子畏
월 야 등 남 루 유 회 당 자 외

－달밤에 남루에 올라 당인을 생각하다

文 徵 明

曲欄風露夜醒然 (곡란풍로야성연)

彩月西流萬樹烟 (채월서류만수연)

人語漸微孤笛起 (인어점미고적기)

玉郎何處擁嬋娟 (옥랑하처옹선연)

구비진 난간에 바람 이슬 잦아드는 이 한밤중에 깨어 보니

밝은 빛 띤 달은 서쪽으로 흐르고 온갖 수목은 안개 속에 잠겨있네.

사람들의 말소리 잦아들고 외로운 피리 소리만 일어나는데

멋진 그대는 어디에서 아리따운 여인을 품고 있으려나?

지은이

문징명文徵明(1470~1559)

중국 명明나라 때의 문인으로 자는 행行·징중徵仲이며, 호는 형산衡山이다. 시문뿐만 아니라 그림과 서예에도 두루 능했으며, 오중사재자吳中四才子 중의 한 사람이다.

字句 풀이

唐子畏－당인唐寅. 명나라 때의 시인. '子畏'는 그의 자字.

醒然－잠에서 깬 모양, 꿈에서 깬 모양.

漸微－점차 쇠미해지다.

玉郎－옥처럼 잘생긴 사내. 친구 당인을 지칭한다.

嬋娟－곱고 예쁜 모양. 아리따운 여인.

해설 문징명은 술자리에 기생이 와 앉아있는 것만 보고도 화들짝 놀라 도망갈 정도로 원칙주의적인 인물이었고, 당인은 세상에 둘도 없는 풍류한이었다. 그러나 이러한 외견상 취향의 차이에도 불구하고 이 두 사람은 깊은 우정을 나누었다. 한밤중 일어나 어딘가 기루에서 술에 취해 여인을 안고 있을 친구를 그리워하는 작자의 마음이 물씬 느껴진다.

勸酒
권 주

－술을 권하다

文 徵 明

勸君金屈卮 (권군금굴치)

滿酌不須辭 (만작불수사)

花發多風雨 (화발다풍우)

人生足別離 (인생족별리)

그대에게 황금 술잔을 권하노니
가득한 술잔 부디 사양 마시길.
꽃 피면 비바람 잦고
인생엔 이별이 많으니.

지은이
'월야등남루유회당자외月夜登南樓有懷唐子畏' 시 참고.

字句 풀이
金屈卮－'卮'는 술잔. 구부러진 손잡이가
　달린 금으로 만든 화려한 술잔.
滿酌－술이 가득한 술잔.
不須辭－'不須'는 ~할 필요 없다. 사양
　할 필요가 없다. 사양하지 마라.
足－충분하다. 넉넉하다. 많다.

해설　이 시에서 화자는 술을 권하며 사양하지 말 것을 바란다. 인생에는 풍파도 많고 이별도 많기 때문이다. 자신이 아끼는 벗과의 지금 이 순간의 만남이 얼마나 소중한지 은근히 내비치고 있다. 이 순간이 영원하지는 못하리라는 아쉬움 속에 친구에 대한 깊은 우정이 배어있다.

호랑이 골을 파먹은 잔나비

잔나비는 작은 몸매에 기어오르기를 잘하고 발톱이 날카롭다.

어느 날 호랑이가 머리가 가려워서 잔나비로 하여금 위로 올라가 가려운 곳을 긁도록 하였다.

잔나비가 호랑이 머리 위로 기어올라가 계속 긁어대자 호랑이 머리에 구멍이 났다. 그러나 호랑이는 그런 줄도 모르고 그저 기분이 좋았다. 잔나비는 느긋하게 호랑이의 골을 파먹고 남은 것을 긁어모아 호랑이에게 바치며 말하였다.

"맛있는 것이 생겼으나 제가 먹을 수가 없어서 대왕님께 바칩니다. 부디 맛있게 드시기 바랍니다."

호랑이는 잔나비를 기특하게 여기며 말하였다.

"허허, 충성스러운지고. 나를 위하여 제가 먹고 싶은 것도 참다니……."

호랑이는 다 먹을 때까지 그것이 자기의 골인 줄 몰랐다.

이윽고 골이 다 빌 때쯤 되자 호랑이는 조금씩 아프기 시작하였다.

"어째 내 머리가 조금 아프기 시작하는구나."

"제가 가서 약을 구해오겠습니다."

잔나비는 이렇게 말하고는 곧장 나무 꼭대기로 몸을 피해 버렸다.

호랑이는 아파서 어흥거리며 길길이 날뛰다가 그대로 죽고 말았다.

●《현혁편》 노소호양猱搔虎痒

출전　《현혁편》은 명대明代의 문인인 유원경劉元卿(1544~1609)이 지은 필기소설이다. 모두 16가지로 분류 편찬되었는데, 그 중 '비유譬喩', '응해應諧'편에 우언이 많이 실려 있다.

千金買骨(천금매골)

정성을 다해 인재를 구한다

글자풀이

買(매) - 사다.

骨(골) - 뼈.

뜻풀이

천금으로 죽은 말의 뼈를 샀다는 것으로 지성으로 인재를 찾고 구한다는 뜻이다.

연燕나라 소왕昭王이 현자를 찾아 등용하고자 했을 때, 곽외郭隗가 이런 이야기를 했다.

옛날 어느 임금이 천리마를 구하고자 했었다. 그 때 어떤 사람이 천리마를 구해 주겠다고 하고는 죽은 천리마의 뼈를 비싼 돈을 주고 사왔다. 임금이 화를 내자 그는 말하였다.

"임금님께서 죽은 천리마의 뼈도 이렇게 비싸게 샀다는 소문이 나면, 정말 천리마를 가진 사람들이 구름처럼 몰려들 것입니다."

그의 말처럼 곧 천리마를 가진 사람들이 몰려들었고, 그리하여 쉽게 천리마를 얻게 되었다고 한다. 여기서 천리마는 인재에 비유된다.

寸鐵殺人(촌철살인)

한마디 말이나 글로써 상대방을 제압하다

글자풀이

寸鐵(촌철) - 한 치밖에 안 되는 조그마한 쇠. 조그마한 칼.

뜻풀이

한 치밖에 안 되는 조그마한 칼로 사람을 죽인다는 뜻의 이 성어는 정곡을 찌르는 한마디 말이나 글을 가리킨다. 이 말은 나대경羅大經이 지은 《학림옥로鶴林玉露》에서 유래되었다.

이 책의 '살인수단殺人手段'이라는 부분에서 종고선사宗杲禪師가 선禪에 대해 말하길, "비유하면 사람이 수레에 무기를 싣고 와서, 이것도 꺼내 써 보고, 저것도 꺼내 써 보는 것은 올바른 살인수단이 되지 못한다. 나는 오직 촌철이 있을 뿐, 그것으로 사람을 당장 죽일 수 있다(我則有寸鐵, 便可殺人)"라고 했다.

그가 말한 살인이란 사람의 마음속을 점령하고 속된 생각을 완전히 없애버리는 것을 말한다. 서툴게 이런 방법 저런 방법을 쓰는 것이 아니라, 오직 한 가지만을 깊이 생각하여 번쩍 하고 깨치는 순간 모든 잡념을 물리친다는 것이다.

나아가 '촌철살인'이라는 성어는 핵심이나 정곡을 찔러 상대방을 제압하는 모든 언행에 두루 쓰이게 되었다.

4 日喩贈吳彦律

南方_{남방}에 多沒人_{다몰인}하니 日與水居也_{일여수거야}하여 七歲而能涉_{칠세이능섭}하고

十歲而能浮_{십세이능부}하고 十五而能沒矣_{십오이능몰의}라.

夫沒者豈苟然哉_{부몰자기구연재}아 必也將有得於水之道者_{필야장유득어수지도자}라.

日與水居則得其道_{일여수거즉득기도}어니와 生而不識水則雖壯_{생이불식수즉수장}이나

見舟而畏之_{견주이외지}하리니

故_고로 北方之勇者問於沒人_{북방지용자문어몰인}하여 而求其所以沒_{이구기소이몰}이나

以其言_{이기언}으로 試之河_{시지하}하여 未有不溺者也_{미유불닉자야}리라.

故_고로 凡不學而務求道_{범불학이무구도}는 皆北方之學沒者也_{개북방지학몰자야}라.

昔者_{석자}에 以聲律_{이성률}로 取士_{취사}에 士雜學而不志於道_{사잡학이부지어도}러니

今也_{금야}에 以經術_{이경술}로 取士_{취사}하니 士知求道而不務學_{사지구도이불무학}이라.

　남방에는 물속에 잠길 수 있는 사람이 많다. 날마다 물과 더불어 생활을 하여 7세가 되면 물을 건널 수 있고, 10세가 되면 물위에 뜰 수가 있으며, 15세가 되면 물속에 잠길 수 있다.

　그 물속에 잠기는 사람이 어찌 우연히 그리 할 수 있겠는가? 반드시 물의 이치를 체득하려 함이 있었을 것이다. 날마다 물과 더불어 살게 되면 그 물의 이치를 체득할 수 있겠지만, 태어나서부터 물을 모른다면 비록 장년이 되어도 배를 보고 그것을 두려워한다. 그래서 북방 출신의 용감한 자가 (남방 출신의) 물에 잠길 수 있는 사람에게 물어보고 나서 그 물에 잠길 수 있는 방법을 추구하지만 그 말대로 강물에서 시험해 보고 익사溺死하지 않는 사람이 없었다.

　그래서 무릇 학문을 하지 않고 도道를 추구하고자 노력하는 것은 모두가 북방 출신 사람들이 물에 잠기기를 배우는 격이다. 종전에는 시부詩賦로써 인재를 뽑아 공부하는 사람들이 잡되게 공부를 하여 도에는 뜻을 두지 않았었는데, 지금은 경문經文으로 인재를 뽑으니, 공부하는 사람들이 도를 추구할 줄은 알았지만 학문에는 힘쓰지 않고 있다.

한 자 활 용

能
能辯(능변) : 말솜씨가 능란함, 또는 그 말.
能通(능통) : 사물에 잘 통하다.
萬能(만능) : 모든 일에 다 능통하다.

舟
舟橋(주교) : 배다리. 여러 개의 배를 이어서 만든 임시 다리.
舟師(주사) : ①수군水軍. ②뱃사공.
片舟(편주) : 작은 배. 편주扁舟.

將
將帥(장수) : 군대를 거느리는 장군. 군의 우두머리.
將次(장차) : ①차츰. 점차로. ②앞으로.
猛將(맹장) : 용맹한 장수.

試
試案(시안) : 시험 삼아 만든 안案.
試製(시제) : 시험 삼아 만들어 보다.
初試(초시) : 과거科擧 중 맨 처음 보는 시험.

字句 풀이

- **沒人**(몰인)
  물속에 잠겨 수영하는 사람. 잠수부潛水夫. '沒'은 빠지다. 가라앉다.

- **日與水居**(일여수거)
  날마다 물과 더불어 생활하다.

- **能涉**(능섭)
  물을 건널 수 있다. '涉'은 걸어서 건너다.

- **能浮**(능부)
  물위에 뜰 수 있다. '浮'는 뜨다.

- **能沒**(능몰)
  물속에 잠길 수 있다.

- **夫沒者**(부몰자)
  그 물속에 잠기는 사람. '夫'는 그. '沒者'는 '沒人'과 같음.

- **豈苟然哉**(기구연재)
  어찌 우연히 그리 할 수 있겠는가? '豈～哉'는 어찌 ～하겠는가? '苟然'은 우연히 그러하다.

- **必也將有得於水之道者**(필야장유득어수지도자)
  반드시 물의 이치를 체득하려 함이 있었을 것이다. '必也'는 반드시. '將'은 장차 ～하려 하다. '得於水之道者'는 물의 이치에 대하여 체득하다.

- **生而不識水**(생이불식수)
  태어나서부터 물을 모르다.

- **雖壯**(수장)
  비록 장년이 되어도.

- **見舟而畏之**(견주이외지)
  배를 보고 그를 두려워하다.

- **問於沒人**(문어몰인)
  '沒人'에게 물어보다. 여기의 '沒人'은 남방 출신 중 수영을 잘하는 사람.

- **求其所以沒**(구기소이몰)
  물에 잠기는 방법을 추구하다. '求'는 추구하다. '所以'는 방법.

- **試之河**(시지하)
  하수에서 시험해 보다.

- **未有不溺者也**(미유불닉자야)
  익사하지 않는 사람이 없다.

- **凡不學而務求道**(범불학이무구도)
  무릇 학문을 하지 않고 도를 추구하고자 노력하다.

- **皆北方之學沒者也**(개북방지학몰자야)
  모두가 북방 출신 사람들이 물에 잠기기를 배우는 격이다.

- **以聲律, 取士**(이성률, 취사)
  '시부詩賦'로써 인재를 뽑다. '聲律'은 성음聲音과 격률格律, 즉 '시부詩賦'를 말함. '取'는 사람을 뽑다.

- **雜學**(잡학)
  무질서하게 공부하다.

- **以經術, 取士**(이경술, 취사)
  경학經學으로 인사를 뽑다, 즉 경문經文을 명제命題로 주고 논문을 짓게 하여 인사를 뽑다.

- **知求道而不務學**(지구도이불무학)
  도를 추구하는 줄은 알게 되었지만, 학문에는 노력하지 않다.

소식蘇軾과 〈일유증오언율 日喩贈吳彦律〉

소식(1036~1101)의 자는 자첨子瞻, 호는 동파거사東坡居士이며 북송北宋 제일의 문장가로 아버지 소순蘇洵, 아우 소철蘇轍과 함께 당송팔대가唐宋八大家의 한 사람이다. 일찍이 구양수歐陽修에게 재능을 인정받아 과거에 합격하고 관직에 나갔으나 왕안석王安石의 '신법新法'에 반대하다가 황주黃州로 좌천되었고, 다시 복권復權되어 중서사인中書舍人·한림학사翰林學士 등을 지냈지만 만년에 다시 해남도海南島에 귀양갔다가 풀려나오는 길에 죽었다. 문집으로 《동파집東坡集》이 있다.

〈일유증오언율〉이라는 글은 작자 소식이 당시 독서인들이 잘못된 자세로 학문에 임하고 있음에 느낀 바 있어 그것에 관해 오언율에게 써준 작품으로 앞에서 읽은 부분은 그 중 후반부에서 초록抄錄한 것이다. 당시 재상이 된 왕안석이 《삼경신의三經新義》를 반포하여 과거시험의 기준이 되는 경전經典 해석의 틀을 제시하자 독서인들은 《삼경신의》만을 공부하게 되었다.

이러한 상황에 대해 소식은 이 글을 써서, 수영하는 사람이 오랫동안 물과 더불어 생활해야만 물속에 잠길 수 있듯이, 학문도 도道의 추구를 목표로 하고 꾸준히 학문을 위해 노력을 기울여야 한다는 견해를 피력하였다.

이 작품의 전반부에서는 태양을 본 적이 없는 이가 남의 말만 듣고 태양에 대하여 잘못 유추하게 되는 일을 들어, 남의 억설이나 편견에 근거해서는 바르게 학문을 할 수 없다는 논리를 펴고 있다. 그래서 '태양에 비유한다'는 뜻의 '일유日喩' 두 글자가 제목에 들어가 있는 것이다.

'증贈'이라는 문체에 대해

〈일유증오언율〉의 '증贈'자는 문체의 이름을 나타낸 글자로 증서류贈序類에 속하는 문장을 가리킨다. 증서류는 본래 서발류序跋類에 함께 묶여 있다가 독립된 문체이다. 친구를 비롯한 가까운 사람을 전송할 때 석별惜別의 정을 담아 써 준 글이다.

〈일유증오언율〉의 작품 제목에서는 '서序'자가 생략되었지만 본래의 형식은 '贈○○○序'의 형태이다.

우 음
偶吟

－우연히 읊다

成　渾

四十年來臥碧山 (사십년래와벽산)
是非何事到人間 (시비하사도인간)
小堂獨坐春風地 (소당독좌춘풍지)
花笑柳眠閑又閑 (화소유면한우한)

사십 년 동안이나 푸른 산에 깃드니
시비가 무슨 일로 세상에 이르리오?
작은 집 봄바람 부는 곳에 혼자 앉아 있노라니
꽃도 피고 버들은 졸고 마냥 한가롭네.

지은이

성혼成渾(1535～1598)

　조선 선조宣祖 때의 학자로 자는 호원浩原, 호는 우계牛溪이다. 율곡 이이와 함께 사단칠정론四端七情論을 논의하였고 성리학의 대가로 후세에 이름이 높았으며, 좌의정左議政에 추증되었다.

字句 풀이

臥碧山－푸른 산에 눕다. 산 속에 은거하다.
人間－인간 세상.
閑又閑－한가롭고 또 한가롭다. 마냥 한가롭다.

해설　이 시는 작가의 탈속한 모습과 한적한 정취가 잘 나타나 있다. 인간 속세를 벗어나 반평생을 산속에 은거한 시인이 봄바람 부는 날에 작은 당에 앉아 있다. 그러한 평화롭고도 한가한 마음을 웃는 꽃과 졸고 있는 버들에 기탁하고 있어 시의 맛을 더한다. 또한 제목에서 알 수 있듯이, 이 시조차 의식적으로 고심하여 지은 것이 아니고 '우연히 읊은' 것이라서 이미 이러한 한 아閑雅한 경지가 체화되어 있음을 알 수 있다.

무 어 별
無語別
－ 말없이 이별하다

林 悌

十五越溪女 (십오월계녀)
羞人無語別 (수인무어별)
歸來掩重門 (귀래엄중문)
泣向梨花月 (읍향이화월)

열다섯 살 아리따운 소녀가
남부끄러워 말없이 이별했네.
돌아와 중문을 닫아걸고는
배꽃에 걸린 달을 향해 흐느껴 우네.

지은이
임제 林悌(1549~1587)
조선 선조 때의 시인. 자는 자순子順, 호는 백호白湖·겸재謙齋·벽산碧山. 성운成運의 문인으로 당파 싸움을 개탄하고 명산을 찾아 시문을 즐기며 호방하게 지내다가 37세에 요절夭折했다.

字句 풀이
越溪女 － 월나라 시냇가의 여인. 젊고 아리따운 여자. 원래 월나라 시냇가에서 빨래하던 미녀 서시西施를 뜻하나 여기서는 일반적으로 '미인美人'을 가리킴.
掩 － 닫다. 가리다.
重門 － 겹겹의 문. 대문 안에 있는 문.
泣 － 소리를 내지 않고 눈물만 흘리며 우는 것.
梨花月 － 배꽃을 비추는 달. 배꽃에 걸린 달.

해설　수줍어서 말도 못하고 사랑하는 사람과 헤어진 사춘기 소녀의 심정을 읊은 시이다. 이별할 때에는 한마디 말도 못했지만 돌아와서 문을 닫아걸고는 달을 보며 흐느껴 우는 것이다. 그때 배꽃은 왜 그렇게 피어있었을까?

약도 과하면 독이 된다

감기에 걸려 기침을 하는 사람이 있었다. 의사에게 물었더니 기생충 때문이라며 내버려두면 죽게 될 것이라고 하였다. 그 사람은 많은 돈을 가지고 치료를 받으러 갔다. 의사는 그에게 기생충약을 먹여 그의 신장, 위장 등을 공격하고 몸과 피부를 바싹 태우고 기름진 음식도 먹지 못하게 하였다. 그렇게 하여 한 달이 지나자 도리어 온갖 병이 다 생겨났다. 속에서 열이 나고 오한 증세가 생겼으며 기침도 그치지 않았다.

다른 의사를 찾았더니 열병이라고 하며 해열제를 주었다. 그것을 먹었더니 아침이면 토하고 저녁이면 설사를 하여 밥도 먹을 수 없는 지경이 되었다. 놀라서 원상으로 돌이켜보려고 다시 종유鐘乳·오훼烏喙와 같은 값비싼 약을 마구 사먹었다. 그랬더니 종기와 부스럼이 나고 어지럼증이 생겨 온갖 병세가 다 나타나는 듯하였다.

세 번째로 의사를 바꾸었지만 병은 더욱 심해지기만 하였다.

그러던 어느 날, 마을의 노인이 그를 깨우쳐 주었다.

"이렇게 된 것은 의사 탓이고 약 때문이라네. 사람의 몸이란 원기를 위주로 하고 음식물로 그것을 돕는 법이네. 그런데 이제 자네는 종일토록 약을 입에서 떼지 않아 지독한 약냄새가 몸밖에까지 진동하고, 온갖 독성이 몸 안에서 싸우고 있네. 주체가 되는 원기를 수고롭게 하고 도와주는 음식물을 멀리하여 병이 난 것일세. 이제 모두 그만두고 쉬도록 하게. 의사도 멀리하고 약도 멀리하게. 그리고 좋아하는 음식을 먹도록 하게. 그런 방법이 좋은 약이니 한번 복용하기만 하면 곧 효과를 보게 되지."

그 말을 따랐더니 한 달만에 병이 완전히 나았다.

●《소동파집蘇東坡集》 사의각약謝醫却藥

출전　《소동파집》은 북송北宋 때의 유명한 문인인 소식蘇軾(1037~1101)의 글을 모은 책이다. 그의 호가 동파거사東坡居士라 소동파蘇東坡로 더 잘 알려져 있다.

錦衣夜行(금의야행)

아무도 알아주는 이가 없어 보람없는 행동

글자풀이

錦(금)－비단. 비단처럼 아름다운 것.

뜻풀이

비단옷을 입고 밤에 돌아다닌다는 말로, 아무 보람없는 행동을 일컫거나, 아무리 내가 잘해도 남이 알아주지 않는다는 뜻으로 쓰인다. 이 말은 항우項羽에게서 유래된 것이다. 항우는 진秦나라를 멸망시킨 후 아방궁을 불태우고 함양咸陽을 떠나 고향이 있는 동쪽으로 가려 했다.

이 때 그의 신하가 함양이 있는 진나라 땅은 험한 산천이 둘러싸고 있어 방어에 유리하고 땅이 비옥하여 수도로 삼는 것이 좋겠다고 건의했다.

항우가 말하길, "부귀영화를 이루고도 고향에 돌아가지 않는다면, 비단옷을 입고 밤길을 가는 것과 같으니, 누가 알아주겠는가?" 라고 말했다고 한다.

咸興差使(함흥차사)

심부름을 간 사람이 소식이 없거나 또는 회답이 좀처럼 오지 않음

글자풀이

咸(함)－다.
興(흥)－일어나다.
差(차)－어그러지다. 다르다.
使(사)－부리다. 하여금.

뜻풀이

조선朝鮮을 건국한 태조太祖 이성계李成桂는 아들들이 왕위를 놓고 두 번씩이나 싸우자, 왕위를 정종定宗에게 물려주고 고향인 함흥으로 내려갔다. 정종에 이어 왕위에 오른 태종太宗은 여러번 함흥으로 차사差使를 보내어 아버지를 모셔오도록 하였다. 그러나 극도로 노한 이성계는 사자가 오기만 하면 활로 쏘아 죽여 버렸기 때문에 함흥으로 간 사신치고 한양漢陽으로 돌아온 사람은 아무도 없었다고 한다.

5 五柳先生傳

선생 부지하허인   역불상기성자
先生은 不知何許人이요 亦不詳其姓字나

택변   유오류수   인이위호언
宅邊에 有五柳樹하여 因以爲號焉이라.

한정소언   불모영리   호독서   불구심해
閑靖少言하며 不慕榮利하고 好讀書하되 不求甚解요

매유회의   변흔연망식
每有會意면 便欣然忘食이라.

성기주   가빈불능상득   친구지기여차
性嗜酒하되 家貧不能常得하니 親舊知其如此하고

혹치주이초지   조음첩진   기재필취
或置酒而招之면 造飮輒盡하여 期在必醉요

기취이퇴   증불인정거류
旣醉而退하여는 曾不吝情去留하더라.

환도소연   불폐풍우   단갈천결
環堵蕭然하여 不蔽風雨하고 短褐穿結하며

단표누공   안여야
簞瓢屢空하되 晏如也러라.

상저문장자오   파시기지   망회득실
常著文章自娛하여 頗示己志하고 忘懷得失하여

이차자종
以此自終하니라.

선생은 어떠한 사람인지를 모르겠고, 또한 그의 성姓과 자字도 상세하지 않다. 집 주변에 다섯 그루의 버드나무가 있어 그로 인하여 오류五柳를 호로 삼았다. 한가롭고 조용하며 말이 적고 영예와 이익을 좋아하지 않았다. 책읽기를 좋아하되 세밀한 부분은 추구하지를 않았으며 마음에 드는 구절이 있을 때마다 곧 기뻐서 끼니도 잊었다.

성품이 술을 좋아하지만 집이 가난하여 항상 얻을 수는 없었다. 친구들이 이와 같은 처지를 알고 간혹 술자리를 마련해 놓고 그를 초대하면 가서는 언제나 다 마셔 버리곤 하였으며 기약하는 바는 반드시 취하는 데 있었다. 취하고 난 후에는 떠나는 데 마음 아쉬워하지 않았다.

사방이 벽만 둘러 있는 작은 집은 쓸쓸하기만 하고 바람도 비도 가리지 못했으며, 짧은 잠방이는 해져 꿰매 입었고, 밥그릇도 국그릇도 자주 비었지만 편안하였다. 항상 문장을 써서 스스로 즐기면서 다소나마 자기의 뜻을 보였고 득得과 실失을 마음에 두지 않고 잊는 이런 자세로 자신의 생애를 마치려 했다.

한 자 활 용

許
許心(허심) : 마음을 허락하다.
許容(허용) : 허락하여 용납하다.
官許(관허) : 관청에서 해주는 허가.

詳
詳考(상고) : ①자세히 참고하다. ②상세히 검토하다.
詳解(상해) : 자세한 풀이.
不詳(불상) : 자세하지 아니하다. 미상未詳.

閑
閑居(한거) : ①한가히 있다. ②한적한 곳에서 살다.
閑日(한일) : 한가한 날. 일이 없는 날.
農閑(농한) : 농사일이 그다지 바쁘지 아니하다.

慕
慕情(모정) : 그리워하는 심정.
慕化(모화) : 덕화德化를 그리워하다.
敬慕(경모) : 존경하고 사모하다.

字句 풀이

- 亦不詳其姓字(역불상기성자)
  또한 그 사람의 성姓과 자字도 상세하지 않다. '字'는 성인成人이 된 후, 본 이름 외에 부르던 이름.

- 因以爲號焉(인이위호언)
  그로 인하여 오류五柳를 호號로 삼았다.

- 不慕榮利(불모영리)
  영예와 이익을 좋아하지 않다.

- 不求甚解(불구심해)
  세밀한 분석을 추구하지 않다.

- 每有會意(매유회의)
  마음에 드는 글이 있을 때마다.

- 便欣然忘食(변흔연망식)
  곧 기뻐서 끼니도 잊었다. '欣然'은 기뻐하는 모양.

- 性嗜酒(성기주)
  성품이 술을 즐기다.

- 不能常得(불능상득)
  항상 얻을 수는 없다.

- 或置酒而招之(혹치주이초지)
  간혹 술자리를 마련해 놓고 초대한다. '招之'의 '之'는 오류선생.

- 造飮輒盡(조음첩진)
  가서는 언제나 다 마셔 버리곤 했다. '造'는 이르다. '輒'은 그럴 때마다.

- 期在必醉(기재필취)
  기약함이 반드시 취하는 데 있었다. '期'는 기약하다.

- 旣醉而退(기취이퇴)
  취하고 나서는 물러나다.

- 不吝情去留(불인정거류)
  떠나는 데 마음 아쉬워하지 않다. '吝情'은 마음에 아쉬워하다. '吝'은 인색하다. '去留'는 떠나다. '去'자의 뜻만 취하고 '留'자의 뜻은 취하지 않음.

- 環堵蕭然(환도소연)
  사방에 벽만 둘러 있는 좁고 작은 집이 쓸쓸하다. '環'은 삥 두르다. '堵'는 담. 벽. '蕭然'은 쓸쓸하다.

- 不蔽風雨(불폐풍우)
  바람도 비도 가리지 못하다.

- 短褐穿結(단갈천결)
  짧은 베옷은 해져 꿰매 입다. '短褐'은 베 잠방이. 천민의 옷. '穿'은 해지다. '結'은 꿰매다.

- 簞瓢屢空(단표누공)
  밥그릇 국그릇이 자주 비다. 끼니를 자주 거르다. '簞'은 대나무 밥그릇. '瓢'는 표주박. '屢'는 자주.

- 晏如(안여)
  편안하다. '晏'은 편안하다. '～如'는 '～然'과 같음.

- 常著文章(상저문장)
  항상 문장을 쓰다.

- 自娛(자오)
  스스로 즐기다.

- 頗示己志(파시기지)
  약간은 자기의 뜻을 보이다. '頗'는 약간. 조금. '많이'의 뜻이 아님.

- 以此自終(이차자종)
  이런 자세로 자신의 일생을 마치다.

도잠陶潛과 〈오류선생전五柳先生傳〉

도잠(372?~427)의 자는 연명淵明 또는 원량元亮이며, 심양潯陽 채상柴桑 사람으로 진晉 나라의 사마대장군司馬大將軍 도간陶侃의 증손이다. 집이 가난하여 몇 차례 벼슬길에 발을 내 딛곤 하였지만, 팽택령彭澤令을 마지막으로 전원田園에 귀의하여 시와 술로 여생을 보냈다. 동 진東晉과 유송劉宋시대에 걸쳐 살았던 격조 높은 전원시인田園詩人으로 사람들은 그를 정절 靖節선생이라고 불렀다. 시문집으로 《도연명집陶淵明集》이 있다.

앞에서 읽은 〈오류선생전〉에서 도잠은 자기 집 옆에 다섯 그루의 버드나무가 있다 하여 자호自號를 오류선생五柳先生이라고 하고, 자신의 생활관이나 인생관 및 자신의 성격이나 신 념에 대해 마치 남의 이야기를 하듯이 객관적으로 서술하였다.

당시의 사람들은 이 글을 두고 연명淵明의 실록實錄이라고 했다. 이 글은 후세에 전기체傳 記體의 규범 중 하나가 되었다.

'전傳'이라는 문체에 대해

〈오류선생전〉의 '전'자는 문체의 이름을 나타낸 글자이다. 본래는 역사가가 나라의 역사를 기술할 때 중요한 인물을 대상으로 그의 일생 일대의 사적을 쓴 글이었는데, 《사기史記》등 의 열전列傳이 바로 그것이다.

그런데 후세에 와서는 문인·학사들도 이를 본받아 개인의 행적을 '전傳'에 담았다. 종류로 는 사가私家에서 보존하는 가전家傳, 간략히 기술한 소전小傳, 정격의 전기 기술에서는 누락 되어 세상에 알려지지 않은 일사逸事를 쓴 별전別傳·외전外傳 등이 있으며, 그밖에 다른 사 람의 이름을 빌어서 쓴 탁전託傳이 있는데 〈오류선생전〉은 이 탁전에 속한다.

途中
^도 ^중

– 길에서

李 睟 光

岸柳迎人舞 (안류영인무)

林鶯和客吟 (임앵화객음)

雨晴山活態 (우청산활태)

風暖草生心 (풍난초생심)

景入詩中畫 (경입시중화)

泉鳴譜外琴 (천명보외금)

路長行不盡 (노장행부진)

西日破遙岑 (서일파요잠)

강 언덕 버들은 사람을 맞아 춤추고
숲속의 꾀꼬리는 길손과 화답하며 읊조리네.
비가 개자 산은 활기를 띠고
바람조차 따뜻하니 풀이 싹을 틔운다.
경관은 시 속에 그림되어 들어오고
샘물은 악보 밖의 거문고 소리를 내며 울리네.
길은 멀어 가도가도 끝이 없는데
지는 해는 먼 산봉우리에서 부서지고 있구나.

지은이

이수광李睟光(1563~1628)
  조선 중기의 문인으로 자는 윤경潤卿, 호는 지봉芝峰이다. 명나라에 사신으로 갔다가 마테오리치의 저서를 가지고 왔으며, 우리나라에 최초로 서학西學을 도입하였다. 저서로《지봉유설芝峰類說》이 있다.

字句 풀이

鶯 – 꾀꼬리.
活態 – 활기 있는 모습.
草生心 – 풀이 싹을 틔우다. 여기서 '心'은 풀의 싹을 뜻함.
詩中畫 – 시 속의 그림. 소식蘇軾이 왕유王維의 시와 그림을 평하여 말하길, "시 속에 그림이 있고, 그림 속에 시가 있다(詩中有畫, 畫中有詩)"고 하였다.
譜外琴 – 악보 밖의 거문고. 악보에 없는 새로운 거문고 소리를 낸다는 뜻.
遙岑 – 먼 산봉우리. 아득한 산.

해설

이 시는 작가가 연경燕京으로 가는 도중의 경물을 보고 지은 작품이다. 시상이 밝고 경쾌한 가운데 시각적·청각적 심상이 잘 조화되어 있다. 3연에서 풍경이 그림 속에 들어간 듯하고, 마지막 연에서는 지는 해가 먼 산봉우리에서 '부서지고 있다'고 하며 '파破'자를 사용하여 또다른 맛이 있다.

설
雪
－눈

金 炳 淵

天皇崩乎人皇崩 (천황붕호인황붕)
萬樹青山皆被服 (만수청산개피복)
明日若使陽來弔 (명일약사양래조)
家家簷前淚滴滴 (가가첨전루적적)

하느님이 돌아가셨나, 황제가 돌아가셨나?
온 나무와 푸른 산이 다 상복을 입었네.
내일 만약 햇빛이 조문을 오면
집집마다 처마끝에서 눈물을 뚝뚝 흘리겠지.

지은이

김병연金炳淵(1807~1863)

　조선 후기의 유명한 방랑 시인으로 호는 난고蘭皐이며, 세상에는 김삿갓[金笠]이라는 이름으로 더 잘 알려져 있다. 전국을 유람하면서 쓴 많은 해학적이고 풍자적인 시가 전해오고 있다.

字句 풀이

天皇－하느님. 천제天帝. 중국 고대 전설 속의 삼황三皇 중의 하나.
崩－천자天子, 황제의 죽음.
人皇－황제. 인간세상의 임금. 중국 고대 전설 속의 삼황三皇 중의 하나.
被服－옷을 입다. 여기서는 하얀 상복을 입다.
若使－만일 ～라면.
簷－처마.
滴滴－물방울이 떨어지는 모양.

해설　더 이상 설명이 필요없는 해학적이고 재미있는 시이다. 하얀 눈이 덮인 것이 상복을 입었다고 보고, 해가 떠서 처마끝에서 눈이 녹아 떨어지는 물방울을 눈물 흘린다고 비유한 착상이 기발하다.

결국 쥐 고양이

제엄齊奄*은 집에 고양이 한 마리를 길렀는데 '호랑이 고양이'라고 불렀다.

어느 날 어떤 손님이 와서 말하였다.

"호랑이는 정말 용맹하기는 하지만 용의 신령스러움만 못합니다. 그러니 '용 고양이'라고 하는 편이 낫겠습니다."

제엄은 기뻐하며 '용 고양이'라고 부르기로 했다. 다음날, 다른 손님이 와서 말하였다.

"용이 하늘에 올라가기 위해서는 하늘에 떠 있는 구름이 필요하지요. 그러니 구름이 용보다는 위라고 할 수 있지요. '구름 고양이'라고 하는 것이 더 좋을 것 같습니다."

제엄은 좋은 이름을 지어 줘서 감사하다고 말하고는 집사람들에게 그렇게 부르게 했다. 또 어떤 손님이 와서 말하였다.

"구름이 하늘을 가릴 때에 바람이 갑자기 불어 그것을 흩어 버리지요. 구름은 애당초 바람의 적이 되지 못한답니다. '바람 고양이'라고 바꾸어 부르시지요."

제엄은 갈수록 고양이 이름이 멋있어진다고 기뻐하며 또 그렇게 부르게 했다.

또 어떤 손님이 말하였다.

"큰 바람이 회오리를 일으키며 불 때에 담장으로만 막아도 족합니다. 바람이 담장을 어찌하겠습니까? '담장 고양이'라고 부르시는 게 좋겠습니다."

또 어떤 손님이 말하였다.

"담장이 비록 튼튼하다 해도 쥐가 구멍을 뚫으면 무너지고 맙니다. 담장이 쥐를 어찌하겠습니까? '쥐 고양이'라고 부르는 것이 좋겠습니다."

그 뒤로 제엄 집 사람들은 의기양양하게 자랑하며 '쥐 고양이'라고 불렀다.

이웃에 사는 한 늙은이가 웃으며 말하였다.

"하하, 쥐를 잡는 것이 본시 고양이지. 고양이는 결국 고양이인 게야. 무엇 때문에 애써 그 본래의 참모습을 바꾸려 하는가?"

●《현혁편》 묘호猫號

* 제엄齊奄 : 작자가 만들어 낸 가공 인물. 제齊나라 사람들은 예로부터 과장이 심하고 허풍을 잘 떠는 것으로 알려져 있어서 이러한 명칭을 붙인 듯함.

출전 《현혁편》은 명대明代의 문인인 유원경劉元卿(1544~1609)이 지은 필기소설이다. 모두 16가지로 분류 편찬되었는데, 그 중 '비유譬喩', '응해應諧'편에 우언이 많이 실려 있다.

蟷螂拒轍 (당랑거철)

제 분수를 모르고 강적에게 반항하다

글자풀이

蟷(당) – 버마재비. 사마귀.

螂(랑) – 사마귀.

拒(거) – 막다. 겨루다.

轍(철) – 수레바퀴 자국. 흔적.

뜻풀이

사마귀가 수레바퀴가 지나가는 앞을 가로막는다는 말로 겁도 없이 무모하게 덤빈다는 뜻이다.

《회남자淮南子》에 이르길, 제나라 장공莊公이 사냥을 나갔는데 벌레 한 마리가 발을 들어 수레바퀴를 막으려 했다.

장공이 마부에게 저게 무슨 벌레냐고 묻자, "저놈은 사마귀라는 놈입니다. 저놈은 앞으로 나아갈 줄만 알고 뒤로 물러날 줄은 모르는 놈입니다"라고 답했다.

장공이 말하길, "그래, 그놈이 만일 사람이라면 반드시 천하의 용사가 되었을 것이다"라고 말하며 수레를 돌려 사마귀를 피해갔다는 고사가 있다.

일명 '당랑지부蟷螂之斧'라고 하여 사마귀의 칼날같은 넓적한 앞다리를 도끼에 비유하여 말하기도 하는데, 현격한 힘의 차이가 나는 강적 앞에서 분수를 모르고 덤빈다는 뜻으로 쓰인다.

駟不及舌 (사불급설)

발 없는 말이 천리 간다

글자풀이

駟(사) – 네 필의 말. 네 필의 말이 끄는 수레.

不及(불급) – 미치지 못하다. 따라가지 못하다.

뜻풀이

네 마리 말이 끄는 빠른 수레도 사람의 혀를 따르지 못한다는 뜻으로 우리말의 '발 없는 말이 천리간다'는 속담과 유사하다. 즉 말조심을 해야 한다는 뜻이다.

이처럼 말조심해야 한다는 내용의 성어는 많다.

'화는 입으로부터 나오고, 병은 입으로부터 들어간다(禍自口出, 病自口入)'라는 성어도 있고, 당唐나라 명재상 풍도馮道는 〈설시舌詩〉라는 시에서 '입은 화의 문이고, 혀는 몸을 베는 칼이다(口是禍之門, 舌是斬自刀)'라고도 했다.

6 諫逐客書

臣聞 "地廣者粟多하고 國大者人衆하고

兵强則士勇이라"하니이다.

是以로 泰山은 不讓土壤이라 故로 能成其大하고

河海는 不擇細流라 故로 能就其深하며

王者는 不却衆庶라 故로 能明其德이니

是以로 地無四方하며 民無異國하여 四時充美하고

鬼神降福하나니 此五帝三王所以無敵也니이다.

今乃棄黔首以資敵國하고 去賓客以業諸侯하여

使天下之士로 退而不敢西向하고 裹足不入秦하니

此所謂藉寇兵而齎盜糧也니이다.

신臣이 듣건대, 영토가 넓은 자는 곡식이 많고, 나라가 큰 자는 백성이 많으며, 병사가 강하면 지휘관도 용감하다 하였습니다. 태산泰山은 흙을 마다하지 않기 때문에 그 웅대함을 이룰 수 있고, 하수와 바다는 가는 물줄기도 가리지 않기 때문에 그 깊이를 성취할 수 있으며, 왕도王道정치로 다스리는 임금은 뭇 백성을 물리치지 않기 때문에 그의 성덕盛德을 밝힐 수가 있습니다.

그래서 영토는 사방四方의 구분없이 (모두 그의 땅이고), 백성은 다른 나라와의 구분없이 (모두 그의 신하였습니다) 사시四時 내내 충실하고 아름답고 귀신도 복을 내렸으니, 이것이 오제五帝와 삼왕三王에게 적이 없었던 까닭입니다.

지금 백성을 버리어 적국을 돕게 하고 다른 나라 출신의 인사들을 물리쳐 제후들을 섬기게 하여, 천하의 인사들로 하여금 물러나 감히 진秦나라로 향하지 못하게 하고 발을 싸매 진나라에 들어오지 못하게 하고 있으니, 이는 이른바 적에게 병기를 빌려주고 도둑에게 양식을 보내주는 격입니다.

한 자 활 용

兵
兵力(병력) : ①군대의 힘. ②병사의 수數.
兵站(병참) : 일선 군대에 군수품을 보급하는 일.
伏兵(복병) : 요긴한 곳에 군사를 숨겼다가 적군을 불의에 치는 것.

泰
泰然(태연) : 흔들리지 않고 굳건한 모양.
泰平(태평) : 세상이 평화롭다. 나라가 잘 다스려지다.
安泰(안태) : 편안하고 태평하다.

勇
勇斷(용단) : 용기있게 결단하다.
勇者(용자) : 용기있는 사람. 용사勇士.
忠勇(충용) : 충성스럽고 용맹하다.

深
深谷(심곡) : 깊은 골짜기.
深奧(심오) : 깊고 오묘하다. 천박하지 않다.
夜深(야심) : 밤이 깊어지다.

字句 풀이

- **地廣者粟多** (지광자속다)
  영토가 넓은 자는 곡식이 많다. '粟'은 곡식.

- **國大者人衆** (국대자인중)
  나라가 큰 자는 백성이 많다.

- **兵强則士勇** (병강즉사용)
  병사가 강하면 지휘관도 용감하다. '士'는 '兵'을 지휘하는 사람.

- **不讓土壤** (불양토양)
  흙을 양보하지 않는다.

- **不擇細流** (불택세류)
  가는 물줄기도 가리지 않는다.

- **能就其深** (능취기심)
  그 깊이를 성취할 수가 있다.

- **王者, 不却衆庶** (왕자, 불각중서)
  왕도王道정치로 다스리는 임금은 뭇 백성을 물리치지 않는다.

- **能明其德** (능명기덕)
  그의 덕을 밝힐 수가 있다.

- **地無四方** (지무사방)
  영토는 사방의 구분이 없다. 동서남북 할 것 없이 모두 그의 땅이란 뜻.

- **民無異國** (민무이국)
  백성은 다른 나라와의 구분이 없다. 즉, 백성은 본국·외국 할 것 없이 모두가 그의 신하라는 뜻.

- **四時充美** (사시충미)
  춘하추동 할 것 없이 내내 충실하고 아름답다.

- **五帝三王** (오제삼왕)
  오제와 삼왕. 《사기史記》에 의하면, 오제는 황

제黃帝·전욱顓頊·제곡帝嚳·제요帝堯·제순帝舜을 말하고, 삼왕은 하夏나라의 우왕禹王과 은殷나라의 탕왕湯王과 주周나라의 문왕文王·무왕武王을 말한다.

- **所以無敵** (소이무적)
  적이 없었던 까닭이다. '所以'는 이유. 까닭.

- **棄黔首** (기검수)
  백성을 버리다. '黔首'는 백성. 진秦나라 때 백성을 일컫던 말.

- **資敵國** (자적국)
  적국을 돕다. '資'는 돕다.

- **去賓客** (거빈객)
  타국 출신의 인사들을 물리치다.

- **業諸侯** (업제후)
  다른 제후를 섬기다. '業'은 일을 돕다. 섬기다.

- **使天下之士~** (사천하지사~)
  천하의 인사들로 하여금 ~하게 하다.

- **退而不敢西向** (퇴이불감서향)
  물러나 감히 진秦나라에 향하지 못하다. '西向'은 서쪽에 있는 진나라로 향하다.

- **裹足不入秦** (과족불입진)
  발을 싸매 진나라에 들어오지 못하다. '裹足'은 발을 싸매다.

- **藉寇兵** (자구병)
  적에게 병기를 빌려 주다. '藉'는 빌려 주다. '寇'는 도둑. 적. '兵'은 무기.

- **齎盜糧** (재도량)
  도둑에게 양식을 가져다 주다. '齎'는 보내다. 가져다 주다.

이사李斯와 〈간축객서諫逐客書〉

이사(B.C. 284?~B.C. 208)는 원래 초楚나라 출신으로 순자荀子의 제자였다. 진시황秦始皇을 도와 천하를 병합倂合하고 승상丞相이 되어 진나라의 실권을 장악하였으나 조고趙高의 모략으로 결국에는 비참하게 죽었다. 문장에도 뛰어나고 서법書法에도 능했으며, 소전체小篆體로 문자 통일을 단행하는 등, 진나라의 개혁 정책에 혁혁한 공을 세웠다. 《사기史記》에 〈이사열전李斯列傳〉이 실려 있다.

〈간축객서〉는 진秦나라 왕실의 대신들 사이에서 외국에서 들어온 유세객遊說客을 벼슬자리에서 쫓아내자는 발의發議가 일자, 당시 승상 자리에 있던 이사가 진왕秦王(뒤에 秦始皇이 됨)에게 그 부당함을 간諫한 글이다.

전문全文의 내용은 진나라 역대 선왕先王들이 외래 인사들을 임용任用하여 크게 성공한 사례를 드는 한편, 국외에서 들여온 보옥寶玉과 후궁은 그대로 수용하면서 왜 외래 인사들만은 받아들이지 않느냐는 논리를 전개한 글이다.

본과本課에 실린 글은 그중 마지막 단락으로 전체의 내용을 총괄하면서 '축객逐客'의 해를 강조한 부분이다. 작품명이 〈간진왕축객서諫秦王逐客書〉 또는 〈상서진시황上書秦始皇〉으로 되어 있는 판본板本도 있다.

'상서上書'라는 문체에 대해

〈간축객서〉의 본래 제목은 《문선文選》에 〈상서진시황上書秦始皇〉으로 되어 있다. '상서'는 신하가 임금에게 올리는 문체를 가리킨다.

임금에게 올리는 글은 시대에 따라, 내용에 따라 '상서' 외에도 '장章'·'주奏'·'표表'·'의議'·'상소上疏' 등 여러 가지 이름이 있다.

등 북 사 탑
登北寺塔

– 북사의 탑에 올라

金 天 羽

十萬樓臺影 (십만누대영)

分明脚底看 (분명각저간)

隻身凌絶頂 (척신능절정)

孤塔聳雲端 (고탑용운단)

大野回春色 (대야회춘색)

重城鎖暮寒 (중성쇄모한)

江山無霸氣 (강산무패기)

高唱拍闌干 (고창박란간)

십만의 누대 그림자
다리 아래로 또렷이 보인다.
홀로 높은 정상을 차지하고 있고
외로운 탑은 구름 너머로 솟구치네.
넓은 들에는 봄기운이 돌아왔지만
겹겹으로 싸인 성은 늦추위를 가두고 있다.
이 강산에 늠름한 기상 없음에
높이 노래하며 난간을 치노라.

지은이

김천우金天羽(1874~1947)

중국 청말~중화민국 시기의 시인이자 학자로 본명은 무기懋基였고 자는 송잠松岑이었다. 중년 이후에 이름을 천우天羽 혹은 천핵天翮이라고 고쳐 불렀다. 양계초梁啓超가 제창한 '시계혁명詩界革命' 운동에 동조하기도 했다.

字句 풀이

北寺塔 – 중국 강소성江蘇省 소주蘇州 소재 북사北寺 경내에 있는 탑.

隻身 – 한몸.

聳 – 높이 솟다.

重城 – 옛날 도시는 외성벽 안에 다시 내성벽을 쌓았기 때문에 겹치다라는 의미의 중重을 썼다.

鎖 – 쇠사슬. 자물쇠. 잠그다. 가두다.

霸氣 – 우두머리다운 늠름한 기세.

해설

19세기 말의 중국은 서구 열강의 침탈에 속수무책으로 국운이 마지막으로 치닫던 때였다. 이런 상황에서 시인은 높은 탑의 정상에 올라 비가悲歌를 부른다. 넓은 들에 봄이 왔다 함은 세계의 변화 추세를 가리키는 것으로, 겹겹으로 싸인 성은 늦추위를 가두고 있다 함은 아직 잠에서 깨지 못하고 있는 중국을 가리키는 것으로 보아도 좋겠다.

괜히 티를 내지 않았으면

검黔* 지방에는 원래 노새가 없었는데 어느 호기심 많은 사람이 배로 노새 한 마리를 실어 왔다. 그러나 별로 쓸모가 없었으므로 산모퉁이에다 내버려두었다.

그런데 호랑이 한 마리가 몸집이 우람한 노새를 보고 꽤 신기한 힘을 지닌 동물일 것이라 생각하고 숲속에 숨어서 노새를 자세히 살펴보았다. 그리고 슬슬 기어나와 노새에게 조심스레 다가가 보기도 하였으나 역시 도대체 무슨 짐승인지 알 수가 없었다.

어느 날, 노새가 '히잉' 하고 소리를 내자 호랑이는 깜짝 놀라 멀리 달아나면서 노새가 자기를 잡아먹으려는 것으로 생각하고 몹시 겁이 났다. 그러나 호랑이가 살펴보니 노새는 별 재주가 없는 것 같았고 또 노새가 내는 소리에도 점차 익숙해졌다.

그리하여 노새의 앞쪽 뒤쪽으로 뱅뱅 돌기도 하였으나 감히 덤벼들지는 못하였다. 그 뒤에는 점점 노새에게 가까이 다가가 보기도 하고, 일부러 몸을 기대어 보기도 하고, 나아가 옆으로 툭 쳐보기도 하고, 정면에서 시비를 걸어 보기도 하였다.

노새는 몹시 화가 나서 뒷발로 호랑이를 걸어찼다. 그러자 호랑이는 은근히 기분이 좋아졌다. 속으로 '허우대만 컸지 별게 아니로구나!' 하는 생각이 들었다. 이에 마침내 휙 몸을 날려 으르렁 소리를 내며 단숨에 노새의 목덜미를 물어뜯고 말았다.

허허! 노새란 놈, 허우대가 커서 제법 점잖고 소리가 커서 힘깨나 쓰는 줄 알았구나. 애당초 그 보잘것없는 재주를 아예 내보이지 않았던들 호랑이가 제아무리 사나운 짐승이라 할지라도 역시 의심스럽고 두려워서 끝내 그를 공격하지는 못하였을 텐데. 이제 호랑이에게 잡아먹히고 말았으니 슬픈 일이로다!

●《유하동집柳河東集》 검지려黔之驢

* 검黔 : 당대唐代의 검중도黔中道. 지금의 귀주성貴州省 북부와 사천성. 동남부 일대.

출전 《유하동집》은 당나라 때의 유명한 문학가인 유종원柳宗元(773~819)의 저작이다. 한유韓愈와 함께 고문운동古文運動에 앞장섰으며, 중국 우언문학사에서 최초로 의식 우언 창작을 시도한 작가라고도 할 수 있다.

作舍道傍(작사도방)

사공이 많으면 배가 산으로 간다

글자풀이

舍(사) – 집.
傍(방) – 곁. 옆.

뜻풀이

직역하면 길가에 집을 짓는다는 뜻이다. 길가는 사람들의 왕래가 잦아 이러쿵 저러쿵 참견하는 사람도 많다.

그래서 뜻이 흔들리기 쉽고 결정을 내리기 힘들어 집 짓는 것이 어렵다는 말이다. 원래 '길가에 집을 지으면 3년이 되어도 완성하지 못한다(作舍道傍三年不成)'는 말의 준말이다.

우리 속담에 사공이 많으면 배가 산으로 간다는 말과 비슷하다. 곧 주견없이 남의 얘기만 따르면 실패한다는 의미이다.

朝令暮改(조령모개)

원칙없이 갈팡질팡하는 처사나 지시

글자풀이

朝(조) – 아침. 조정. 뵙다.
令(령) – 명령. 우두머리.
暮(모) – 저물다. 저물 무렵.
改(개) – 고치다. 변경하다.

뜻풀이

아침에 내린 명령을 저녁에 고친다는 말로 원칙이 서 있지 않아 갈팡질팡하는 처사나 일관성 없는 지시를 뜻한다. 한문제漢文帝 때 조조晁錯가 조정에 올린 상소문에서 유래되었다.

그 속에 '조세와 부역은 일정한 시기도 없고, 아침에 명령을 내리고 저녁에 또 다른 명령으로 고쳐 내린다(朝令而暮改). 그래서 전답田畓이 있는 사람은 반값에 팔아넘기고, 그것도 없는 사람은 돈을 빌어 비싼 이자에 시달린다. 이리하여 땅과 집을 다 팔고 심지어 자식까지 팔아 빚을 갚는 농민들이 생겼다'는 내용이 있다.

'조령모개'는 정부나 상급기관의 일관성 없는 정책 따위를 비판할 때 많이 쓴다.

부 록 I

1. 한문 교육용 기초 한자 1,800자

2001학년도부터 적용됨.

ㄱ

가 可 [口 2] 가하다, 옳다
　 加 [力 3] 더하다, 가담하다
　 佳 [人 6] 아름답다, 좋다
　 家 [宀 7] 집, 전문가
　 歌 [欠 10] 노래
　 假 [人 9] 빌리다, 거짓, 임시
　 價 [人 13] 값, 가치
　 街 [行 6] 거리
　 架 [木 5] 시렁
　 暇 [日 9] 겨를, 여가
각 各 [口 3] 각각
　 角 [角 0] 뿔, 모퉁이
　 脚 [肉 7] 다리, 발
　 却 [卩 5] 물리치다, 문득
　 刻 [刀 6] 새기다, 시각
　 閣 [門 6] 집, 누각
　 覺 [見 13] 깨닫다, 느끼다
간 干 [干 0] 방패, 천간(天干)
　 間 [門 4] 사이, 틈나다
　 看 [目 4] 보다
　 刊 [刀 3] 새기다, 출판하다
　 肝 [肉 3] 간, 귀중하다
　 姦 [女 6] 간사하다, 간음하다
　 幹 [干 10] 줄기, 주관하다
　 簡 [竹 12] 간략하다, 편지
　 懇 [心 13] 정성, 간절하다
갈 渴 [水 9] 목마르다
감 甘 [甘 0] 달다
　 敢 [攴 8] 구태여, 용감하다
　 減 [水 9] 덜다

　 感 [心 9] 느끼다
　 監 [皿 9] 보다, 살피다
　 鑑 [金 14] 거울, 거울삼다
갑 甲 [田 0] 갑옷, 천간(天干)
강 江 [水 3] 물, 강
　 降 [阜 6] 내리다 (항복할 항)
　 強 [弓 8] 강하다, 강제하다
　 講 [言 10] 외우다, 강론하다
　 康 [广 8] 편안하다, 건강하다
　 剛 [刀 8] 굳세다
　 鋼 [金 8] 강철
　 綱 [糸 8] 벼리, 강령
개 改 [攴 3] 고치다
　 開 [門 4] 열다
　 個 [人 8] 낱
　 皆 [白 4] 다
　 介 [人 2] 끼다, 소개하다
　 慨 [心 11] 슬프다
　 概 [木 11] 대개, 절개
　 蓋 [艸 10] 대개, 덮다
객 客 [宀 6] 손, 나그네
갱 更 [曰 3] 다시 (고칠 경)
거 去 [厶 3] 가다, 떠나다
　 巨 [工 2] 크다
　 居 [尸 5] 살다
　 車 [車 10] 수레 (성씨 차)
　 擧 [手 14] 들다, 온
　 拒 [手 5] 저항하다, 막다
　 距 [足 5] 떨어지다, 어기다
　 據 [手 13] 의지하다, 웅거하다
건 建 [廴 6] 세우다
　 乾 [乙 10] 마르다, 하늘
　 件 [人 4] 사건, 일

	健 [人 9] 건강하다	
걸	乞 [乙 2] 빌다, 구하다	
	傑 [人 10] 준걸, 빼어나다	
검	儉 [人 13] 검소하다	
	劍 [刀 13] 칼	
	檢 [木 13] 검사하다	
격	格 [木 6] 격식, 틀	
	隔 [阜 10] 사이 뜨다	
	激 [水 13] 격하다	
	擊 [手 13] 치다, 공격하다	
견	犬 [犬 0] 개	
	見 [見 0] 보다 (나타날 현)	
	堅 [土 8] 굳다	
	肩 [肉 4] 어깨	
	牽 [牛 7] 끌다	
	絹 [糸 7] 깁, 비단	
	遣 [辵 10] 보내다	
결	決 [水 4] 결단하다, 터지다	
	結 [糸 6] 맺다	
	潔 [水 12] 맑다, 깨끗하다	
	缺 [缶 4] 이지러지다, 모자라다	
겸	兼 [八 8] 겸하다	
	謙 [言 10] 겸손하다	
경	京 [亠 6] 서울	
	庚 [广 5] 천간(天干), 나이	
	景 [日 8] 볕, 경치	
	敬 [攵 9] 공경하다	
	競 [立 15] 다투다	
	耕 [耒 4] 밭갈다	
	經 [糸 7] 지나다, 경서, 경영하다	
	輕 [車 7] 가볍다	
	慶 [心 11] 경사	
	驚 [馬 13] 놀라다	
	更 [日 3] 고치다, 시각(다시 갱)	
	竟 [立 6] 마치다, 마침내	
	境 [土 11] 지경	
	鏡 [金 11] 거울	
	頃 [頁 2] 이랑, 잠깐	
	傾 [人 11] 기울어지다	

	徑 [彳 7] 길, 지름길	
	硬 [石 7] 굳다	
	卿 [卩 10] 벼슬 이름	
	警 [言 13] 경계하다	
계	界 [田 4] 지경	
	季 [子 5] 끝, 계절	
	癸 [癶 4] 천간(天干)	
	計 [言 2] 헤아리다, 계획하다	
	溪 [水 10] 시내	
	鷄 [鳥 10] 닭	
	系 [糸 1] 끈, 매다, 계통	
	繫 [糸 13] 매다, 끈	
	係 [人 8] 매다, 관계하다	
	桂 [木 6] 계수나무	
	戒 [戈 3] 경계하다	
	契 [大 6] 맺다, 새기다(나라 이름 글)	
	械 [木 7] 틀, 기계	
	階 [阜 9] 섬돌, 계단	
	啓 [口 8] 열다	
	繼 [糸 14] 잇다, 계속하다	
고	故 [攵 5] 연고, 예	
	古 [口 2] 예	
	苦 [艸 5] 쓰다, 괴롭다	
	告 [口 4] 고하다, 알리다	
	固 [囗 5] 굳다, 진실로	
	考 [老 2] 상고하다, 죽은 아버지	
	高 [高 0] 높다	
	姑 [女 5] 시어머니, 고모	
	孤 [子 5] 외롭다	
	稿 [禾 10] 볏짚, 원고	
	枯 [木 5] 마르다	
	庫 [广 7] 곳집, 창고	
	鼓 [鼓 0] 북, 북치다	
	顧 [頁 12] 돌아보다	
곡	谷 [谷 0] 골짜기	
	曲 [曰 2] 굽다, 곡조	
	穀 [禾 10] 곡식	
	哭 [口 7] 울다	
곤	困 [囗 4] 곤하다	

	坤	[土 5]	땅		校	[木 6]	학교
골	骨	[骨 0]	뼈		教	[攴 7]	가르치다
공	工	[工 0]	장인, 공업		橋	[木 12]	다리
	公	[八 2]	귀인, 공정하다		巧	[工 2]	공교롭다
	共	[八 4]	함께		郊	[邑 6]	들, 교외
	功	[力 3]	공		較	[車 6]	비교하다
	空	[穴 3]	비다, 하늘		矯	[矢 12]	바로잡다
	孔	[子 1]	구멍, 성씨	구	九	[乙 1]	아홉
	供	[人 6]	이바지하다		口	[口 0]	입
	恭	[心 6]	공손하다		久	[丿 2]	오래다
	貢	[貝 3]	바치다		求	[水 2]	구하다
	恐	[心 6]	두렵다		句	[口 2]	글귀
	攻	[攴 3]	치다, 공격하다		究	[穴 2]	궁구하다
과	果	[木 4]	과실, 과연, 결과		救	[攴 7]	구원하다
	科	[禾 4]	과목, 과거		舊	[臼 12]	예
	課	[言 8]	공부, 부과하다		丘	[一 4]	언덕
	過	[辵 9]	지나다, 허물		具	[八 6]	갖추다, 그릇
	寡	[宀 11]	적다, 과부		苟	[艸 5]	진실로, 구차하다
	誇	[言 6]	자랑하다, 과장하다		俱	[人 8]	함께
곽	郭	[邑 8]	성, 성씨		區	[匚 9]	구역, 모퉁이, 나누다
관	官	[宀 5]	벼슬, 관청		拘	[手 5]	거리끼다, 잡다
	關	[門 11]	관계하다, 닫다		球	[玉 7]	구슬, 공
	觀	[見 18]	보다, 경치		狗	[犬 5]	개
	貫	[貝 4]	꿰다, 뚫다		驅	[馬 11]	몰다, 쫓다
	冠	[冖 7]	갓		構	[木 10]	얽어매다, 맺다
	管	[竹 8]	대롱, 주관하다		懼	[心 18]	두렵다
	寬	[宀 12]	너그럽다		龜	[龜 0]	거북, 땅이름 (터질 균)
	慣	[心 11]	익히다, 관습	국	國	[囗 8]	나라
	館	[食 8]	집		局	[尸 4]	판, 형편
광	光	[儿 4]	빛, 경치		菊	[艸 8]	국화
	廣	[广 12]	넓다	군	君	[口 4]	임금, 그대
	狂	[犬 4]	미치다		軍	[車 2]	군사
	鑛	[金 15]	쇳돌		郡	[邑 7]	고을
괘	掛	[手 8]	걸다		群	[羊 7]	무리
괴	怪	[心 5]	괴이하다	굴	屈	[尸 5]	굽히다
	塊	[土 10]	흙덩이, 덩어리	궁	弓	[弓 0]	활
	愧	[心 10]	부끄럽다		宮	[宀 7]	집, 궁궐
	壞	[土 16]	무너지다		窮	[穴 10]	궁하다, 궁리하다
교	交	[亠 4]	사귀다, 바꾸다	권	卷	[卩 6]	책

	勸	[力 18]	권하다
	權	[木 18]	권세, 저울추
	券	[刀 6]	문서, 쪽지
	拳	[手 6]	주먹
궐	厥	[厂 10]	그, 그것
궤	軌	[車 2]	길, 굴대, 좇다
귀	貴	[貝 5]	귀하다
	歸	[止 14]	돌아가다
	鬼	[鬼 0]	귀신
	龜	[龜 0]	거북, 땅이름 (터질 균)
규	叫	[口 2]	부르짖다
	糾	[糸 2]	꼬다, 모으다
	規	[見 4]	법칙
균	均	[土 4]	고르다
	菌	[艸 8]	버섯, 곰팡이
	龜	[龜 0]	터지다, 틈나다 (땅이름, 거 북 구, 귀)
극	極	[木 9]	다하다, 지극하다
	克	[儿 5]	이기다
	劇	[刀 13]	심하다, 희롱하다
근	近	[辵 4]	가깝다
	根	[木 6]	뿌리
	勤	[力 11]	부지런하다
	斤	[斤 0]	근(무게), 도끼
	僅	[人 11]	겨우, 적다
	謹	[言 11]	삼가하다
글	契	[大 6]	나라 이름(契丹) (새길 계, 문서 계)
금	今	[人 2]	이제, 지금
	金	[金 0]	쇠, 금, 돈 (성 김)
	禁	[示 8]	금하다
	琴	[玉 8]	거문고
	禽	[内 8]	새, 사로잡다
	錦	[金 8]	비단, 아름답다
급	及	[又 2]	미치다
	急	[心 5]	급하다
	給	[糸 6]	주다
	級	[糸 4]	등급, 계급
긍	肯	[肉 4]	즐기다, 인정하다

기	己	[己 0]	몸
	其	[八 6]	그, 그것
	基	[土 8]	터, 바탕
	期	[月 8]	기약하다, 기간
	技	[手 4]	재주
	記	[言 3]	기록하다
	起	[走 3]	일어나다
	氣	[气 6]	기운, 기체
	幾	[玄 9]	몇, 거의, 기미
	旣	[无 7]	이미
	企	[人 4]	바라다, 꾀하다
	奇	[大 5]	기이하다
	寄	[宀 8]	부치다
	豈	[豆 3]	어찌
	忌	[心 3]	꺼리다, 기제사
	紀	[糸 3]	벼리, 해, 기록
	祈	[示 4]	빌다
	器	[口 13]	그릇
	棄	[木 8]	버리다
	欺	[欠 8]	속다
	騎	[馬 8]	말타다
	旗	[方 10]	기
	飢	[食 2]	주리다
	畿	[田 10]	왕터, 경기 지방
	機	[木 12]	틀, 기계
긴	緊	[糸 8]	긴요하다, 긴장하다
길	吉	[口 3]	길하다
김	金	[金 0]	성씨 (쇠 금)

ㄴ

나	那	[邑 4]	어찌, 무엇
낙	諾	[言 9]	허락하다, 대답하다
난	暖	[日 9]	따뜻하다
	難	[隹 11]	어렵다
남	南	[十 7]	남녘
	男	[田 2]	사나이
납	內	[入 2]	들이다 (안 내)
	納	[糸 4]	들이다, 바치다

낭	娘	[女	7]	여자, 어머니
내	內	[入	2]	안 (들일 납)
	乃	[丿	1]	이에, 너
	奈	[大	5]	어찌
	耐	[而	3]	견디다
녀	女	[女	0]	계집, 딸자식, 너
년	年	[干	3]	해, 나이
념	念	[心	4]	생각
녕	寧	[宀	11]	편안하다, 차라리, 어찌
노	怒	[心	5]	성내다
	奴	[女	2]	종
	努	[力	5]	힘쓰다
농	農	[辰	6]	농사, 농사짓다
뇌	惱	[心	9]	번뇌하다
	腦	[肉	9]	뇌, 머릿골
능	能	[肉	6]	능하다
니	泥	[水	5]	진흙

ㄷ

다	多	[夕	3]	많다
	茶	[艸	6]	차
단	丹	[丶	3]	붉다
	但	[人	5]	다만
	單	[口	9]	홑
	短	[矢	7]	짧다, 모자라다
	端	[立	9]	끝, 실마리
	旦	[日	1]	아침
	段	[殳	5]	층계
	團	[口	11]	둥글다, 모이다
	壇	[土	13]	제터, 단
	檀	[木	13]	박달나무
	斷	[斤	14]	끊다
달	達	[辵	9]	통달하다, 이르다
담	談	[言	8]	말씀
	淡	[水	8]	맑다, 담백하다
	擔	[手	13]	메다, 담당하다
답	答	[竹	6]	대답하다
	畓	[田	4]	논

	踏	[足	8]	밟다
당	堂	[土	8]	집
	當	[田	8]	마땅하다, 당하다
	唐	[口	7]	당나라, 당황하다
	糖	[米	10]	사탕
	黨	[黑	8]	무리
대	大	[大	0]	크다
	代	[人	3]	대신하다, 잇다
	待	[彳	6]	기다리다, 대하다
	對	[寸	11]	대답하다, 대하다
	帶	[巾	8]	띠
	貸	[貝	5]	꾸다, 빌리다
	隊	[阜	9]	무리
	臺	[至	8]	대, 누각
덕	德	[彳	12]	크다, 덕, 은혜
도	刀	[刀	0]	칼
	度	[广	6]	법도, 정도(헤아릴 탁)
	徒	[彳	7]	무리, 한갓
	到	[刀	6]	이르다
	塗	[土	10]	진흙, 칠하다
	都	[邑	9]	도읍
	島	[山	7]	섬
	道	[辵	9]	길, 도리
	圖	[口	11]	그림, 도모하다
	途	[辵	7]	길
	逃	[辵	6]	도망하다, 달아나다
	挑	[手	6]	돋우다
	桃	[木	6]	복숭아
	跳	[足	6]	뛰다
	盜	[皿	7]	도둑, 도둑질하다
	倒	[人	8]	넘어지다, 거꾸로
	渡	[水	9]	건너다
	稻	[禾	10]	벼
	陶	[阜	8]	질그릇
	導	[寸	13]	인도하다
독	獨	[犬	13]	홀로
	讀	[言	15]	읽다 (글귀 두)
	毒	[母	4]	독하다, 독
	篤	[竹	10]	두텁다, 심하다

	督	[目 8]	감독하다, 재촉하다
돈	豚	[豕 4]	돼지
	敦	[攴 8]	두텁다
돌	突	[穴 4]	부딪치다, 구들
동	冬	[冫 3]	겨울
	東	[木 4]	동녘
	同	[口 3]	한가지, 같다
	洞	[水 6]	고을 (통할 통)
	童	[立 7]	아이
	動	[力 9]	움직이다
	凍	[冫 8]	얼다
	銅	[金 6]	구리
두	斗	[斗 0]	말, 우뚝하다
	豆	[豆 0]	콩, 제기(祭器)
	頭	[頁 7]	머리
	讀	[言 15]	글귀 (읽을 독)
둔	屯	[屮 1]	진치다
	鈍	[金 4]	둔하다, 무디다
득	得	[彳 8]	얻다
등	等	[竹 6]	무리, 같다
	登	[癶 7]	오르다
	燈	[火 12]	등불
	騰	[馬 10]	오르다, 도약하다

己

라	羅	[网 14]	벌이다, 비단
락	落	[艸 9]	떨어지다, 마을
	樂	[木 11]	즐겁다 (풍류 악, 즐길 요)
	絡	[糸 6]	잇다
란	卵	[卩 5]	알
	亂	[乙 12]	어지럽다, 난리
	蘭	[艸 17]	난초
	欄	[木 17]	난간
람	覽	[見 14]	보다
	濫	[水 14]	넘치다
랑	浪	[水 7]	물결
	郎	[邑 7]	사나이, 남편
	廊	[广 10]	행랑, 회랑

래	來	[人 6]	오다
랭	冷	[冫 5]	차다, 싸늘하다
략	略	[田 6]	간략하다, 꾀
	掠	[手 8]	노략질하다
량	良	[艮 1]	어질다, 좋다
	兩	[入 6]	둘, 돈(돈의 단위)
	凉	[冫 8]	서늘하다
	量	[里 5]	헤아리다
	梁	[木 7]	들보, 다리, 땅이름
	諒	[言 8]	믿다, 살피다
	糧	[米 12]	양식
려	旅	[方 6]	나그네, 군대
	麗	[鹿 8]	곱다
	慮	[心 11]	생각하다
	勵	[力 15]	힘쓰다, 권장하다
력	力	[力 0]	힘
	歷	[止 12]	지내다, 두루
	曆	[日 12]	책력
련	連	[辶 7]	연하다, 잇다
	練	[糸 9]	단련하다, 익히다
	蓮	[艸 11]	연꽃
	鍊	[金 9]	단련하다, 쇠불리다
	憐	[心 12]	불쌍히 여기다
	聯	[耳 11]	연하다, 짝
	戀	[心 19]	그리워하다
렬	列	[刀 4]	벌이다, 늘어놓다
	烈	[火 6]	맵다
	劣	[力 4]	모자라다, 용렬하다
	裂	[衣 6]	찢어지다
렴	廉	[广 10]	청렴하다
렵	獵	[犬 15]	사냥, 잡다
령	令	[人 3]	명령하다, 아름답다
	領	[頁 5]	거느리다
	零	[雨 5]	떨어지다, 영
	嶺	[山 14]	재, 산봉우리
	靈	[雨 16]	신령
례	例	[人 6]	보기, 규칙
	禮	[示 13]	예도
	隷	[隶 8]	종, 붙다

로	老	〔老	0〕	늙다
	路	〔足	6〕	길
	勞	〔力	10〕	수고롭다
	露	〔雨	12〕	이슬, 드러나다
	爐	〔火	16〕	화로
록	綠	〔糸	8〕	푸르다
	祿	〔示	8〕	봉록
	錄	〔金	8〕	기록하다
	鹿	〔鹿	0〕	사슴
론	論	〔言	8〕	의논하다
롱	弄	〔廾	4〕	희롱하다
뢰	雷	〔雨	5〕	우레
	賴	〔貝	9〕	의지하다, 힘입다
료	料	〔斗	6〕	헤아리다
	了	〔亅	1〕	마치다, 깨닫다
	僚	〔人	12〕	동료, 벼슬아치
룡	龍	〔龍	0〕	용
루	累	〔糸	5〕	여러
	淚	〔水	8〕	눈물
	樓	〔木	11〕	다락집
	漏	〔水	11〕	새다
	屢	〔尸	11〕	여러, 자주
류	流	〔水	7〕	흐르다, 떠돌아다니다
	柳	〔木	5〕	버들
	留	〔田	5〕	머무르다
	類	〔頁	10〕	무리
륙	六	〔八	2〕	여섯
	陸	〔阜	8〕	뭍
륜	倫	〔人	8〕	인륜, 무리
	輪	〔車	8〕	수레바퀴
률	律	〔彳	6〕	법률, 조절하다
	栗	〔木	6〕	밤
	率	〔玄	6〕	비율 (거느릴 솔)
륭	隆	〔阜	9〕	높다, 성하다
릉	陵	〔阜	8〕	언덕, 왕릉
리	里	〔里	0〕	마을
	利	〔刀	5〕	이롭다, 날카롭다
	理	〔玉	7〕	다스리다, 이치
	吏	〔口	3〕	아전, 관리

	李	〔木	3〕	오얏
	梨	〔木	7〕	배
	裏	〔衣	7〕	속
	離	〔隹	11〕	떠나다
	履	〔尸	12〕	신, 밟다
린	隣	〔阜	12〕	이웃
림	林	〔木	4〕	수풀
	臨	〔臣	11〕	임하다, 다다르다
립	立	〔立	0〕	서다

ㅁ

마	馬	〔馬	0〕	말
	麻	〔麻	0〕	삼
	磨	〔石	11〕	갈다, 다듬다
막	莫	〔艸	7〕	없다, 말다
	幕	〔巾	11〕	휘장
	漠	〔水	11〕	아득하다
만	萬	〔艸	9〕	일만
	晩	〔日	7〕	늦다
	滿	〔水	11〕	가득차다
	漫	〔水	11〕	흩어지다
	慢	〔心	11〕	게으르다, 거만하다
말	末	〔木	1〕	끝
망	亡	〔亠	1〕	망하다, 도망하다
	忙	〔心	3〕	바쁘다
	忘	〔心	3〕	잊다
	望	〔月	7〕	바라다, 보름
	罔	〔网	3〕	없다, 속이다
	妄	〔女	3〕	망녕되다
	茫	〔艸	6〕	망망하다
매	每	〔毋	3〕	매양
	妹	〔女	5〕	누이 (아랫누이)
	買	〔貝	5〕	사다
	賣	〔貝	7〕	팔다
	梅	〔木	7〕	매화
	埋	〔土	7〕	묻다
	媒	〔女	9〕	중매하다
맥	麥	〔麥	0〕	보리

脈 [肉 6] 핏줄, 맥, 줄기
맹 孟 [子 5] 맏, 성씨
盟 [皿 8] 맹세하다
猛 [犬 8] 사냥하다
盲 [目 3] 소경, 눈멀다
면 面 [面 0] 낯, 대하다
眠 [目 5] 잠자다
免 [儿 5] 면하다
勉 [力 7] 힘쓰다, 부지런하다
綿 [糸 8] 솜, 연잇다
멸 滅 [水 10] 멸하다, 다하다
명 名 [口 3] 이름
命 [口 5] 명령하다
明 [日 4] 밝다
鳴 [鳥 3] 울다
冥 [宀 8] 어둡다, 깊숙하다
銘 [金 6] 새기다
모 母 [毋 1] 어머니
毛 [毛 0] 털, 가늘다
侮 [人 7] 업신여기다
暮 [日 11] 저물다
冒 [冂 7] 무릅쓰다 (묵돌 묵)
某 [木 5] 아무개
謀 [言 9] 꾀하다
募 [力 11] 모으다
慕 [心 11] 사모하다
模 [木 11] 본뜨다, 법
貌 [豸 7] 모양
목 木 [木 0] 나무
目 [目 0] 눈
牧 [牛 4] 치다, 기르다
睦 [目 8] 화목하다
몰 沒 [水 4] 빠지다, 다하다
몽 夢 [夕 11] 꿈
蒙 [艸 10] 어리다, 어리석다
묘 妙 [女 4] 묘하다
卯 [卩 3] 토끼
苗 [艸 5] 싹, 자손
墓 [土 11] 무덤

廟 [广 12] 사당
무 戊 [戈 1] 천간(天干)
茂 [艸 5] 무성하다
無 [火 8] 없다
舞 [舛 8] 춤추다
武 [止 4] 호반
務 [力 9] 힘쓰다
貿 [貝 5] 무역하다
霧 [雨 11] 안개
묵 墨 [土 12] 먹
默 [黑 4] 잠잠하다, 입 다물다
문 門 [門 0] 문
問 [口 8] 묻다
聞 [耳 8] 듣다
文 [攴 0] 글월, 문서
물 勿 [勹 2] 말다, 없다
物 [牛 4] 만물, 물건
미 未 [木 1] 아니다
米 [米 0] 쌀
美 [羊 3] 아름답다
味 [口 5] 맛
尾 [尸 4] 꼬리
迷 [辵 6] 미혹하다, 아득하다
眉 [目 4] 눈썹
微 [彳 10] 작다, 가늘다, 기미
민 民 [氏 1] 백성
敏 [攴 7] 민첩하다
憫 [心 12] 민망하다
밀 密 [宀 8] 빽빽하다
蜜 [虫 8] 꿀

ㅂ

박 朴 [木 2] 순박하다, 성씨
拍 [手 5] 손뼉치다
迫 [辵 5] 핍박하다
泊 [水 5] 배 대다
博 [十 10] 넓다
薄 [艸 13] 얇다

반	半 [十 3]	반
	反 [又 2]	돌이키다, 반대하다
	伴 [人 5]	짝, 따르다
	飯 [食 4]	밥
	返 [辵 4]	돌이키다
	班 [玉 6]	나누다, 얼룩지다
	叛 [又 7]	배반하다
	般 [舟 4]	일반
	盤 [皿 10]	쟁반, 받침
발	發 [癶 7]	피어나다, 떠나다
	拔 [手 5]	뽑다
	髮 [髟 5]	터럭
방	方 [方 0]	모, 방위, 방법
	房 [戶 4]	지겟문, 방
	防 [阜 4]	막다
	放 [攴 4]	놓다, 방종하다
	訪 [言 4]	찾다
	邦 [邑 4]	나라
	妨 [女 4]	방해하다, 거리끼다
	傍 [人 10]	곁
	芳 [艸 4]	꽃답다, 빛나다
	倣 [人 3]	본받다
배	拜 [手 5]	절, 공경하다
	杯 [木 4]	술잔
	北 [匕 3]	달아나다 (북녘 북)
	倍 [人 8]	곱
	培 [土 8]	북돋우다
	配 [酉 3]	짝, 나누다
	輩 [車 8]	무리
	背 [肉 5]	등, 등지다
	排 [手 8]	물리치다, 밀다
백	白 [白 0]	희다, 아뢰다
	百 [白 1]	일백
	伯 [人 5]	맏
번	番 [田 7]	차례, 번
	煩 [火 9]	번거롭다
	繁 [糸 11]	번성하다
	飜 [飛 12]	뒤집다, 번역하다
벌	伐 [人 4]	치다

	罰 [网 9]	벌하다
범	凡 [几 1]	무릇, 범상하다
	犯 [犬 2]	범하다
	範 [竹 9]	법, 모범
법	法 [水 5]	법
벽	壁 [土 13]	벽
	碧 [石 9]	푸르다
변	變 [言 16]	변하다
	便 [人 7]	문득, 대소변
	辯 [辛 14]	말 잘하다
	辨 [辛 9]	분별하다
	邊 [辵 15]	가
별	別 [刀 5]	다르다, 나누다, 분별하다
병	兵 [八 5]	군사, 병기
	丙 [一 4]	남녘 (天干)
	病 [疒 5]	병들다, 곤란해하다
	屛 [尸 6]	물리치다, 병풍
	竝 [立 5]	아우르다
보	步 [止 3]	걸음, 걷다
	保 [人 7]	보호하다
	報 [土 9]	갚다
	普 [日 8]	넓다
	補 [衣 7]	깁다, 돕다
	譜 [言 12]	계보
	寶 [宀 17]	보배
복	伏 [人 4]	엎드리다, 숨다
	服 [月 4]	옷 입다
	福 [示 9]	복
	復 [彳 9]	회복하다, 갚다 (다시 부)
	卜 [卜 0]	점
	腹 [肉 9]	배
	複 [衣 9]	거듭, 겹치다
	覆 [襾 12]	뒤집히다 (덮을 부)
본	本 [木 1]	근본
봉	奉 [大 5]	받들다
	逢 [辵 7]	만나다
	封 [寸 6]	봉하다
	峰 [山 7]	산봉우리
	蜂 [虫 7]	벌

	鳳	[鳥 3]	봉새
부	夫	[大 1]	지아비, 사내, 무릇
	父	[父 0]	아버지
	否	[口 4]	아니다
	扶	[手 4]	돕다, 부축하다
	部	[邑 8]	떼, 부서
	富	[宀 9]	부자
	復	[彳 9]	다시 (회복할 복)
	婦	[女 3]	며느리, 지어미
	浮	[水 7]	뜨다
	付	[人 3]	주다, 부탁하다
	負	[貝 2]	지다
	府	[广 5]	마을, 곳집
	附	[阜 5]	붙다, 따르다
	符	[竹 5]	병부, 들어맞다
	腐	[肉 8]	썩다, 썩히다
	赴	[走 2]	달아나다
	副	[刀 9]	버금
	賦	[貝 8]	주다, 구실
	簿	[竹 13]	장부
북	北	[匕 3]	북녘 (달아날 배)
분	分	[刀 2]	나누다
	粉	[米 4]	가루
	紛	[糸 4]	어지럽다
	奔	[大 5]	달아나다
	墳	[土 12]	무덤
	憤	[心 12]	분내다
	奮	[大 13]	떨치다, 힘쓰다
불	不	[一 3]	아니다
	佛	[人 5]	부처
	拂	[手 5]	떨치다
붕	朋	[月 4]	벗, 무리
	崩	[山 8]	무너지다, 죽다
비	非	[非 0]	아니다, 그르다, 비난하다
	比	[比 0]	견주다, 가지런하다
	悲	[心 8]	슬프다
	備	[人 10]	갖추다
	飛	[飛 0]	날다
	鼻	[鼻 0]	코

	卑	[十 6]	낮다
	妃	[女 3]	왕비
	婢	[女 8]	계집종
	肥	[肉 4]	살찌다, 기름지다
	秘	[禾 5]	숨기다
	碑	[石 8]	비석
	費	[貝 5]	허비하다, 비용
	批	[手 4]	비평하다
빈	貧	[貝 4]	가난하다
	賓	[貝 8]	손
	頻	[頁 7]	자주
빙	氷	[水 1]	얼음
	聘	[耳 7]	맞다, 부르다

入

사	士	[士 0]	선비
	仕	[人 3]	벼슬
	四	[口 2]	넷
	寺	[寸 3]	절
	師	[巾 7]	스승, 군사
	巳	[己 0]	뱀
	史	[口 2]	사관, 사기
	死	[歹 2]	죽다
	使	[人 6]	하여금, 부리다
	絲	[糸 6]	실
	事	[亅 7]	일, 섬기다
	思	[心 5]	생각하다
	食	[食 0]	먹이다, 밥(먹을 식)
	舍	[舌 2]	집, 버리다
	私	[禾 2]	사사
	射	[寸 7]	쏘다 (맞출 석)
	謝	[言 10]	사례하다
	司	[口 2]	맡다, 벼슬
	社	[示 3]	사직, 모이다
	祀	[示 3]	제사, 제사지내다
	蛇	[虫 5]	뱀
	詞	[言 5]	말씀, 글
	捨	[手 8]	버리다

	邪 [邑 4]	간사하다(어조사 야)		嘗 [口 11]	맛보다, 일찍이
	賜 [貝 8]	주다	쌍	雙 [隹 10]	짝
	斜 [斗 7]	비끼다, 기울다	새	塞 [土 10]	변방 (막을 색)
	詐 [言 5]	속이다	색	色 [色 0]	빛, 색
	沙 [水 4]	모래		索 [糸 4]	찾다
	似 [人 5]	같다, 비슷하다		塞 [土 10]	막다 (변방 새)
	査 [木 5]	조사하다, 사돈	생	生 [生 0]	낳다, 살다
	寫 [宀 13]	쓰다, 사진		省 [目 4]	덜다 (살필 성)
	斯 [斤 8]	이	서	西 [襾 0]	서녘
	辭 [辛 12]	말씀, 사양하다		書 [曰 6]	글, 책
삭	數 [攴 11]	자주 (셈 수)		序 [广 4]	차례
	削 [刀 7]	깎다		暑 [日 9]	더위
	朔 [月 6]	초하루		敍 [攴 7]	펴다, 베풀다
산	山 [山 0]	뫼		徐 [彳 7]	천천히 하다, 성씨
	産 [生 6]	낳다		恕 [心 6]	용서하다
	散 [攴 8]	흩어지다		庶 [广 8]	거의, 뭇
	算 [竹 8]	계산하다		署 [网 9]	관청, 서명하다
살	殺 [殳 7]	죽이다 (감할 쇄)		緒 [糸 9]	실마리
삼	三 [一 2]	셋		誓 [言 7]	맹세하다
	參 [厶 9]	셋 (참여할 참)		逝 [辵 7]	가다
상	尚 [小 5]	오히려, 숭상하다	석	石 [石 0]	돌
	上 [一 2]	위, 오르다		夕 [夕 0]	저녁
	相 [目 4]	서로, 모양		昔 [日 4]	옛
	想 [心 9]	생각		惜 [心 8]	아깝다
	商 [口 8]	장사, 헤아리다		席 [巾 7]	자리
	常 [巾 8]	항상, 떳떳하다		射 [寸 7]	맞히다 (쏠 사)
	喪 [口 9]	죽다, 잃다		析 [木 4]	나누다
	霜 [雨 9]	서리, 세월		釋 [釆 13]	풀다, 놓다
	傷 [人 11]	상하다	선	先 [儿 4]	먼저, 앞
	賞 [貝 8]	상주다, 감상하다		仙 [人 3]	신선
	床 [广 4]	책상		善 [口 9]	착하다, 잘하다
	狀 [犬 4]	형상 (문서 장)		船 [舟 5]	배
	象 [豕 6]	코끼리, 형상		線 [糸 9]	줄
	詳 [言 6]	자세하다		鮮 [魚 6]	곱다, 드물다
	祥 [示 6]	상서롭다		選 [辵 12]	가리다
	桑 [木 6]	뽕나무		宣 [宀 6]	베풀다
	裳 [衣 8]	치마		旋 [方 7]	돌다
	像 [人 12]	형상, 본뜨다		禪 [示 12]	선, 선위하다
	償 [人 15]	갚다	설	說 [言 7]	말씀 (달랠 세, 기쁠 열)

設〔言 4〕 베풀다
雪〔雨 3〕 눈, 씻다
舌〔舌 0〕 혀
섭 涉〔水 7〕 건너다
攝〔手 18〕 당기다, 돕다
성 成〔戈 2〕 이루다
姓〔女 5〕 성
盛〔皿 7〕 성하다
城〔土 7〕 재, 성
誠〔言 7〕 정성, 진실로
聖〔耳 7〕 성인, 거룩하다
聲〔耳 11〕 소리, 명예
星〔日 5〕 별
省〔目 4〕 살피다 (덜 생)
性〔心 5〕 성품
세 世〔一 4〕 세상, 세대
洗〔水 6〕 씻다
稅〔禾 7〕 세금
勢〔力 11〕 형세
歲〔止 9〕 해, 나이
細〔糸 5〕 가늘다
說〔言 7〕 달래다 (말씀 설, 기쁠 열)
소 小〔小 0〕 작다
少〔小 1〕 적다, 젊다
所〔戶 4〕 바, 곳
素〔糸 4〕 희다, 본디
笑〔竹 4〕 웃음
消〔水 7〕 사라지다, 줄다
召〔口 2〕 부르다
昭〔日 5〕 밝다
訴〔言 5〕 하소연하다
蘇〔艸 16〕 소생하다
疎〔疋 7〕 성기다, 상소하다
掃〔手 8〕 쓸다
騷〔馬 10〕 시끄럽다, 풍류
燒〔火 12〕 불사르다
蔬〔艸 11〕 나물, 채소
속 俗〔人 7〕 속되다, 풍속
速〔辵 7〕 빠르다

續〔糸 15〕 잇다
束〔木 3〕 묶다
粟〔米 6〕 조, 곡식
屬〔尸 18〕 붙이, 무리(부탁할 촉)
손 孫〔子 7〕 손자, 자손
損〔手 10〕 덜다
솔 帥〔巾 6〕 거느리다 (장수 수)
率〔玄 6〕 거느리다 (비율 률)
송 松〔木 4〕 솔
送〔辵 6〕 보내다
訟〔言 4〕 송사하다
誦〔言 7〕 외우다
頌〔頁 4〕 칭송하다
쇄 殺〔殳 7〕 감하다 (죽일 살)
刷〔刀 6〕 닦다, 인쇄하다
鎖〔金 10〕 자물쇠, 쇠사슬
쇠 衰〔衣 4〕 쇠하다 (상복 최)
수 手〔手 0〕 손
守〔宀 3〕 지키다
水〔水 0〕 물
收〔攴 2〕 거두다
數〔攴 11〕 셈 (자주 삭)
受〔又 6〕 받다
垂〔土 5〕 드리우다
愁〔心 9〕 근심
首〔首 0〕 머리
誰〔言 8〕 누구
授〔手 8〕 주다
搜〔手 10〕 찾다, 가리다
修〔人 8〕 닦다
壽〔土 11〕 목숨
秀〔禾 2〕 빼어나다
雖〔隹 9〕 비록
須〔頁 3〕 모름지기
樹〔木 12〕 나무, 세우다
囚〔囗 2〕 가두다
殊〔歹 6〕 다르다
需〔雨 6〕 구하다, 쓰이다
遂〔辵 9〕 드디어

帥	[巾 6]	장수 (거느릴 솔)
睡	[目 8]	졸다
輸	[車 9]	보내다, 싣다
隨	[阜 13]	따르다
獸	[犬 15]	짐승
숙 宿	[宀 8]	자다
叔	[又 6]	아재비
淑	[水 8]	맑다
孰	[子 8]	누구
熟	[火 11]	익다, 익숙하다
肅	[聿 8]	엄숙하다
순 順	[頁 3]	순하다
純	[糸 4]	순수하다
旬	[日 2]	열흘
殉	[歹 6]	따라 죽다
脣	[肉 7]	입술
循	[彳 9]	좇다, 돌다
巡	[辵 4]	순행하다
瞬	[目 12]	눈깜짝할 사이
술 戌	[戈 2]	개
述	[辵 5]	서술하다
術	[行 5]	꾀, 기술
숭 崇	[山 8]	높다
습 習	[羽 5]	익히다
拾	[手 6]	줍다 (열 십)
濕	[水 14]	젖다
襲	[衣 16]	엄습하다, 인하다
승 承	[手 4]	잇다
乘	[丿 9]	타다
勝	[力 10]	이기다, 낫다
昇	[日 4]	오르다
僧	[人 12]	중
시 市	[巾 2]	저자
示	[示 0]	보이다
是	[日 5]	이, 옳다
時	[日 6]	때
詩	[言 6]	글, 시
始	[女 5]	비로소
視	[見 5]	보다

試	[言 5]	시험하다
施	[方 5]	베풀다
矢	[矢 0]	화살
侍	[人 6]	모시다
씨 氏	[氏 0]	성씨
식 式	[戈 3]	법, 예식
食	[食 0]	먹다 (밥 사)
植	[木 8]	심다
識	[言 12]	알다 (기록할 지)
息	[心 6]	쉬다, 숨쉬다, 자식
飾	[食 5]	꾸미다
신 臣	[臣 0]	신하
申	[田 0]	납, 펴다
辛	[辛 0]	맵다, 쓰다
身	[身 0]	몸
信	[人 7]	믿다, 편지
神	[示 5]	귀신
新	[斤 9]	새, 새롭다
辰	[辰 0]	별 (별 진)
伸	[人 5]	펴다
晨	[日 7]	새벽
愼	[心 10]	삼가하다
실 失	[大 2]	잃다
室	[宀 6]	집, 아내
實	[宀 11]	열매
심 心	[心 0]	마음
甚	[甘 4]	심하다
深	[水 8]	깊다
尋	[寸 9]	찾다, 길
審	[宀 12]	살피다
십 十	[十 0]	열

ㅇ		

아 我	[戈 3]	나
兒	[儿 6]	아이
亞	[二 6]	버금
牙	[牙 0]	어금니
芽	[艸 4]	싹

	雅 [隹 4]	맑다, 우아하다		讓 [言 17]	사양하다
	餓 [食 7]	주리다		楊 [木 9]	버들
악	惡 [心 8]	악하다 (미워할 오)		樣 [木 11]	모양
	樂 [木 11]	풍류 (즐거울 락, 즐길 요)		壤 [土 17]	흙덩이, 땅
	岳 [山 5]	뫼뿌리	어	魚 [魚 0]	물고기
안	安 [宀 3]	편안하다, 어찌		漁 [水 11]	고기잡다
	案 [木 6]	책상, 생각하다		語 [言 7]	말씀
	眼 [目 6]	눈		於 [方 4]	어조사
	顔 [頁 9]	얼굴		御 [彳 8]	어거하다, 임금
	岸 [山 5]	언덕	억	億 [人 13]	억
	雁 [隹 4]	기러기		憶 [心 13]	생각하다, 기억하다
알	謁 [言 9]	뵙다		抑 [手 4]	누르다
암	暗 [日 9]	어둡다	언	言 [言 0]	말씀
	巖 [山 20]	바위		焉 [火 7]	어조사, 어찌
압	押 [手 5]	누르다	엄	嚴 [口 17]	엄하다
	壓 [土 14]	누르다	업	業 [木 9]	일
앙	仰 [人 4]	우러르다	여	如 [女 3]	같다, 만약, 가다
	央 [大 2]	가운데		余 [人 5]	나
	殃 [歹 5]	재앙		汝 [水 3]	너
애	哀 [口 6]	슬프다		與 [臼 7]	더불어, 주다
	愛 [心 9]	사랑하다		餘 [食 7]	남다, 나머지
	涯 [水 8]	물가		予 [亅 3]	나
액	厄 [厂 2]	재앙		輿 [車 10]	가마, 수레
	額 [頁 8]	이마, 수량	역	亦 [亠 4]	또
야	也 [乙 2]	어조사		易 [日 4]	바꾸다 (쉬울 이)
	夜 [夕 5]	밤		逆 [辵 6]	거스리다, 맞이하다
	野 [里 4]	들, 민간		役 [彳 4]	부리다
	耶 [耳 3]	어조사		域 [土 8]	지경
	邪 [邑 4]	어조사 (간사할 사)		譯 [言 13]	통변하다, 번역하다
약	若 [艸 5]	같다, 만약, 너		驛 [馬 13]	역말
	約 [糸 3]	언약, 검소하다		疫 [疒 4]	병
	弱 [弓 7]	약하다	연	硏 [石 6]	궁구하다
	藥 [艸 15]	약		然 [火 8]	그러하다, 불사르다
	躍 [足 14]	뛰다, 빠르다		煙 [火 9]	연기
양	羊 [羊 0]	양		鉛 [金 5]	납
	洋 [水 6]	바다		宴 [宀 7]	잔치, 편안하다
	陽 [阜 9]	볕		演 [水 11]	넓히다, 희롱하다
	養 [食 6]	기르다, 봉양하다		沿 [水 5]	물 따라 흐르다
	揚 [手 9]	떨치다		燃 [火 12]	불사르다

燕 [火 12] 제비, 잔치
延 [廴 4] 뻗다, 연장하다
緣 [糸 9] 인연
軟 [車 4] 연하다

열 悅 [心 7] 기쁘다
說 [言 7] 기쁘다 (달랠 세, 말씀 설)
熱 [火 11] 덥다
閱 [門 7] 검열하다

염 炎 [火 4] 불꽃
染 [木 5] 물들이다
鹽 [鹵 13] 소금

엽 葉 [艸 9] 잎

영 永 [水 1] 길다
英 [艸 5] 꽃부리
榮 [木 10] 영화
迎 [辵 4] 맞다
映 [日 5] 비치다
營 [火 13] 경영하다
泳 [水 5] 헤엄치다
詠 [言 5] 읊다
影 [彡 12] 그림자

예 藝 [艸 15] 재주
豫 [豕 9] 미리
銳 [金 7] 날카롭다
譽 [言 14] 기리다

오 五 [二 2] 다섯
吾 [口 4] 나
午 [十 2] 낮
悟 [心 7] 깨닫다
烏 [火 6] 까마귀
誤 [言 7] 그르다
惡 [心 8] 미워하다 (악할 악)
娛 [女 7] 즐거워하다
嗚 [口 10] 슬프다, 탄식하다
汚 [水 3] 더럽다
傲 [人 11] 거만하다

옥 玉 [玉 0] 구슬, 옥
屋 [尸 6] 집
獄 [犬 10] 옥

온 溫 [水 10] 덥다, 따뜻하다
옹 翁 [羽 4] 늙은이
擁 [手 13] 안다, 잡다

와 瓦 [瓦 0] 기와
臥 [臣 2] 눕다

완 完 [宀 4] 완전하다
緩 [糸 9] 느리다

왈 曰 [曰 0] 가로되, 말하다

왕 王 [玉 0] 임금
往 [彳 5] 가다

외 外 [夕 2] 바깥
畏 [田 4] 두렵다

요 要 [襾 3] 중요하다
樂 [木 12] 즐기다 (즐거울 락, 풍류 악)
謠 [言 10] 노래
搖 [手 10] 흔들다
腰 [肉 9] 허리
遙 [辵 10] 멀다, 거닐다

욕 欲 [欠 7] 하고자 하다
浴 [水 7] 목욕하다
慾 [心 11] 욕심
辱 [辰 3] 욕되다

용 用 [用 0] 쓰다
容 [宀 7] 얼굴
勇 [力 7] 날래다, 용감하다
庸 [广 8] 떳떳하다

우 又 [又 0] 또
右 [口 2] 오른쪽
于 [二 1] 어조사
牛 [牛 0] 소
友 [又 2] 벗
宇 [宀 3] 집
尤 [尢 1] 더욱
雨 [雨 0] 비, 비내리다
遇 [辵 9] 만나다
憂 [心 11] 근심하다
羽 [羽 0] 깃
偶 [人 9] 짝, 우연
愚 [心 9] 어리석다

	優	[人 15]	넉넉하다, 우수하다		遊	[辶 9]	놀다

優 [人 15] 넉넉하다, 우수하다
郵 [邑 8] 역말, 우편
운 云 [二 2] 이르다
雲 [雨 4] 구름
運 [辶 9] 운수, 운행하다
韻 [音 10] 음운
웅 雄 [隹 4] 수컷, 영웅
원 元 [儿 2] 으뜸
怨 [心 5] 원망하다
願 [頁 10] 원하다
原 [厂 8] 언덕, 근원
遠 [辶 10] 멀다
圓 [口 10] 둥글다
園 [口 10] 동산
員 [口 7] 관원
院 [阜 7] 집
源 [水 10] 근원
援 [手 9] 돕다
월 月 [月 0] 달
越 [走 5] 넘다
위 爲 [爪 8] 하다, 위하다
位 [人 5] 벼슬, 자리
危 [卩 4] 위태하다
威 [女 6] 위엄
偉 [人 9] 크다, 위대하다
委 [女 5] 맡기다
胃 [肉 5] 밥통
圍 [口 9] 두르다, 둘레
衛 [行 10] 호위하다
違 [辶 9] 어기다
謂 [言 9] 이르다
慰 [心 11] 위로하다
緯 [糸 9] 씨줄
僞 [人 12] 거짓
유 有 [月 2] 있다
幼 [幺 2] 어리다
由 [田 0] 말미암다
油 [水 5] 기름
唯 [口 8] 오직

遊 [辶 9] 놀다
酉 [酉 0] 닭
猶 [犬 9] 같다, 오히려
柔 [木 5] 부드럽다
遺 [辶 12] 끼치다, 버리다
儒 [人 14] 선비
乳 [乙 7] 젖
愈 [心 9] 낫다, 더욱
幽 [幺 6] 그윽하다, 깊숙하다
裕 [衣 7] 넉넉하다
惟 [心 8] 오직, 생각하다
誘 [言 7] 꾀다
維 [糸 8] 벼리, 오직
悠 [心 7] 멀다
육 肉 [肉 0] 고기
育 [肉 4] 기르다
윤 潤 [水 12] 윤택하다, 젖다
閏 [門 4] 윤달
은 恩 [心 6] 은혜
銀 [金 6] 은
隱 [阜 14] 숨다
을 乙 [乙 0] 새
음 音 [音 0] 소리
吟 [口 4] 읊다
陰 [阜 8] 그늘, 흐르다
飮 [食 4] 마시다
淫 [水 8] 음란하다
읍 邑 [邑 0] 고을
泣 [水 5] 울다
응 凝 [冫 14] 엉기다
應 [心 13] 응하다, 대답하다
의 衣 [衣 0] 옷, 웃옷
依 [人 6] 의지하다, 좇다
意 [心 9] 뜻, 마음
義 [羊 7] 옳다, 뜻
議 [言 13] 의논하다
醫 [酉 11] 의원
矣 [矢 2] 어조사
宜 [宀 5] 마땅하다

	疑 [疋 9]	의심하다	
	儀 [人 13]	거동	
이	二 [二 0]	둘	
	以 [人 3]	써	
	耳 [耳 0]	귀, 따름이다	
	異 [田 6]	다르다	
	己 [己 0]	이미, 뿐이다	
	易 [日 4]	쉽다 (바꿀 역)	
	移 [禾 6]	옮기다	
	而 [而 0]	말 잇다	
	夷 [大 3]	오랑캐	
익	益 [血 5]	더하다, 이익	
	翼 [羽 12]	날개	
인	人 [人 0]	사람	
	仁 [人 2]	어질다	
	引 [弓 1]	끌다	
	因 [口 3]	인하다	
	忍 [心 3]	참다	
	認 [言 7]	알다, 인정하다	
	印 [卩 4]	도장	
	寅 [宀 8]	동방, 범	
	姻 [女 6]	혼인하다	
일	一 [一 0]	하나	
	日 [日 0]	날, 해	
	逸 [辵 8]	편안하다, 숨다	
임	壬 [土 1]	북방, 천간	
	任 [人 4]	맡기다	
	賃 [貝 6]	빌다, 품팔이	
입	入 [入 0]	들다	

ㅈ

자	子 [子 0]	아들, 그대	
	自 [自 0]	스스로, 자기	
	字 [子 3]	글자	
	者 [老 5]	놈, 사람	
	姉 [女 5]	윗누이	
	慈 [心 10]	사랑	
	資 [貝 6]	바탕, 재물	

	恣 [心 6]	방자하다	
	姿 [女 6]	모양	
	紫 [糸 6]	붉다, 자줏빛	
	刺 [刀 6]	찌르다	
	玆 [玄 5]	이	
작	作 [人 5]	짓다	
	昨 [日 5]	어제	
	酌 [酉 3]	짐작하다	
	爵 [爪 14]	벼슬, 술잔	
잔	殘 [歹 8]	쇠잔하다, 남다, 모질다	
잠	潛 [水 12]	잠기다	
	暫 [日 11]	잠깐	
잡	雜 [隹 10]	섞이다	
장	長 [長 0]	길다, 어른	
	壯 [土 4]	장하다, 씩씩하다	
	將 [寸 8]	장수, 장차	
	章 [立 6]	글장	
	場 [土 9]	마당	
	狀 [犬 4]	문서 (모양 상)	
	丈 [一 2]	어른, 길	
	張 [弓 8]	베풀다	
	腸 [肉 9]	창자	
	障 [阜 11]	막다	
	裝 [衣 7]	꾸미다	
	墻 [土 13]	담	
	奬 [大 11]	권장하다	
	帳 [巾 8]	휘장	
	莊 [艸 7]	씩씩하다, 별장	
	葬 [艸 9]	장사지내다	
	藏 [艸 14]	감추다	
	臟 [肉 20]	내장	
	掌 [手 8]	손바닥	
	粧 [米 6]	단장하다	
재	在 [土 3]	있다	
	才 [手 0]	재주	
	再 [冂 4]	둘	
	宰 [宀 7]	벼슬아치, 다스리다	
	財 [貝 3]	재물	
	材 [木 3]	재목	

哉	〔口 6〕	어조사
栽	〔木 6〕	심다, 재배하다
災	〔火 3〕	재앙
載	〔車 6〕	싣다, 해
裁	〔衣 6〕	마르다, 결정하다
齊	〔齊 0〕	재계 (가지런할 제)

쟁 爭 〔爪 4〕 다투다

저
貯	〔貝 5〕	쌓다
低	〔人 5〕	낮다
著	〔艸 9〕	나타나다, 짓다
底	〔广 5〕	밑
抵	〔手 5〕	막다
諸	〔言 9〕	어조사 (모두 제)

적
的	〔白 3〕	과녁, 목표
赤	〔赤 0〕	붉다
適	〔辵 11〕	가다, 마침
敵	〔攴 11〕	대적하다
寂	〔宀 8〕	고요하다
賊	〔貝 6〕	도둑, 해치다
籍	〔竹 14〕	호적, 문서
摘	〔手 11〕	따다
滴	〔水 11〕	물방울
積	〔禾 11〕	쌓다
績	〔糸 11〕	길쌈
跡	〔足 6〕	자취

전
全	〔入 4〕	온전하다
田	〔田 0〕	밭
前	〔刀 7〕	앞
典	〔八 6〕	법, 책, 의식
電	〔雨 5〕	번개
戰	〔戈 12〕	싸우다
展	〔尸 7〕	펴다
殿	〔殳 9〕	대궐, 존칭
錢	〔金 8〕	돈
傳	〔人 11〕	전하다, 전기
轉	〔車 11〕	구르다
專	〔寸 8〕	오로지, 전담하다

절
節	〔竹 9〕	마디, 절약하다
絕	〔糸 6〕	끊다

切	〔刀 2〕	간절하다, 끊다
折	〔手 4〕	꺾다
竊	〔穴 17〕	훔치다, 도둑

점
店	〔广 5〕	전방
占	〔卜 3〕	점치다
點	〔黑 5〕	점
漸	〔水 11〕	점점

접
接	〔手 8〕	접하다, 닿다
蝶	〔虫 9〕	나비

정
正	〔止 1〕	바르다
丁	〔一 1〕	고무래, 장정
井	〔二 2〕	우물
貞	〔貝 2〕	곧다, 정숙하다
頂	〔頁 2〕	이마, 정수리
定	〔宀 5〕	정하다
政	〔攴 4〕	정사
庭	〔广 7〕	뜰
情	〔心 8〕	뜻, 실정
精	〔米 8〕	깨끗하다, 정신
靜	〔青 8〕	고요하다
停	〔人 9〕	머무르다
淨	〔水 8〕	깨끗하다
亭	〔亠 7〕	정자
征	〔彳 5〕	치다, 가다
訂	〔言 2〕	바로잡다
整	〔攴 12〕	가지런하다
廷	〔廴 4〕	조정
程	〔禾 7〕	길, 과정

제
弟	〔弓 4〕	아우, 제자
第	〔竹 5〕	차례
題	〔頁 9〕	아마, 제목
帝	〔巾 6〕	임금
製	〔衣 8〕	짓다, 제조하다
諸	〔言 9〕	모두 (어조사 저)
祭	〔示 6〕	제사
除	〔阜 7〕	제하다
制	〔刀 6〕	억제하다, 제정하다
提	〔手 9〕	끼다, 제기하다
齊	〔齊 0〕	가지런하다 (재계할 재)

	堤 [土 9]	방축, 언덕
	際 [阜 11]	즈음
	濟 [水 14]	건너다, 구제하다
조	早 [日 2]	이르다
	鳥 [鳥 0]	새
	朝 [月 8]	아침, 조정
	助 [力 5]	돕다
	造 [辵 7]	짓다, 나아가다
	祖 [示 5]	할아버지
	調 [言 8]	고르다, 조사하다
	兆 [儿 4]	억조, 조짐
	弔 [弓 1]	조상하다
	操 [手 13]	잡다
	燥 [火 13]	마르다
	照 [火 9]	비추다
	租 [禾 5]	조세
	組 [糸 5]	짜다, 조직하다
	條 [木 7]	가닥, 조목, 조리
	潮 [水 12]	조수
족	足 [足 0]	발, 족하다
	族 [方 7]	겨레
존	存 [子 3]	있다
	尊 [寸 9]	높다, 존경하다
졸	卒 [十 6]	마치다, 군사
	拙 [手 5]	졸하다
종	宗 [宀 5]	마루
	終 [糸 5]	마치다
	從 [彳 8]	좇다
	種 [禾 9]	씨, 심다
	鐘 [金 11]	쇠북
	縱 [糸 11]	세로, 방종하다
좌	左 [工 2]	왼쪽
	坐 [土 4]	앉다
	佐 [人 5]	돕다
	座 [广 7]	자리
죄	罪 [网 8]	허물
주	主 [丶 4]	주인, 임금
	住 [人 5]	살다
	奏 [大 6]	아뢰다, 연주하다

	注 [水 5]	물대다, 흐르다
	走 [走 0]	달리다
	朱 [木 2]	붉다
	珠 [玉 6]	구슬
	酒 [酉 3]	술
	宙 [宀 5]	집, 하늘
	晝 [日 7]	낮
	舟 [舟 0]	배
	柱 [木 5]	기둥
	周 [口 5]	두루, 둘레
	株 [木 6]	그루
	州 [巛 3]	고을
	洲 [水 6]	섬
	鑄 [金 14]	쇠 부어 만들다
죽	竹 [竹 0]	대
준	俊 [人 7]	준걸, 빼어나다
	準 [水 10]	법도, 고르다
	遵 [辵 12]	좇다, 따르다
중	中 [丨 3]	가운데
	重 [里 2]	무겁다, 중요하다
	衆 [血 6]	무리
	仲 [人 4]	버금, 가운데
즉	卽 [卩 7]	곧, 나아가다
	則 [刀 7]	곧 (법칙 칙)
증	曾 [日 8]	일찍이
	增 [土 12]	더하다
	證 [言 12]	증거
	憎 [心 12]	밉다
	症 [广 5]	증세
	贈 [貝 12]	주다
	蒸 [艸 10]	찌다, 무리
지	之 [丿 3]	가다, 그, 외
	支 [支 0]	지탱하다
	只 [口 2]	다만
	止 [止 0]	그치다
	知 [矢 3]	알다
	地 [土 3]	땅, 곳
	至 [至 0]	이르다, 지극하다
	志 [心 3]	뜻

	枝 [木 4]	가지
	持 [手 6]	가지다
	指 [手 6]	손가락, 가리키다
	紙 [糸 4]	종이
	識 [言 12]	기록하다 (알 식)
	池 [水 3]	못
	智 [日 8]	지혜
	誌 [言 7]	기록하다
	遲 [辵 12]	더디다
직	直 [目 3]	곧다
	職 [耳 12]	벼슬, 직분
	織 [糸 12]	짜다, 조직하다
진	眞 [目 5]	참
	辰 [辰 0]	별 (별 신)
	進 [辵 8]	나아가다
	盡 [皿 9]	다하다
	陣 [阜 7]	진치다
	珍 [玉 5]	보배
	振 [手 7]	떨치다
	震 [雨 7]	벼락, 천둥
	鎭 [阜 10]	진압하다
	陳 [阜 8]	베풀다, 오래되다
질	質 [貝 8]	바탕
	疾 [疒 5]	병, 빠르다
	姪 [女 6]	조카
	秩 [禾 5]	차례, 녹
집	集 [隹 4]	모이다
	執 [土 8]	잡다
징	徵 [彳 12]	부르다, 거두다
	懲 [心 15]	막다

ᄎ

차	車 [車 0]	성씨 (수레 거)
	此 [止 2]	이
	次 [欠 2]	버금
	且 [一 4]	또, 장차
	借 [人 8]	빌리다
	差 [工 7]	어긋나다

착	着 [目 7]	붙이다, 입다
	錯 [金 8]	어긋나다, 그르다
	捉 [手 7]	잡다
찬	贊 [貝 12]	돕다, 찬성하다
	讚 [言 19]	기리다
찰	察 [宀 11]	살피다
참	參 [厶 9]	참여하다 (셋 삼)
	慘 [心 11]	참혹하다, 슬프다
	慚 [心 11]	부끄럽다
창	昌 [日 4]	창성하다
	唱 [口 8]	부르다
	窓 [穴 6]	창문
	倉 [人 8]	곳집, 창고
	蒼 [艸 10]	푸르다
	創 [刀 10]	비롯하다
	暢 [日 10]	화창하다
채	菜 [艸 8]	나물, 채소
	採 [手 8]	캐다, 채집하다
	彩 [彡 8]	채색, 빛나다
	債 [人 11]	빚
책	責 [貝 4]	꾸짖다, 책임
	冊 [冂 3]	책
	策 [竹 6]	꾀
처	妻 [女 5]	아내
	處 [虍 5]	곳
척	尺 [尸 1]	자
	斥 [斤 1]	내치다, 배척하다
	戚 [戈 7]	겨레, 슬프다
	拓 [手 5]	열다
천	千 [十 1]	일천
	天 [大 1]	하늘
	川 [巛 0]	내
	泉 [水 5]	샘
	淺 [水 8]	얕다
	賤 [貝 8]	천하다
	踐 [足 8]	밟다, 행하다
	薦 [艸 13]	올리다, 천거하다
	遷 [辵 12]	옮기다
철	鐵 [金 13]	쇠

哲 [口 7] 밝다
徹 [彳 12] 통하다, 뚫다
첨 尖 [小 3] 뾰족하다
添 [水 8] 더하다
첩 妾 [女 5] 첩
청 靑 [靑 0] 푸르다
晴 [日 8] 개다, 맑다
請 [言 8] 청하다
淸 [水 8] 맑다
聽 [耳 16] 듣다
廳 [广 22] 마루, 관청
체 體 [骨 13] 몸
滯 [水 11] 막히다
替 [日 8] 바꾸다, 대신하다
切 [刀 2] 모두 (끊을 절)
逮 [辵 8] 미치다, 이르다, 잡다
遞 [辵 10] 갈마들다, 번갈아
초 草 [艸 6] 풀
初 [刀 5] 처음
招 [手 5] 부르다
肖 [肉 3] 착하다, 같다
超 [走 5] 뛰다
抄 [手 4] 베끼다, 뽑다
秒 [禾 4] 시간 단위
礎 [石 13] 주춧돌
촉 促 [人 7] 재촉하다
燭 [火 13] 촛불
觸 [角 13] 찌르다, 부딪치다
屬 [尸 18] 부탁하다 (붙이 속)
촌 寸 [寸 0] 마디
村 [木 3] 마을
총 銃 [金 6] 총
總 [糸 11] 거느리다, 모두
聰 [耳 11] 귀밝다
최 最 [曰 8] 가장
催 [人 11] 재촉하다
衰 [衣 4] 상복 (쇠할 쇠)
추 秋 [禾 4] 가을
推 [手 8] 미루다 (밀 퇴)

追 [辵 6] 쫓다
抽 [手 5] 뽑다
醜 [酉 10] 추하다, 더럽다
축 丑 [一 3] 소
祝 [示 5] 빌다, 축하하다
畜 [田 5] 가축 (기를 휵)
蓄 [艸 10] 쌓다
築 [竹 10] 쌓다
逐 [辵 7] 쫓다
縮 [糸 11] 줄이다
춘 春 [日 5] 봄
출 出 [凵 3] 나가다, 나오다
충 忠 [心 4] 충성
充 [儿 4] 채우다
蟲 [虫 12] 벌레
衝 [行 9] 부딪치다
취 取 [又 6] 취하다
吹 [口 4] 불다
就 [尢 9] 나아가다
醉 [酉 8] 취하다
臭 [自 4] 냄새
趣 [走 8] 뜻, 취미
측 側 [人 9] 곁
測 [水 9] 헤아리다
층 層 [尸 12] 층계
치 致 [至 4] 이루다
治 [水 5] 다스리다
齒 [齒 0] 이, 나이
恥 [心 6] 부끄럽다
置 [网 8] 두다
値 [人 8] 값, 만나다
칙 則 [刀 7] 법칙 (곧 즉)
친 親 [見 9] 어버이, 친하다
칠 七 [一 1] 일곱
漆 [水 11] 옻칠, 검다
침 針 [金 2] 바늘
枕 [木 4] 베개, 베다
沈 [水 4] 잠기다
浸 [水 7] 적시다

	侵 [人 7]	침노하다
	寢 [宀 11]	자다
칭	稱 [禾 9]	일컫다, 칭찬하다

쾌	快 [心 4]	쾌하다

타	他 [人 3]	다르다, 남
	打 [手 2]	치다
	妥 [女 4]	합당하다
	墮 [土 12]	떨어지다
탁	度 [广 6]	헤아리다 (법도 도)
	托 [手 3]	부탁하다, 의지하다
	卓 [十 6]	높다, 탁자
	濁 [水 13]	흐리다
	濯 [水 14]	빨래하다
탄	炭 [火 5]	숯
	歎 [欠 11]	탄식하다
	彈 [弓 12]	탄알
	誕 [言 7]	태어나다
탈	脫 [肉 7]	벗다
	奪 [大 11]	빼앗다
탐	探 [手 8]	더듬다
	貪 [貝 4]	탐하다
탑	塔 [土 10]	탑
탕	湯 [水 9]	끓다
태	太 [大 1]	크다
	泰 [水 5]	크다, 편안하다
	態 [心 10]	모양
	怠 [心 5]	게으르다
	殆 [歹 5]	위태롭다, 거의
택	宅 [宀 3]	집
	擇 [手 13]	가리다
	澤 [水 13]	못, 윤택하다
토	土 [土 0]	흙
	吐 [口 3]	토하다

	討 [言 3]	치다, 궁구하다
통	通 [辶 7]	통하다
	統 [糸 6]	거느리다
	洞 [水 6]	통하다 (고을 동)
	痛 [疒 7]	아프다, 원통하다
퇴	退 [辶 6]	물러가다
	推 [手 8]	밀다 (미룰 추)
투	投 [手 4]	던지다
	透 [辶 7]	사무치다
	鬪 [鬥 10]	싸움
특	特 [牛 6]	특별하다

파	波 [水 5]	물결
	破 [石 5]	깨뜨리다
	派 [水 6]	가닥, 보내다
	把 [手 4]	잡다, 비파
	播 [手 12]	뿌리다
	罷 [网 10]	파하다
	頗 [頁 5]	자못, 치우치다
판	判 [刀 5]	판단하다, 분간하다
	板 [木 4]	널, 판목
	版 [片 4]	널, 책, 판목
	販 [貝 4]	팔다
팔	八 [八 0]	여덟
패	貝 [貝 0]	조개, 재물
	敗 [攴 7]	패하다
	背 [肉 5]	배반하다 (등 배)
편	片 [片 0]	조각
	便 [人 7]	편하다 (대소변 변)
	偏 [人 9]	치우치다
	篇 [竹 9]	책, 편
	編 [糸 9]	엮다
	遍 [辶 9]	두루
평	平 [干 2]	평하다, 평평하다
	評 [言 5]	평론하다
폐	閉 [門 3]	닫다
	肺 [肉 4]	허파

廢 〔广 12〕 폐하다
弊 〔廾 12〕 해어지다, 폐단
蔽 〔艹 12〕 가리다
幣 〔巾 12〕 폐백, 돈

포
布 〔巾 2〕 베, 펴다
抱 〔手 5〕 안다
暴 〔日 11〕 사납다 (드러날 폭)
包 〔勹 3〕 싸다
胞 〔肉 5〕 태
飽 〔食 5〕 배부르다
浦 〔水 7〕 물가
捕 〔手 7〕 잡다

폭
暴 〔日 11〕 드러나다 (사나울 포)
爆 〔火 15〕 폭발하다
幅 〔巾 9〕 폭, 넓이

표
表 〔衣 3〕 겉
票 〔示 6〕 표, 쪽지
標 〔木 11〕 표하다, 표말
漂 〔水 11〕 뜨다, 빨래하다

품
풍
品 〔口 6〕 품수, 물건
風 〔風 0〕 바람
豐 〔豆 11〕 풍년, 풍성하다

피
皮 〔皮 0〕 가죽
彼 〔彳 5〕 저
疲 〔广 5〕 파리하다
被 〔衣 5〕 입다
避 〔辵 13〕 피하다

필
匹 〔匚 2〕 짝
必 〔心 1〕 반드시
筆 〔竹 6〕 붓
畢 〔田 6〕 마치다

ㅎ

하
下 〔一 2〕 아래, 내리다
何 〔人 5〕 어찌
夏 〔夂 7〕 여름
河 〔水 5〕 물, 강이름
賀 〔貝 5〕 하례하다

荷 〔艹 7〕 메다, 연꽃

학
學 〔子 13〕 배우다
鶴 〔鳥 10〕 학, 두루미

한
恨 〔心 6〕 한하다
寒 〔宀 9〕 차다
漢 〔水 11〕 한수, 한나라
韓 〔韋 8〕 한나라
閑 〔門 4〕 한가하다
限 〔阜 6〕 지경, 한정하다
汗 〔水 3〕 땀
旱 〔日 3〕 가물다

할
함
割 〔刀 10〕 베다
咸 〔口 6〕 다, 모두
含 〔口 4〕 머금다
陷 〔阜 8〕 빠지다

합
항
合 〔口 3〕 합하다
恒 〔心 6〕 항상
降 〔阜 6〕 항복하다 (내릴 강)
行 〔行 0〕 항오 (다닐 행)
巷 〔己 6〕 거리
港 〔水 9〕 항구
抗 〔手 4〕 대항하다
航 〔舟 4〕 뱃길, 항해하다
項 〔頁 3〕 목, 조목

해
海 〔水 7〕 바다
害 〔宀 7〕 해하다
亥 〔亠 4〕 돼지
解 〔角 6〕 풀다
奚 〔大 7〕 어찌
該 〔言 6〕 핵실하다, 그

핵
행
향
核 〔木 6〕 씨
行 〔行 0〕 다니다 (항오 항)
幸 〔干 5〕 다행
香 〔香 0〕 향기
向 〔口 3〕 향하다
鄕 〔邑 8〕 시골, 고향
享 〔亠 6〕 누리다
響 〔音 13〕 울리다

허
許 〔言 4〕 허락하다

	虛	[虍 12]	비다
헌	軒	[車 3]	집, 동헌
	憲	[心 12]	법
	獻	[犬 16]	드리다
험	險	[阜 13]	험하다
	驗	[馬 13]	시험하다, 경험
혁	革	[革 0]	가죽, 고치다
현	賢	[貝 8]	어질다
	現	[玉 7]	나타나다
	見	[見 0]	나타나다 (볼 견)
	玄	[玄 0]	검다
	絃	[糸 5]	줄
	顯	[頁 14]	나타나다
	縣	[糸 10]	고을
	懸	[心 16]	매달다
혈	血	[血 0]	피
	穴	[穴 0]	구멍
혐	嫌	[女 10]	싫어하다
협	協	[十 6]	화하다, 도우다
	脅	[肉 6]	협박하다
형	兄	[儿 3]	맏, 형
	形	[彡 4]	모양, 얼굴
	刑	[刀 4]	형벌
	亨	[亠 5]	형통하다
	螢	[虫 10]	반딧불
	衡	[行 10]	저울대 (가로 횡)
혜	惠	[心 8]	은혜
	兮	[八 2]	어조사
	慧	[心 11]	지혜
호	戶	[戶 0]	지게문, 집
	好	[女 3]	좋다, 아름답다
	虎	[虍 2]	범
	乎	[丿 4]	어조사
	呼	[口 5]	부르다
	湖	[水 9]	호수
	號	[虍 7]	이름, 부르다, 호령
	互	[二 2]	서로
	胡	[肉 5]	오랑캐, 어찌
	浩	[水 7]	넓다

	毫	[毛 7]	털
	豪	[豕 7]	호걸
	護	[言 14]	보호하다
혹	或	[戈 4]	혹
	惑	[心 8]	의혹하다
혼	婚	[女 8]	혼인
	混	[水 8]	섞다
	昏	[日 4]	어둡다
	魂	[鬼 4]	혼
홀	忽	[心 4]	문득
홍	紅	[糸 3]	붉다
	洪	[水 6]	넓다
	弘	[弓 2]	크다
	鴻	[鳥 6]	기러기, 크다
화	火	[火 0]	불
	化	[匕 2]	되다, 화하다
	貨	[貝 4]	재화, 화폐
	花	[艸 4]	꽃
	華	[艸 8]	빛나다, 꽃
	和	[口 5]	화합하다
	話	[言 6]	말씀
	畫	[田 7]	그림, 그리다 (그을 획)
	禾	[禾 0]	벼
	禍	[示 9]	재화, 재앙
확	確	[石 10]	확실하다
	擴	[手 15]	넓히다
	穫	[禾 14]	거두다
환	患	[心 7]	근심, 병
	歡	[欠 18]	기쁘다
	丸	[丶 2]	둥글다, 탄알
	換	[手 9]	바꾸다
	還	[辵 13]	돌아오다
	環	[玉 13]	고리, 둥글다
활	活	[水 6]	살다
황	黃	[黃 0]	누르다
	皇	[白 4]	임금
	況	[水 5]	하물며, 상황
	荒	[艸 6]	거칠다
회	回	[口 3]	돌아오다

	會 [日 9]	모이다	
	悔 [心 7]	뉘우치다	
	懷 [心 16]	품다, 생각하다	
획	畫 [田 7]	긋다, 꾀하다 (그림 화)	
	劃 [刀 12]	긋다	
	獲 [犬 14]	얻다	
횡	橫 [木 12]	가로, 횡행하다	
효	孝 [子 4]	효도	
	效 [攴 6]	본받다, 효험	
	曉 [日 12]	새벽, 깨닫다	
후	後 [彳 6]	뒤	
	厚 [厂 7]	두텁다	
	侯 [人 7]	제후, 벼슬 이름	
	候 [人 8]	기후, 살피다	
훈	訓 [言 3]	가르치다	

훼	毁 [殳 9]	헐다	
휘	揮 [手 9]	휘두르다	
	輝 [車 8]	빛나다	
휴	休 [人 4]	쉬다	
	携 [手 10]	끌다, 가지다	
흑	畜 [田 5]	기르다 (가축 축)	
흉	凶 [凵 2]	흉하다	
	胸 [肉 6]	가슴	
흑	黑 [黑 0]	검다	
흡	吸 [口 4]	빨다, 들이쉬다	
흥	興 [臼 9]	일어나다	
희	喜 [口 9]	기쁘다	
	希 [巾 4]	바라다	
	稀 [禾 7]	드물다	
	戲 [戈 13]	희롱하다	

〈추가자·제외자 대비표〉

추 가 자 (44자)							제 외 자 (44자)						
乞	隔	牽	繫	狂	軌	糾	塗	屯	憩	戈	瓜	鷗	閨	濃	潭	桐	洛
騰	獵	隷	僚	侮	冒	伴	覆	擁	誓	凝	爛	藍	朗	蠻	矛	沐	栢	汎	梧	膚	貳
逝	攝	垂	搜	押	躍	閱	滯	逮	弗	酸	壹	森	雌	蠶	笛	阿	蹟	硯	滄	悽	稚
宰	殿	竊	奏	珠	鑄	震			刃		兎	楓	弦		灰	喉	憶	熙			
遞	秒	卓	誕	把	偏	嫌	衡		琢												

2. 동음이의어同音異義語

이의異義와 이의異議, 사고思考과 사고事故처럼 발음은 똑같은데 그 뜻은 아주 다른 숙어熟語가 많이 있다. 이 동음이의同音異義의 숙어에는 특별한 주의가 요망된다. 동음이기 때문에 흔히 오용誤用되는 숙어를 그 의미 및 예문例文과 함께 열거해 보겠다.

- 개정(改定) 고치어 다시 정함. / ~ 요금.
- 개정(改訂) 고치어 정정訂正함. / 표기를 ~하다.
- 건강(健剛) 건전하고 의지가 강함. /~한 성격.
- 건강(健康) 몸에 탈이 없고 튼튼함. / ~ 진단.
- 공모(公募) 일반에게 널리 공개하여 하는 모집. / 주식을 ~하다.
- 공모(共謀) 두 사람 이상이 공동으로 어떤 일을 모의함. /~하여 탈옥하다.
- 군기(軍紀) 군대의 규율 및 풍기. / ~ 문란.
- 군기(軍氣) 군대의 사기. /~ 충천.
- 군사(軍士) 계급이 낮은 하사관 이하의 군인. /~의 사기를 높이다.
- 군사(軍事) 군무에 관한 일. / ~ 훈련.
- 극기(克己) 자기의 사욕을 이지理智로써 눌러 이김. /~ 복례復禮.
- 극기(極忌) 몹시 꺼림. / 공산주의를 ~하다.
- 극성(極性) 특정한 방향에 따라 그 양극단에 서로 대응하는 다른 성질을 갖는 일. / ~ 분자分子.
- 극성(劇性) 극렬한 성질. /~스럽다.
- 기호(記號) 일정한 내용을 표시하기 위한 문자·표장標章·부호 따위. /~ 문자文字.
- 기호(嗜好) 즐기고 좋아함. /~ 식품.
- 기계(器械) 그릇·연장·기구器具 등의 통칭. / 의료醫療 ~
- 기계(機械) 동력 장치를 부착하고 작업을 하는 도구. /~ 공업국.
- 기운(氣運) 시세가 돌아가는 형편. /~이 나쁘다.
- 기운(機運) 기회와 시운. /~이 무르익다.
- 난전(亂戰) 피아彼我가 뒤섞여 싸우는 혼란한 싸움. /~을 벌이다.
- 난전(難戰) 곤란을 무릅쓰고 싸우는 싸움. /~ 끝에 이기다.

낭자(娘子) 처녀. /~군軍.
낭자(狼藉) 여기저기 흩어져 어지러움. / 선혈鮮血이 ~하다.

내수(內需) 국내에서의 수요. /~용 물자.
내수(耐水) 물이 묻어도 젖거나 배지 않음. /~성性.

내막(內幕) 일의 속내용. / 정계의 ~.
내막(內膜) 체내 기관의 안쪽의 막. /~의 염증炎症.

내항(來降) 와서 항복함. / 적군이 ~해 오다.
내항(來航) 배를 타고 외국에서 옴. / 수송선輸送船의 ~

노장(老莊) 노자老子와 장자莊子. /~의 사상.
노장(老將) 늙은 장수. / 백전 ~.

녹화(綠化) 산이나 들에 나무를 심어 푸르게 함. / 산림 ~.
녹화(錄畫) 비디오 테이프에 텔레비전의 영상을 기록함. / ~ 방송.

논의(論意) 의론의 의미. /~를 알다.
논의(論議) 서로 의견을 논술하여 토의함. / 치열한 ~ 끝에.

농공(農工) 농업과 공업. / ~ 단지團地.
농공(農功) 농사짓는 일. /~의 역군役軍.

단수(單手) 바둑에서, 한 수만 두면 적의 돌을 잡게 된 상태. /~를 치다.
단수(單數) 단 하나만인 사람·사물을 나타내는 명사 등의 사형詞形. / 삼인칭 ~ 현재.

단절(斷絶) 관계를 끊음. / 국교가 ~되다.
단절(斷切) 끊어짐. 잘라 버림. / 교각이 ~되다.

대가(代價) 물건 값. /~를 치르다.
대가(對價) 자기 재산이나 노력 등을 다른 사람에게 주어 이용케 하고, 그 보수로 얻는 재산상의 이익. / 일의 ~.

대용(代用) 대신으로 씀. /~품.
대용(貸用) 꾸어서 씀. /~한 물건을 갚다.

대치(代置) 다른 것으로 바꾸어 놓음. / 새 물건으로 ~하다.
대치(對峙) 서로 마주 대하여 버팀. / 적과 ~중이다.
대치(對置) 마주 놓음. /1에 1로 ~하다.

도식(徒食) 하는 일 없이 거저 먹기만 함. / 무위無爲~.
도식(盜食) 다른 사람 몰래 음식을 먹음. / 혼자서 ~하다.

두서(頭書) 머리말. /~가 간결하다.
두서(頭緖) 일의 단서. /~없이 말하다.

등속(等速) 속도가 같음. /~도 운동.
등속(等屬) 명사에 붙어 그것과 비슷한 것들을 몰아서 이르는 말. / 학용품 ~.

만년(晚年) 나이가 들어서 늙은 때. /~에 백발이 성성하다.
만년(萬年) 오랜 세월. / 천년 ~ 살고지고.

면박(面駁) 면전에서 논박함. /~을 주다.
면박(面縛) 양손을 등 뒤로 돌려 결박하고 얼굴을 쳐들게 하여 사람에게 보임. /~지우다.

명시(明示) 분명하게 가리킴. / 장소와 시간을 ~하다.
명시(明視) 똑똑하게 봄. / 인공위성을 ~하다.

무사(無死) 야구에서, 아직 한 사람도 아웃이 안 된 일. /~ 만루.
무사(無私) 사심 없이 공정함. / 공평公平 ~.

무상(無常) 정함이 없음. 덧없음. / 인생 ~.
무상(無償) 보상이 없음. /~ 원조

미감(未感) 병 등에 아직 감염되지 않음. /~ 아동兒童.
미감(味感) 미각味覺. /~이 뛰어나다.

밀봉(密封) 단단히 붙여 봉함. /~한 편지.
밀봉(蜜蜂) 꿀벌. /~ 사육.

밀어(密語) 남이 못 알아듣게 넌지시 하는 말. /~로 지시하다.
밀어(蜜語) 달콤한 말. 특히 남녀간의 정담. /~를 속삭이다.

방자(放恣) 꺼리거나 삼가는 태도가 없이 교만스러움. /~한 행동.
방자(放資) 이식利殖을 목적으로 자본을 방출함. / 과잉過剩 ~.
방자(放姿) 아름다운 자태. / 태도가 ~하므로 상을 수여한다.

백미(白眉) 여럿 중에 가장 뛰어난 사람이나 물건. / 군담軍談 소설의 ~.
백미(百媚) 사람을 홀리는 온갖 아름다운 태도. / 기녀妓女의 ~.

본관(本管) 지관枝管에 대하여 본줄기의 관. / 상수도上水道의 ~.
본관(本館) 별관·분관 등에 대하여 그 주장이 되는 건물. /~에서 근무한다.

봉사(奉仕) 국가·사회를 위해 헌신적으로 일함. / 무료 ~.
봉사(奉事) 웃어른을 받들어 섬김. / 시부모 ~.
봉사(奉祀) 조상의 제사를 받듦. 봉제사. / 4대 ~.

부군(父君) '아버지'의 높임말. / 김군의 ~.
부군(夫君) '남편'의 높임말. / 박여사의 ~.
부군(府君) 망부亡夫나 바깥 조상에 대한 존칭. / 현고顯考 학생學生 ~.

분사(憤死) 분에 못이겨 죽음. / 충신의 ~.
분사(噴射) 세차게 내뿜음. / 분수 줄기의 ~.

비보(飛報) 급히 기별함. / 승리를 ~하다.

비보(悲報) 슬픈 기별. / ~에 접하다.

사상(事象) 여러 가지 사물과 현상. /~을 비판한다.

사상(思想) 사회·인생 등에 관한 일정한 견해. /~가.

사전(事典) 여러 가지 사항을 모아 그 하나하나에 해설을 붙인 사전. / 백과 ~.

사전(辭典) 언어를 모아서 일정한 순서로 싣고 발음·의의·용법 등에 관하여 해설한 책. / 한영韓英 ~.

상사(商社) 상업상의 결사. / 무역 ~.

상사(商事) ①상업에 관한 일. ②회사 따위의 상호 아래에 붙이는 말. / ①~ 출장 ②수출 ~.

성전(聖典) 성경聖經. /~을 읽다.

성전(聖殿) 신성한 전당. 성당. / 경건한 마음으로 ~에 들어가다.

소명(召命) 사람이 어떤 특수한 신분으로 신에 봉사하도록 신神의 부르심을 받음. / ~감感.

소명(昭明) 어린이의 속이 밝고 똑똑함. /~한 어린이.

습득(拾得) 주워서 얻음. /~한 물건.

습득(習得) 배워서 아는 일. /~이 빠르다.

안찰(按察) 조사하여 살핌. /~사使.

안찰(按擦) 목사나 장로가 기도받는 사람의 몸의 어느 부위를 어루만지는 일. /~기도

여론(餘論) 주된 의론 뒤의 나머지 의론. /~에 대하여도 토론한다.

여론(輿論) 사회 대중의 공통된 의견. /~을 반영한다.

여사(女士) 학덕이 높은 여자의 경칭. / 박~.

여사(女史) 시집간 여자의 존칭. / 김~.

완고(完固) 완전하고 견고함. /~한 제품.

완고(頑固) 완강하고 고루함. /~한 할아버지.

원유(原由) 연유하는 근원. / 불신의 ~는 불성실이다.

원유(原油) 정제되지 않은 석유石油. /~ 탐사.

은덕(恩德) 은혜와 덕. 은혜로 입은 신세. /~에 보답하다.

은덕(隱德) 남이 모르게 베푸는 은덕. /~을 베풀다.

이상(異狀) 보통과는 다른 상태. /~ 체질.

이상(異常) 보통과 다름. / 기분이 ~하다.

이의(異義) 다른 뜻. 달리 하는 의의. / 한 단어가 ~를 갖는다.

이의(異議) 달리하는 주장. /~를 제기하다.

전세(傳世) 대를 물려 전해 감. /~의 보물.

전세(傳貰) 일정 금액을 지불하고 남의 부동산을 일정 기간 빌려 쓸 경우의 관계를 일컬음.
/~집.

조장(助長) 도와서 성장시킴. / 사행심을 ~하다.

조장(組長) 조로 편성된 단위의 우두머리. / ~을 뽑다.

종족(宗族) 동족의 겨레붙이. /~ 회의

종족(種族) 동일 조상으로부터 이루어진 사회 집단. /~간의 싸움.

주간(週刊) 한 주일마다의 발간, 또는 그 간행물. /~ 잡지.

주간(週間) 한 주일의 동안. / 청소 ~.

주력(主力) 주장되는 힘. /~ 부대.

주력(注力) 힘을 들임. /~해 일하다.

지력(知力) 지식의 능력. /~ 검사.

지력(智力) 슬기의 힘. 사물을 헤아리는 지능. /~ 있는 리더.

찬송(贊頌) 찬성하여 칭송함. / 주군主君을 ~하다.

찬송(讚頌) 미덕을 칭찬함. / 주님을 ~하다.

초속(初速) 처음 속도 /~ 140의 투구投球.

초속(秒速) 1초 동안의 속도 /~ 20미터의 바람.

최고(最古) 가장 오래됨. /~ 미술품.

최고(最高) 가장 높음. / 그의 인기가 ~다.

최고(催告) 재촉하는 뜻으로 내는 통지.

추구(追求) 어디까지나 뒤쫓아 구함. / 이상을 ~하다.

추구(追究) 근본을 파고들어 연구함. / 진리의 ~.

쾌활(快活) 마음씨나 행동이 씩씩하고 활발함. /~한 성격의 소유자.

쾌활(快闊) 시원하게 앞이 트이어 넓음. /~한 평야.

탈모(脫毛) 털이 빠짐. /~증.

탈모(脫帽) 모자를 벗음. / 실내에서는 ~한다.

탐구(探究) 더듬어 연구함. / 진리 ~.

탐구(探求) 더듬어 구함. 탐색. / 사고 원인을 ~하다.

탐문(探問) 더듬어 찾아 물음. / 주소를 ~하다.

탐문(探聞) 더듬어 찾아서 들음. /~ 수사.

투영(投映) 슬라이드 따위를 비쳐 냄. /~기機.

투영(投影) 물체가 비치는 그림자. /~도圖.

특수(特秀) 특별히 빼어남. /∼한 인재人材.
특수(特殊) 특별히 다름. /∼ 아동.

파상(波狀) 물결이 기복하는 형상. /∼문紋.
파상(破傷) 깨어져 상함. /∼풍風.

편곡(偏曲) 성질이 편벽하고 곡함. /∼한 상사上司.
편곡(編曲) 악곡을 다른 형식으로 바꾸어 꾸며서 연주 효과를 달리하는 일. /∼집集.

평가(平價) 싸지도 비싸지도 않은 물건값. /∼ 수준의 유지.
평가(評價) 물품의 가격을 평정함. / 가치를 ∼하다.

포장(包裝) 물건을 싸서 꾸밈. /∼지紙.
포장(鋪裝) 길바닥에 아스팔트·돌·콘크리트 등을 깔아 단단하게 다져 꾸미는 일. /∼ 공사.

필수(必修) 반드시 학습해야 함. /∼ 과목.
필수(必須) 꼭 필요함. / 등산의 ∼ 장비.

학원(學院) 학교 설치 기준의 조건을 구비하지 못한 사립 교육 기관. / 요리 ∼.
학원(學園) 학교 및 기타 교육 기관의 총칭. /∼의 자율화.

합판(合板) 여러 장을 붙여 만든 널빤지. / 베니어 ∼.
합판(合版) 둘 이상의 사람이 합동하여 책을 출판함. /∼으로 출간하다.

해몽(解蒙) 몽매함을 일깨워 줌. / 미개인의 ∼.
해몽(解夢) 꿈을 풀어 길흉吉凶을 판단함. / 꿈보다 ∼이 낫다.

현상(現狀) 현재의 상태. /∼ 유지.
현상(現象) 관찰할 수 있는 사물의 형상. / 자연 ∼.
현상(現像) 형상을 나타냄. /∼액.

혹사(酷似) 꼭 같다고 할만큼 닮음. / 발가락이 ∼하다.
혹사(酷使) 혹독하게 부림. / 두뇌를 ∼하다.

화재(畫才) 그림을 그리는 재능. /∼가 뛰어나다.
화재(畫材) 그림의 재료. /∼가 풍부하다.

환기(喚起) 불러일으킴. / 주의를 ∼하다.
환기(換氣) 공기를 바꿔 넣음. /∼가 잘 되는 방.

3. 동자이음어同字異音語

'葉'자인 경우 낙엽落葉이라고 쓸 때는 '잎새 엽'이지만 사람 이름인 경우에는 '葉○○'을 '섭○○'라 하여 '성 섭'으로 읽는다. 중국中國의 섭검영葉儉英을 엽검영으로 발음하는 아나 운서가 있었던 것으로 기억하는데 그처럼 틀리게 발음하는 경우는 많고 또, 시험문제로도 많이 나오는 한자에 '일자이음一字異音'의 한자가 많다. 그 가운데 중요한 것만 소개하겠다.

降	내 릴 **강**−降雨(강우)		항복할 **항**−降伏(항복)
乾	하 늘 **건**−乾坤(건곤)		마 를 **간**−乾淨(간정)
更	다 시 **갱**−更新(갱신)		고 칠 **경**−更迭(경질)
車	수 레 **거**−車馬(거마)		바 퀴 **차**−汽車(기차)
見	볼 **견**−見學(견학)		나타날 **현**−謁見(알현)
契	계약할 **계**−默契(묵계)		나라이름 **글**−契丹(글안)		근고할 **결**−契活(결활)
告	알 릴 **고**−告白(고백)		뵙고청할 **곡**−出必告(출필곡)
句	구 절 **구**−句讀(구두)		구 절 **귀**−語句(어귀)
龜	거 북 **귀**−龜鑑(귀감)		틀 **균**−龜裂(균열)		나라이름 **구**−龜玆(구자)
金	쇠 **금**−金屬(금속)		성 **김**−金氏(김씨)

內	안 **내**−國內(국내)		**나**−內人(나인)
丹	붉 을 **단**−丹楓(단풍)		**란**−牡丹(모란)		나라이름 **안**−契丹(글안)
糖	설 탕 **당**−糖分(당분)		설 탕 **탕**−雪糖(설탕)
宅	살 **댁**−宅內(댁내)		집 **택**−宅地(택지)
度	법 도 **도**−法度(법도)		헤아릴 **탁**−忖度(촌탁)
洞	동 네 **동**−洞里(동리)		꿰뚫을 **통**−洞察(통찰)
讀	읽 을 **독**−讀書(독서)		구 절 **두**−句讀(구두)
復	돌아올 **복**−往復(왕복)		다 시 **부**−復活(부활)
不	아 닐 **불**−不吉(불길)		아 닐 **부**−(ㄷ·ㅈ위에서) 不當(부당)不正(부정)
否	아 닐 **부**−否認(부인)		막 힐 **비**−否塞(비색)

北	북 녘 **북**−南北(남북)		패하여 달아날 **배**−敗北(패배)
分	나 눌 **분**−分配(분배)		**푼**−分錢(푼전)
寺	절 **사**−寺院(사원)		내 시 **시**−寺人(시인)
殺	죽 일 **살**−殺生(살생)		죽 일 **시**−殺逆(시역)		감 할 **쇄**−相殺(상쇄)
索	찾 을 **색**−索引(색인)		흩 을 **삭**−索莫(삭막)
塞	변 방 **새**−要塞(요새)		막 을 **색**−拔本塞源 (발본색원)
數	두 어 **수**−數學(수학)		자 주 **삭**−頻數(빈삭)		빽빽할 **촉**−數罟(촉고)
省	살 필 **성**−反省(반성)		덜 **생**−省略(생략)
泄	샐 **설**−漏泄(누설)		많을 **예**−泄泄(예예)

說 ┤
- 말 씀 **설**－說話(설화)
- 달 랠 **세**－遊說(유세)
- 기뻐할 **열**－說喜(열희)

率 ┤
- 거느릴 **솔**－統率(통솔)
- 셀이름 **률**－比率(비율)

識 ┤
- 알 **식**－知識(지식)
- 기록할 **지**－標識(표지)

什 ┤
- 열사람 **십**－什長(십장)
- 세 간 **집**－什器(집기)

拾 ┤
- 주 울 **습**－拾得(습득)
- 열 **십**－拾圓(십원)

沈 ┤
- 잠 길 **침**－沈沒(침몰)
- 성 **심**－沈淸(심청)

樂 ┤
- 즐거울 **락**－快樂(쾌락)
- 풍 류 **악**－音樂(음악)
- 좋아할 **요**－樂山(요산)

惡 ┤
- 모 질 **악**－善惡(선악)
- 미워할 **오**－憎惡(증오)

若 ┤
- 같 을 **약**－若干(약간)
- 불경 **야**－般若經(반야경)

易 ┤
- 바 꿀 **역**－貿易(무역)
- 쉬 울 **이**－容易(용이)

厭 ┤
- 싫 을 **염**－厭世(염세)
- 덮 을 **엄**－厭然(엄연)

葉 ┤
- 잎 **엽**－落葉(낙엽)
- 성 **섭**－葉氏(섭씨)

咽 ┤
- 목구멍 **인**－咽喉(인후)
- 목 멜 **열**－嗚咽(오열)

刺 ┤
- 찌 를 **자**－刺客(자객)
- 찌 를 **척**－刺殺(척살)

狀 ┤
- 문 첩 **장**－賞狀(상장)
- 모 양 **상**－狀態(상태)

著 ┤
- 밝 을 **저**－著書(저서)
- 붙 을 **착**－到著(도착)

提 ┤
- 끌 **제**－提携(제휴)
- **리**－菩提(보리)

佐 ┤
- 도 울 **좌**－補佐(보좌)
- 버 금 **자**－佐飯(자반)

切 ┤
- 간절할 **절**－懇切(간절)
- 일 체 **체**－一切(일체)

弔 ┤
- 조상할 **조**－弔儀(조의)
- 이 를 **적**－弔橋(적교)

差 ┤
- 어 길 **차**－差別(차별)
- 참치할 **치**－參差(참치)

參 ┤
- 참여할 **참**－參拜(참배)
- 석 **삼**－參萬(삼만)

諦 ┤
- 살 필 **체**－諦念(체념)
- 밝 힐 **제**－眞諦(진제)

推 ┤
- 옮 길 **추**－推究(추구)
- 밀 **퇴**－推敲(퇴고)

則 ┤
- 법 **칙**－規則(규칙)
- 곧 **즉**－然則(연즉)

暴 ┤
- 드러낼 **폭**－暴露(폭로)
- 사나울 **포**－暴惡(포악)

曝 ┤
- 볕에말 **폭**－曝陽(폭양)
- 볕쪼일 **포**－曝白(포백)

便 ┤
- 편 할 **편**－便利(편리)
- 오 줌 **변**－便器(변기)

皮 ┤
- 가 죽 **피**－皮骨(피골)
- **비**－鹿皮(녹비)

合 ┤
- 합 할 **합**－合格(합격)
- 홉 **홉**－一合(일홉)

行 ┤
- 갈 **행**－通行(통행)
- 항 렬 **항**－行列(항렬)

廓 ┤
- 빌 **곽**－胸廓(흉곽)
- 클 **확**－廓正(확정)

畫 ┤
- 그 림 **화**－繪畫(회화)
- 가 를 **획**－字畫(자획)

滑 ┤
- 미끄러 **활**－圓滑(원활)
- 어지러 **골**－滑稽(골계)

4. 비슷한 모양의 한자

한자에는 그 모양이 아주 비슷해서 읽거나 쓸 때 착각하기 쉬운 글자가 많다. 특히 변이 같고 방이 다른 경우, 또는 방이 같고 변이 다른 경우에는 착오를 일으키기 쉽다. 그 중에서 중요한 것만을 간추려서 다음에 소개하기로 한다.

九(구) : 九月(구월)
丸(환) : 丸藥(환약)

干(간) : 干戈(간과)
于(우) : 于今(우금)

七(칠) : 七日(칠일)
匕(비) : 匕首(비수)

刀(도) : 刀劍(도검)
刃(인) : 刃創(인창)

大(대) : 大地(대지)
丈(장) : 丈夫(장부)

曰(왈) : 子曰(자왈)
日(일) : 日時(일시)

丹(단) : 丹心(단심)
円(원) : 圓의 俗字

天(천) : 天國(천국)
夭(요) : 夭折(요절)

分(분) : 分數(분수)
兮(혜) : 감탄의 語助辭

尤(우) : 尤甚(우심)
尨(방) : 尨大(방대)

主(주) : 主人(주인)
壬(임) : 壬時(임시)

句(구) : 句讀(구두)
旬(순) : 旬望(순망)

囚(수) : 罪囚(죄수)
因(인) : 原因(원인)
困(곤) : 困難(곤란)

戊(무) : 戊夜(무야)
戌(술) : 戌時(술시)
戍(수) : 衛戍令(위수령)

又(우) : 又況(우황)
叉(차) : 交叉路(교차로)

土(토) : 農土(농토)
士(사) : 紳士(신사)

己(기) : 自己(자기)
已(이) : 不得已(부득이)
巳(사) : 巳時(사시)
巴(파) : 巴里(파리)

木(목) : 植木(식목)
禾(화) : 禾穀(화곡)

王(왕) : 王國(왕국)
玉(옥) : 玉稿(옥고)

水(수) : 藥水(약수)
氷(빙) : 氷雪(빙설)

太(태) : 太陽(태양)
犬(견) : 犬馬(견마)

午(오) : 正午(정오)
牛(우) : 牛馬車(우마차)

俗(속) : 風俗(풍속)
裕(유) : 裕福(유복)

壤(양) : 土壤(토양)
壞(괴) : 破壞(파괴)

但(단) : 但書(단서)
坦(탄) : 坦懷(탄회)

徵(징) : 徵集(징집)
徽(휘) : 徽章(휘장)
微(미) : 微笑(미소)

勿(물) : 勿論(물론)
勾(구) : 勾配(구배)
匈(흉) : 匈奴(흉노)

爪(조) : 爪痕(조흔)
瓜(과) : 瓜菜(과채)

友(우) : 友情(우정)
反(반) : 反抗(반항)

予(예) : 豫의 略字
矛(모) : 矛盾(모순)

代(대) : 代父(대부)
伐(벌) : 討伐(토벌)

北(북) : 南北(남북)
兆(조) : 吉兆(길조)

未(미) : 未來(미래)
末(말) : 終末(종말)

侍(시) : 侍從(시종)
待(대) : 期待(기대)
峙(치) : 對峙(대치)

失(실) : 失敗(실패)
矢(시) : 嚆矢(효시)

捐(연) : 義捐金(의연금)
損(손) : 損害(손해)

拓(척) : 開拓(개척)
拍(박) : 拍手(박수)

油(유) : 油田(유전)
抽(추) : 抽象(추상)
袖(수) : 領袖(영수)

洽(흡) : 洽足(흡족)
給(급) : 給食(급식)

洋(양) : 大洋(대양)
祥(상) : 祥夢(상몽)

幼(유) : 幼稚(유치)
幻(환) : 幻想(환상)

旦(단) : 元旦(원단)
且(차) : 且月(차월)

申(신) : 申氏(신씨)
甲(갑) : 甲乙(갑을)

巨(거) : 巨大(거대)
臣(신) : 臣下(신하)

母(모) : 母校(모교)
母(무) : 毋望(무망)

功(공) : 成功(성공)
巧(교) : 巧妙(교묘)

世(세) : 世界(세계)
泄(설) : 漏泄(누설)

丘(구) : 丘陵(구릉)
兵(병) : 兵卒(병졸)

休(휴) : 休日(휴일)
体(체) : 體의 略字

名(명) : 有名(유명)
各(각) : 各國(각국)
村(촌) : 村落(촌락)
材(재) : 材木(재목)
旅(려) : 旅行(여행)
旋(선) : 旋風(선풍)
施(시) : 施賞(시상)

昨(작) : 昨年(작년)
詐(사) : 詐欺(사기)

社(사) : 社會(사회)
杜(두) : 杜絶(두절)
瑞(서) : 詳瑞(상서)
端(단) : 端正(단정)
喘(천) : 喘息(천식)

徒(도) : 徒黨(도당)
徙(사) : 移徙(이사)

獲(획) : 虜獲(노획)
穫(확) : 收穫(수확)

悽(처) : 悽慘(처참)
棲(서) : 棲息(서식)

衝(충) : 衝突(충돌)
衡(형) : 度量衡(도량형)

慙(참) : 慙愧(참괴)
漸(점) : 漸次(점차)

憧(동) : 憧憬(동경)
撞(당) : 撞着(당착)

惟(유) : 惟獨(유독)
推(추) : 推進(추진)

隣(린) : 隣近(인근)
憐(련) : 憐憫(연민)

如(여) : 如何(여하)
好(호) : 好感(호감)
奴(노) : 奴婢(노비)

折(절) : 斷折(단절)
析(석) : 分析(분석)

技(기) : 技術(기술)
枝(지) : 枝葉(지엽)

亦(역) : 亦是(역시)
赤(적) : 赤十字(적십자)

具(구) : 器具(기구)
貝(패) : 貝物(패물)

匠(장) : 匠人(장인)
匹(필) : 匹馬(필마)
匡(광) : 匡正(광정)

勉(면) : 勤勉(근면)
逸(일) : 安逸(안일)

効(효) : 効果(효과)
劾(핵) : 彈劾(탄핵)

納(납) : 納稅(납세)
訥(눌) : 訥辯(눌변)

陸(육) : 陸地(육지)
睦(목) : 親睦(친목)

邦(방) : 友邦(우방)
那(나) : 那邊(나변)

郡(군) : 郡邑(군읍)
群(군) : 群衆(군중)

株(주) : 株式(주식)
殊(수) : 特殊(특수)

貧(빈) : 貧困(빈곤)
貪(탐) : 貪慾(탐욕)

彬(빈) : 彬彬(빈빈)
淋(임) : 淋巴(임파)

活(활) : 快活(쾌활)		籍(적) : 本籍(본적)		師(사) : 敎師(교사)	
浩(호) : 浩然(호연)		藉(자) : 憑藉(빙자)		帥(수) : 將帥(장수)	
梏(곡) : 桎梏(질곡)		扇(선) : 扇風機(선풍기)		起(기) : 起草(기초)	
設(설) : 建設(건설)		扉(비) : 柴扉(시비)		赴(부) : 赴任(부임)	
說(설) : 說話(설화)		閃(섬) : 閃光(섬광)		杏(행) : 銀杏(은행)	
沒(몰) : 沒收(몰수)		閱(열) : 査閱(사열)		杳(묘) : 杳然(묘연)	
途(도) : 途中(도중)		辛(신) : 辛苦(신고)		査(사) : 搜査(수사)	
送(송) : 送稿(송고)		幸(행) : 幸運(행운)		香(향) : 香氣(향기)	
免(면) : 免稅(면세)		互(호) : 相互(상호)		亨(형) : 亨通(형통)	
兎(토) : 兎脣(토순)		瓦(와) : 瓦家(와가)		享(향) : 享有(향유)	
苦(고) : 苦痛(고통)		兩(양) : 兩立(양립)		早(조) : 早朝(조조)	
若(약) : 明若觀火(명약관화)		雨(우) : 雨量(우량)		旱(한) : 旱魃(한발)	
牡(모) : 牡丹(모란)		明(명) : 文明(문명)		載(재) : 載書(재서)	
牧(목) : 牧童(목동)		朋(붕) : 朋友(붕우)		戴(대) : 戴冠式(대관식)	
遺(유) : 遺物(유물)		宜(의) : 便宜(편의)		亮(량) : 亮明(양명)	
遣(견) : 派遣(파견)		宣(선) : 宣傳(선전)		豪(호) : 富豪(부호)	
逐(축) : 逐出(축출)		季(계) : 四季(사계)		差(차) : 差異(차이)	
遂(수) : 遂行(수행)		李(리) : 李氏(이씨)		羞(수) : 羞恥(수치)	
		秀(수) : 優秀(우수)			
眠(면) : 睡眠(수면)		治(치) : 政治(정치)		栗(률) : 栗木(율목)	
眼(안) : 眼鏡(안경)		冶(야) : 陶冶(도야)		粟(속) : 粟米(속미)	
紹(소) : 紹介(소개)		宗(종) : 宗敎(종교)		基(기) : 基礎(기초)	
招(초) : 招待(초대)		崇(숭) : 崇仰(숭앙)		甚(심) : 極甚(극심)	
綠(록) : 草綠(초록)		官(관) : 官吏(관리)		育(육) : 敎育(교육)	
緣(연) : 緣故(연고)		宮(궁) : 宮女(궁녀)		盲(맹) : 盲人(맹인)	
		宦(환) : 宦族(환족)			
綱(강) : 綱領(강령)		兌(태) : 兌換(태환)		虐(학) : 虐待(학대)	
網(망) : 網紗(망사)		悅(열) : 喜悅(희열)		虛(허) : 虛榮(허영)	
順(순) : 順從(순종)		脫(탈) : 脫出(탈출)		烏(오) : 烏鵲橋(오작교)	
須(수) : 須眉(수미)				鳥(조) : 鳥銃(조총)	
鄕(향) : 故鄕(고향)		冒(모) : 冒險(모험)		哲(철) : 哲學(철학)	
卿(경) : 卿士大夫(경사대부)		胃(위) : 胃腸(위장)		晳(석) : 明晳(명석)	
薄(박) : 薄命(박명)		冑(주) : 甲冑(갑주)		刻(각) : 寸刻(촌각)	
簿(부) : 帳簿(장부)				核(핵) : 核心(핵심)	

削(삭): 削除(삭제)
消(소): 消費(소비)
閉(폐): 閉門(폐문)
閑(한): 閑客(한객)
晝(주): 晝夜(주야)
畫(화): 畫筆(화필)
惠(혜): 恩惠(은혜)
穗(수): 落穗(낙수)
雲(운): 雲霧(운무)
雪(설): 雪景(설경)

暑(서): 暑氣(서기)
署(서): 支署(지서)
萃(췌): 拔萃(발췌)
粹(수): 純粹(순수)
罵(매): 罵倒(매도)
篤(독): 篤實(독실)
戀(련): 戀愛(연애)
變(변): 變化(변화)
住(주): 住宅(주택)
往(왕): 往來(왕래)

勤(근): 勤務(근무)
勸(권): 勸告(권고)
頃(경): 頃刻(경각)
項(항): 項目(항목)
恩(은): 恩惠(은혜)
思(사): 思想(사상)
萬(만): 萬一(만일)
邁(매): 邁進(매진)
勵(려): 獎勵(장려)

5. 특히 잘못 읽기 쉬운 한자

앞의 項項과 중복되는 것 같지만 특히 잘못 읽기 쉬운 한자, 그리고 시험문제에 많이 출제되는 숙어熟語만을 골라서 예시例示하였다.

간주 – 看做	난삽 – 難澁	동경 – 憧憬	무고 – 無辜	사주 – 使嗾
개전 – 改悛	날인 – 捺印	동량 – 棟樑	무인 – 拇印	사치 – 奢侈
과시 – 誇示	납치 – 拉致	두찬 – 杜撰	박탈 – 剝奪	삼매 – 三昧
교란 – 攪亂	뇌물 – 賂物		반추 – 反芻	상서 – 祥瑞
교사 – 敎唆	누설 – 漏洩	만가 – 輓歌	반포 – 頒布	상투 – 常套
궤도 – 軌道	늠름 – 凜凜	만강 – 滿腔	발발 – 發勃	서거 – 逝去
규명 – 糾明	능가 – 凌駕	매도 – 罵倒	발췌 – 拔萃	선망 – 羨望
균열 – 龜裂		매진 – 邁進	방조 – 幇助	세척 – 洗滌
긍지 – 矜持	답사 – 踏査	모독 – 冒瀆	병참 – 兵站	소급 – 遡及
기호 – 嗜好	답지 – 遝至	모란 – 牡丹	부연 – 敷衍	쇄도 – 殺到
	당착 – 撞着	모순 – 矛盾	부유 – 蜉蝣	수집 – 蒐集
나포 – 拿捕	도야 – 陶冶	몽매 – 蒙昧	비등 – 沸騰	수치 – 羞恥
낙인 – 烙印	독지 – 篤志	묘연 – 杳然	빙자 – 憑藉	시기 – 猜忌

아첨－阿諂	와전－訛傳	저주－咀呪	천명－闡明	폭주－輻輳
안도－安堵	완고－頑固	전형－銓衡	천식－喘息	한발－旱魃
알력－軋轢	완상－玩賞	정립－鼎立	초빙－招聘	해학－諧謔
알선－斡旋	왜곡－歪曲	조예－造詣	추고－推敲	향연－饗宴
야기－惹起	외설－猥褻	졸렬－拙劣	추첨－抽籤	현란－絢爛
어휘－語彙	요산－樂山	종용－慫慂	취약－脆弱	형극－荊棘
여명－黎明	요절－夭折	좌절－挫折		형설－螢雪
염세－厭世	운율－韻律	주효－酒肴	탄로－綻露	효시－嚆矢
영어－囹圄	유세－遊說	진지－眞摯	탐닉－眈溺	회뢰－賄賂
예지－叡智	유창－流暢	질곡－桎梏		훼손－毁損
오만－傲慢	의연금－義捐金	질투－嫉妬	패륜－悖倫	휘하－麾下
오열－嗚咽	이사－移徙		편달－鞭撻	힐난－詰難
온건－穩健	익명－匿名	차질－蹉跌	포기－抛棄	

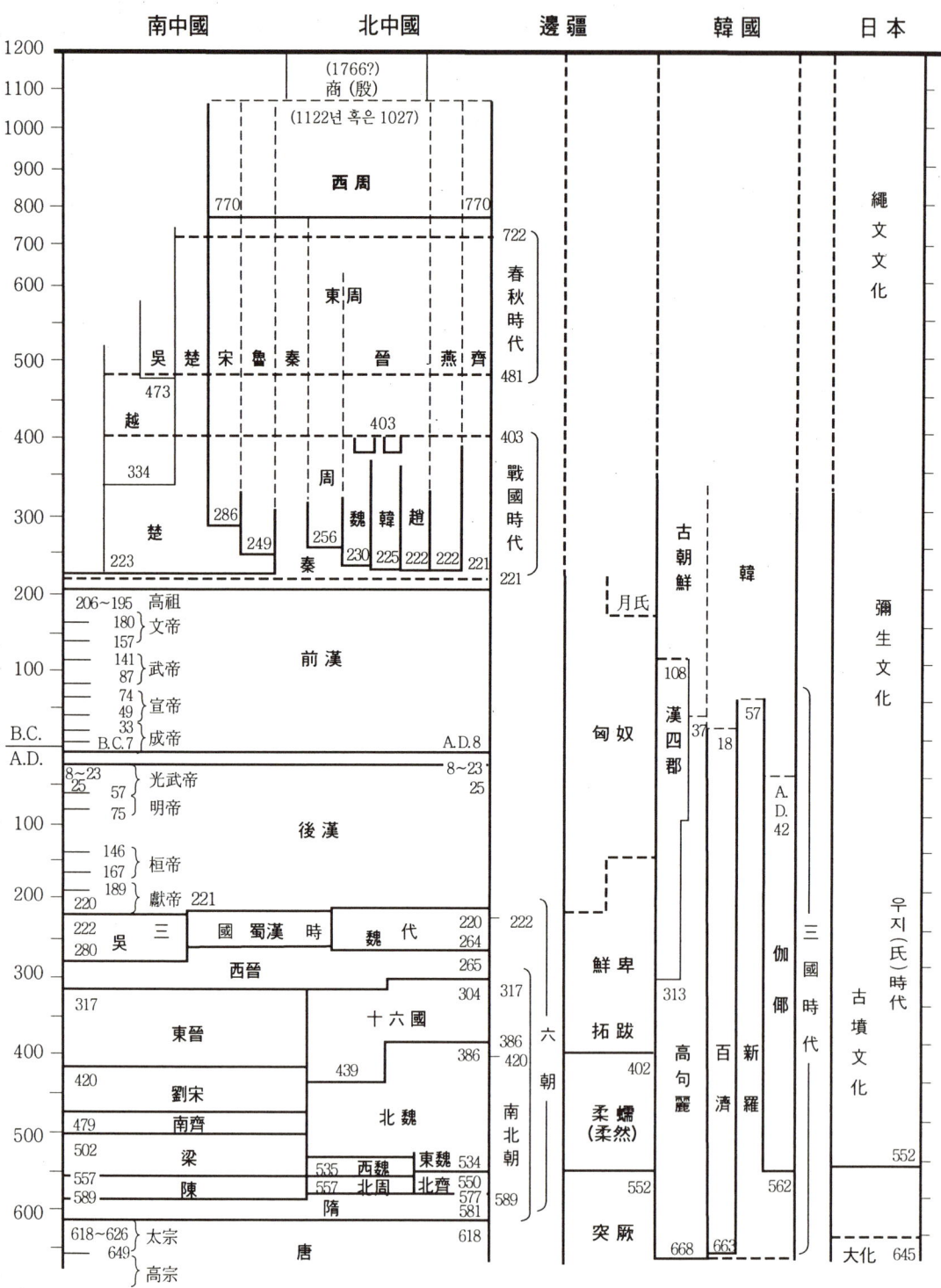

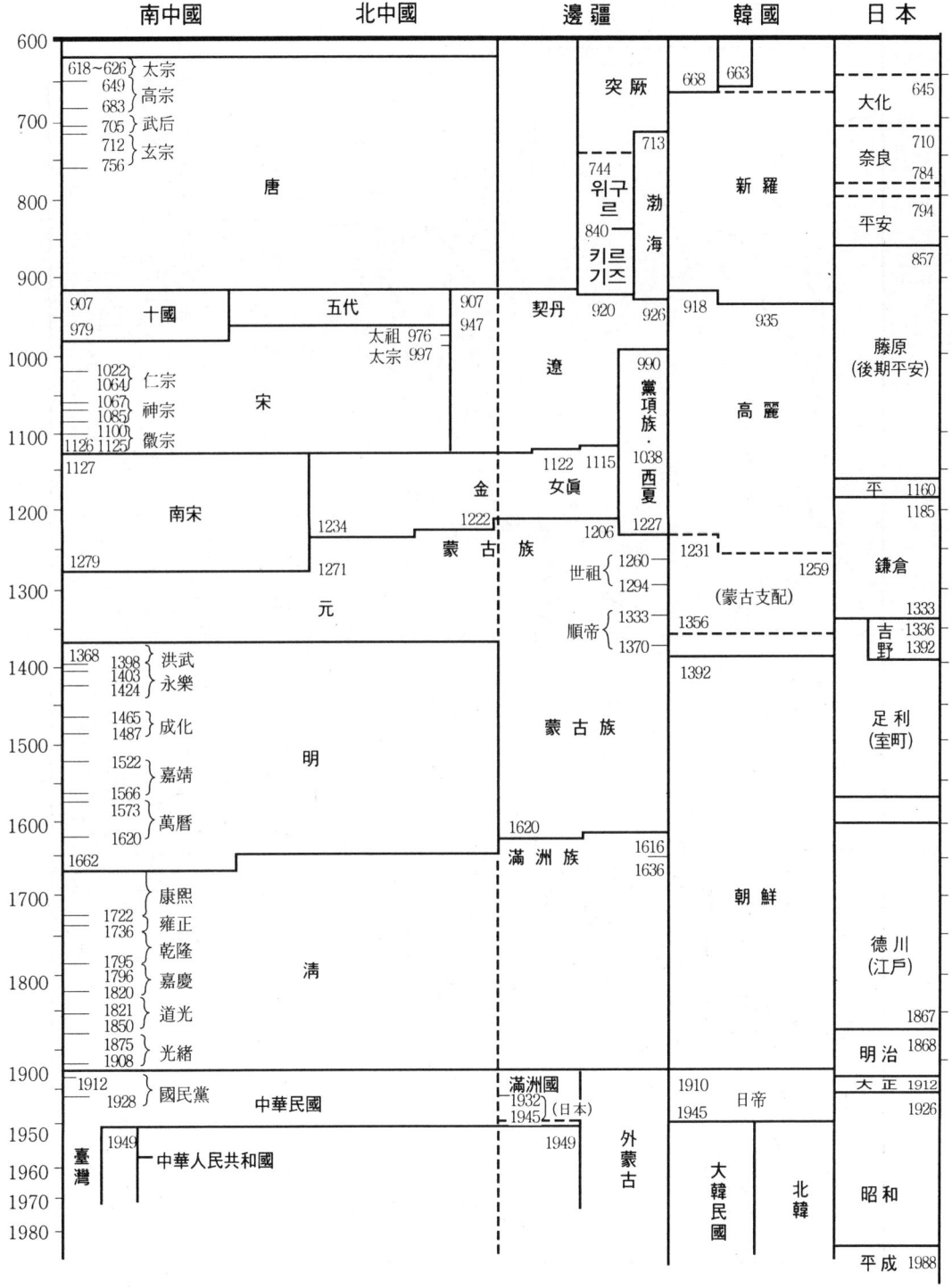

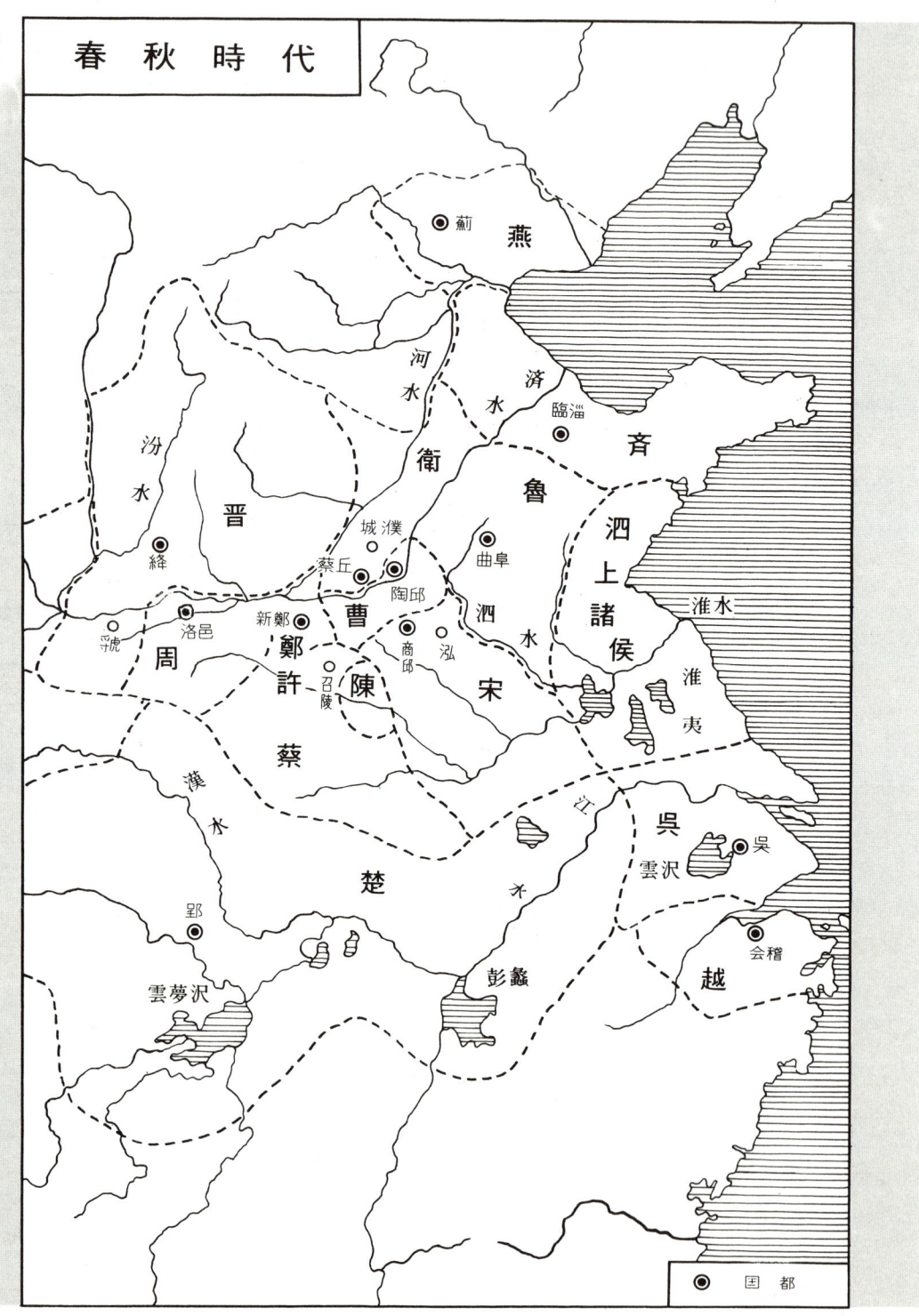

春秋時代

◎ 薊　燕

河水

済水

汾水

晋

衛

臨淄 ◎　齐

魯

泗上諸侯

城濮

蔡丘

曲阜　◎

陶邱

绛 ◎

新鄭 ◎

洛邑

鄭　曹

商邱 ◎　泓

泗水

淮水

守虎

周

許

召陵

陳

宋

淮夷

蔡

漢水

楚

江水

吳

雲沢

◎ 吳

鄖 ◎

雲夢沢

彭蠡

会稽 ◎

越

◎　国　都

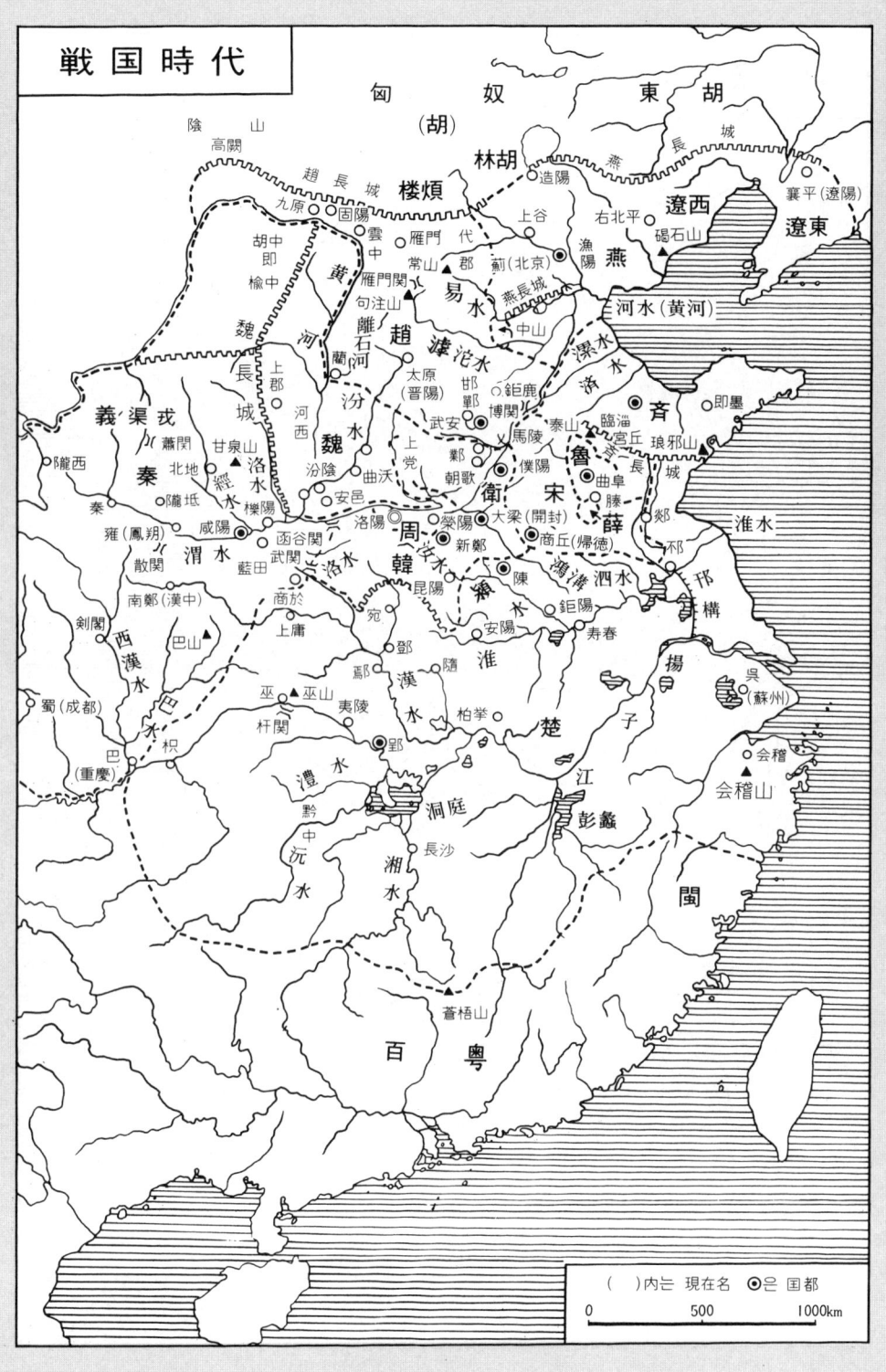

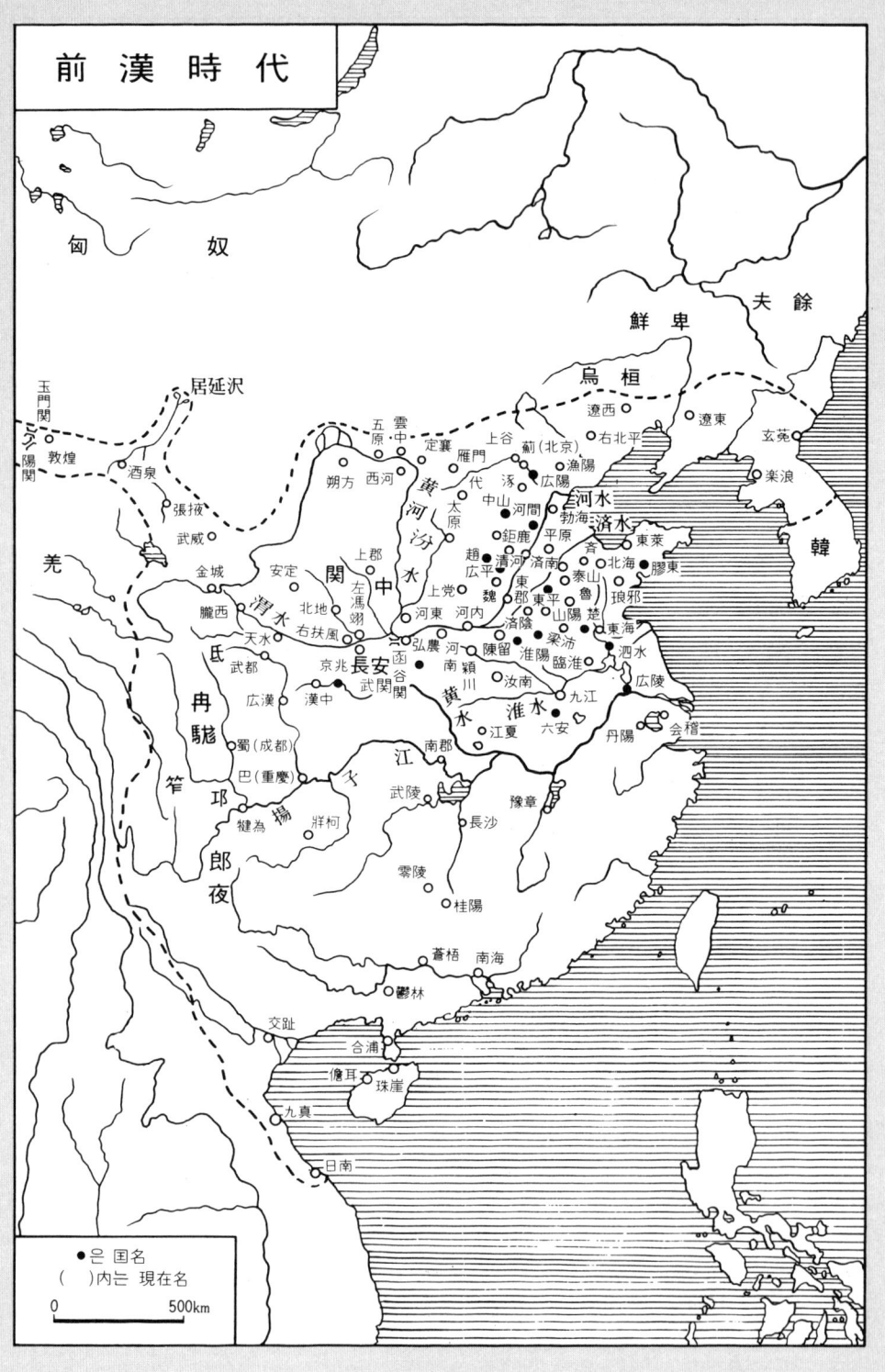

前漢時代

匈　奴

鮮卑

夫餘

烏桓

遼西　右北平　遼東

玄菟

樂浪

韓

玉門関

居延沢

五原　雲中　定襄　雁門　上谷　薊(北京)　漁陽

敦煌

陽関

朔方　西河　代　涿

中山　河間

黄河　汾　太原　上党

河水

鉅鹿　勃海

清河　済南　斉

済水

東萊

酒泉

張掖

武威

金城

安定

上郡

左馮翊

関中

趙広平　魏　東郡

平原　泰山

北海　膠東

琅邪

羌

隴西

渭水　北地　右扶風

河東　河内

魯

山陽　楚

東海

武都

天水

弘農　河

南陽　潁川

陳留　淮陽

梁沛

臨淮

泗水

広陵

氐

冉駹

筰

邛

郎

夜

広漢　漢中

蜀(成都)

巴(重慶)

犍為　牂柯

京兆　長安

武関　函谷関

黄水　淮水

汝南

江夏　六安

九江

丹陽

会稽

武陵

豫章

長沙

零陵

桂陽

蒼梧　南海

鬱林

交趾

合浦

儋耳　珠崖

九真

日南

●은 国名
（ ）内는 現在名

0　　　500km

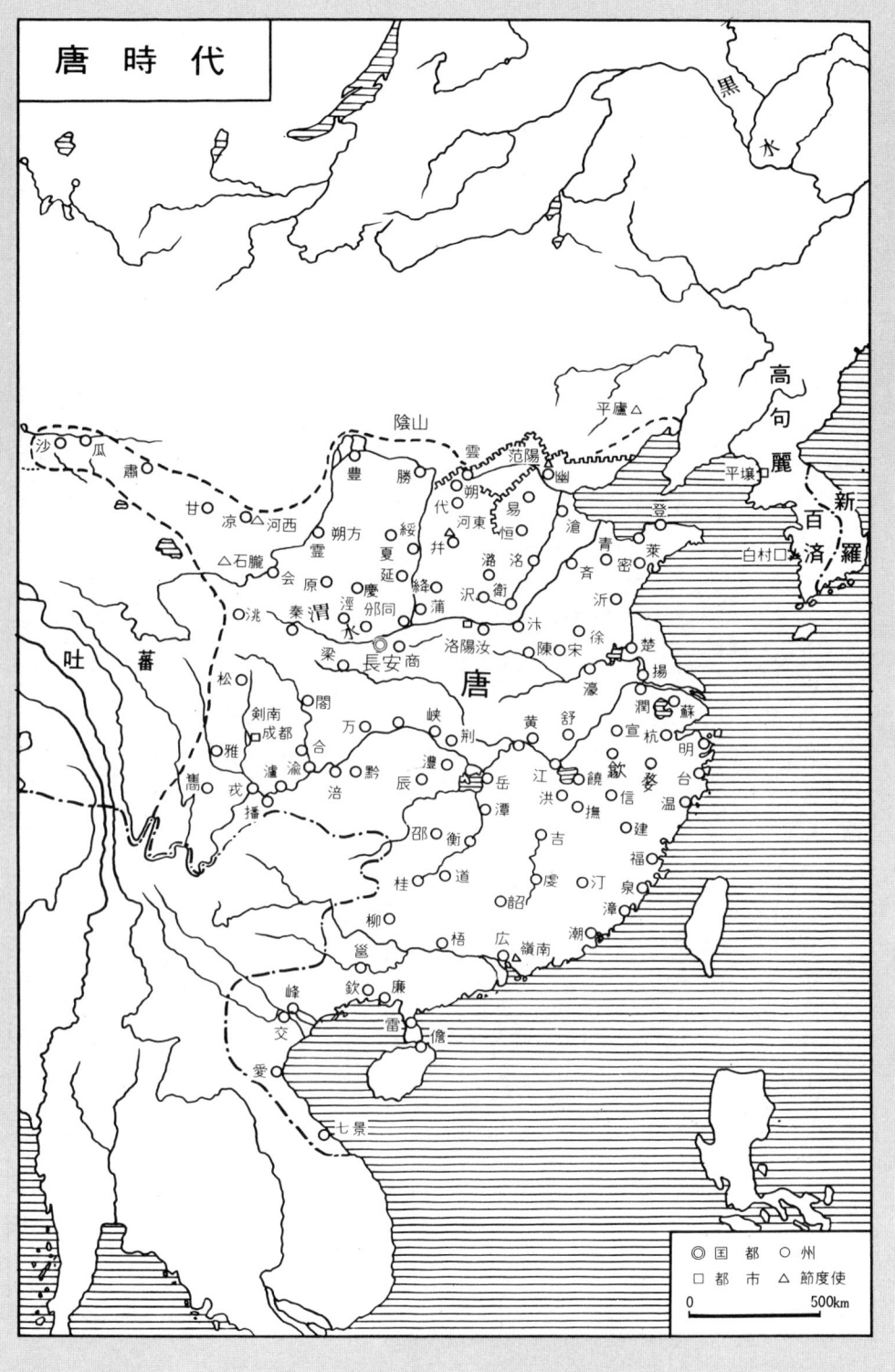

唐時代

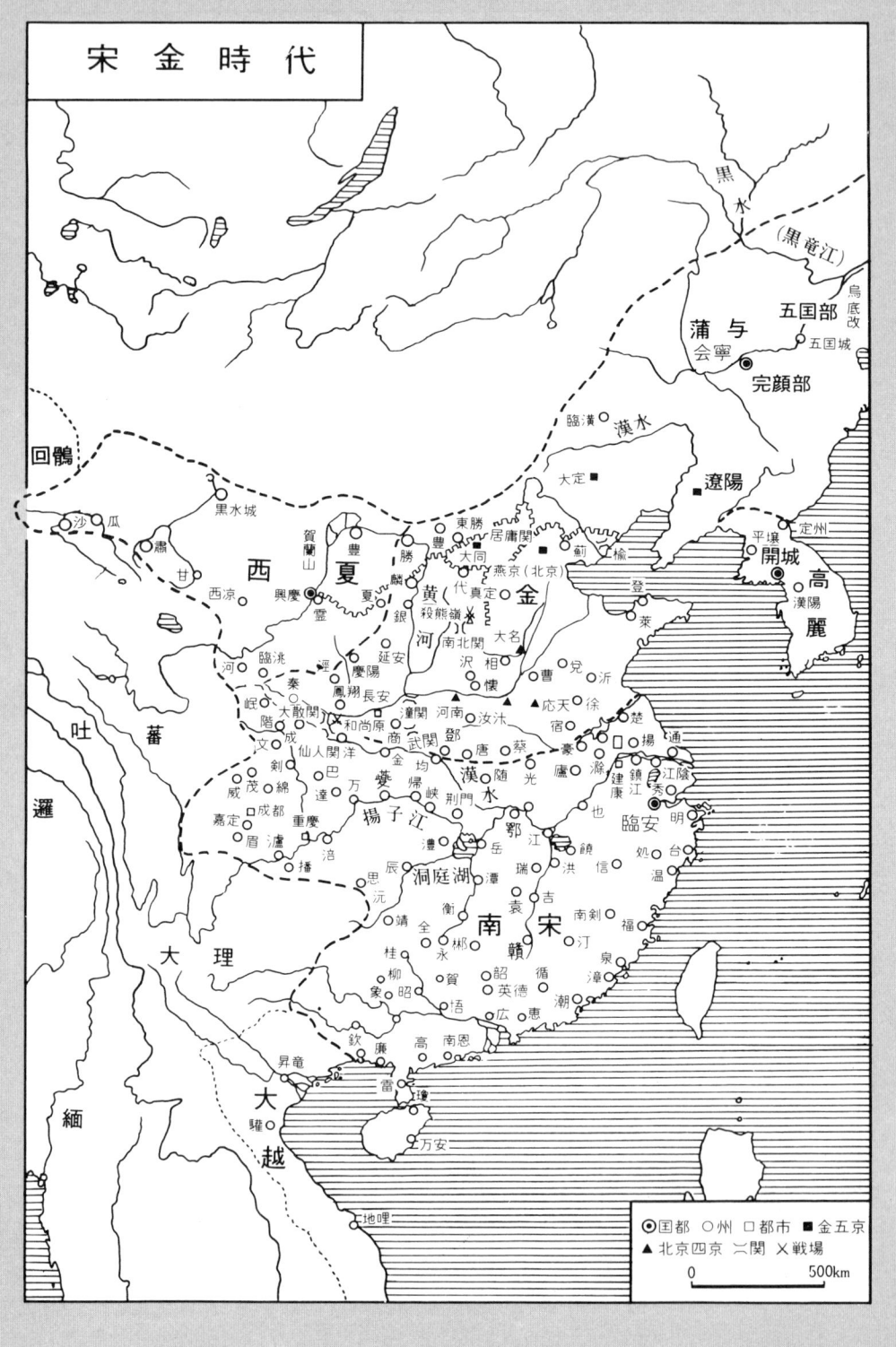

宋 金 時 代

黒水
(黒竜江)
烏底改
五国部
五国城
蒲与
会寧
完顔部
回鶻
臨潢 漢水
大定■ 遼陽
沙 瓜
鼎 甘 黒水城
西涼
賀蘭山 東勝
豊
勝
大同 居庸関
燕京(北京)
平壌 定州
開城
高
麗
漢陽
西 夏
興慶
夏 霊 銀
麟 代
黄 (真定
河 殺熊嶺 金
南北関
大名 薊
榆
登
莱
楚
河 臨洮 慶陽 延安 沢 相
秦 岷 鳳翔 長安 潼関 河南 汝 曹 懐 沂
隴 大散関 和尚原 商武関 鄧 唐 蔡 応天 徐
文 成 仙人関 洋 金 均 漢 随 光 宿 豪
剣 巴 峡 帰 荊門 水 也 廬 滁
威 茂 綿 達 万 夔 揚
嘉定 成都 重慶 灃 郢 江 鎮江 明
眉 瀘 揚子江 岳 鄂 饒 信 建康 臨安 台
播 思 辰 沅 靖 全 洞庭湖 瑞 吉 洪 処 温
吐 蕃
迤
緬
大 理
衡 袁
桂 柳 永 郴 南 贛 南剣 福
昭 賀 梧 韶 英徳 循 潮 汀 漳 泉
広 恵
欽 廉 高 南恩
昇竜 雷 瓊
驩
大 越
万安
地哩

⦿国都 ○州 □都市 ■金五京
▲北京四京 ⌒関 ×戦場
0   500km

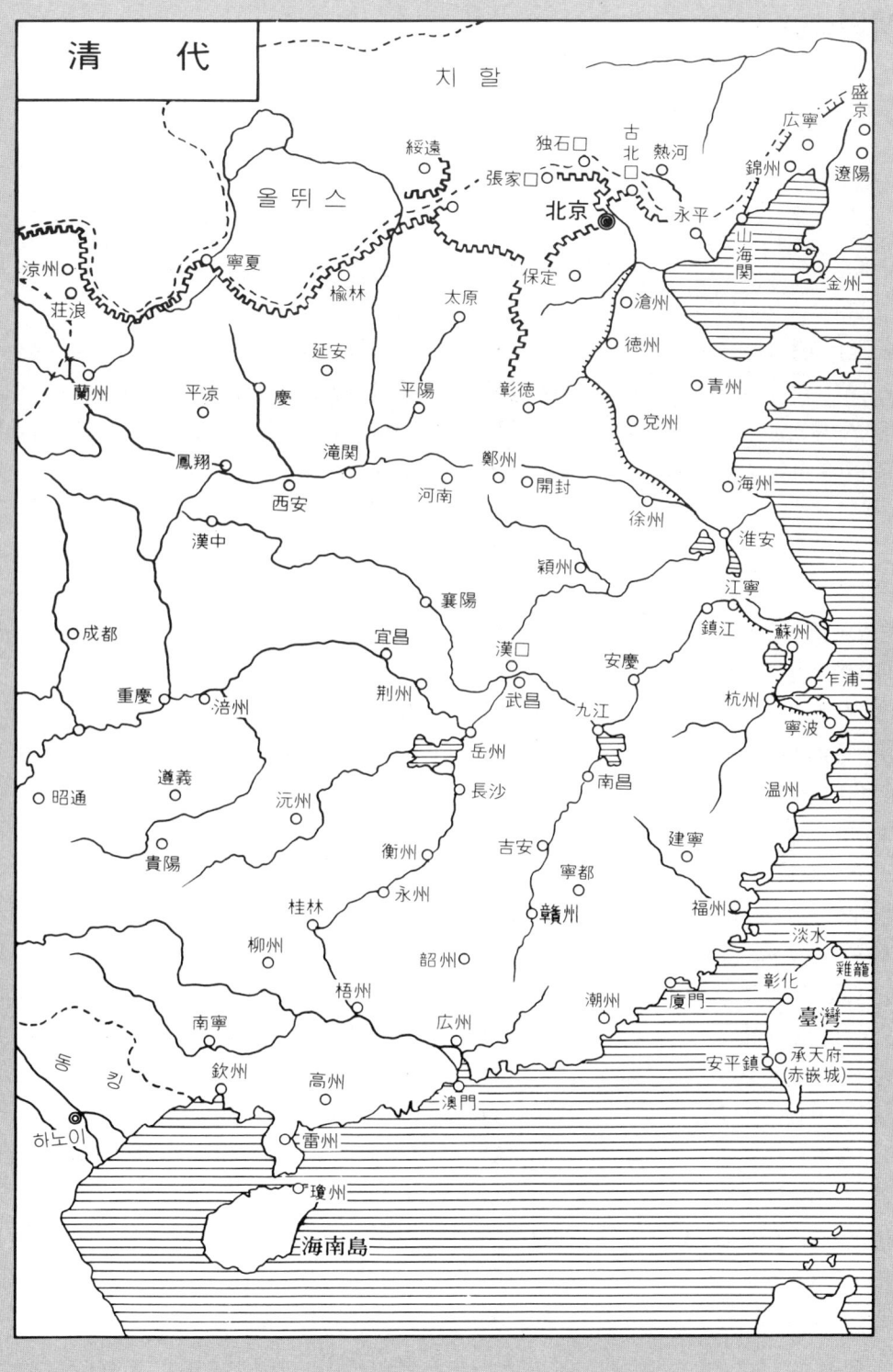

清代

치 할

올 뛰 스

綏遠　独石口　古北口　熱河　広寧　盛京
張家口　　　　　　　　錦州　遼陽
北京　　　　永平
涼州　寧夏　　　　　　　　　　山海関　金州
莊浪　　　榆林　太原　保定　滄州
蘭州　平涼　延安　　　　　徳州　青州
　　　　　平陽　　彰德　　兗州
鳳翔　滝関　鄭州　　　　　海州
　　西安　河南　開封　徐州　淮安
漢中　　　　　穎州　　　江寧
　　　　襄陽　　　　　鎮江　蘇州
成都　　　宜昌　漢口　安慶　　　乍浦
重慶　涪州　荆州　武昌　九江　杭州　寧波
　　遵義　　岳州　南昌　　　温州
昭通　　沅州　長沙
　　貴陽　　衡州　吉安　建寧
　　　桂林　永州　寧都　福州
　　柳州　　韶州　贛州　　淡水
　　梧州　　　　　　　彰化　雞籠
남　南寧　広州　潮州　廈門　臺灣
킹　欽州　高州　　　　安平鎮　承天府
하노이　　　澳門　　　　　　　(赤嵌城)
　　　雷州
　　　瓊州
海南島

부 록 Ⅱ

〈본문 쓰기 연습〉

II-*1* 修身齊家

1. 修身齊家는 治國之本이요, 讀書勤儉은 起家之本이라.

2. 仁은 人之安宅也요 義는 人之正路也라.

3. 近墨者黑하고 近朱者赤이라.

4. 奢者는 心常貧하고 儉者는 心常富라.

5. 吞舟之魚는 不游支流라.

6. 積善之家는 必有餘慶이라.

7. 君子는 憂我之弱하고 而不憂敵之强이라.

8. 德不孤니 必有鄰이라.

9. 不積細流면 無以成江海라.

10. 身病은 待醫而愈하고 國難은 待賢而治라.

II-**2** 百行之源

1. 孝는 爲百行之源이라.
2. 知者는 樂水하고 仁者는 樂山이라.
3. 君子는 和而不同하고 小人은 同而不和라.
4. 古之學者는 爲己요 今之學者는 爲人이라.
5. 嚴父는 出孝子하고 嚴母는 出孝女라.

6. 我腹旣飽면 不察奴飢라.

7. 見利而先을 謂之貪이요 見利而後를 謂之廉이라.

8. 小人은 以小善으로 爲無益而弗爲也하며

以小惡으로 爲無傷而弗去也라.

9. 天之道는 損有餘而補不足이나

人之道則不然하여 損不足而奉有餘라.

II-3 衆人與聖人

1. 衆人與聖人이 其本性則一也라.

2. 爲政之要는 曰公與淸이요 成家之道는 曰儉與勤이라.

3. 尺璧非寶요 寸陰是競하라

4. 見善如渴하고 聞惡如聾하라.

5. 日月星辰者는 天之所係也라.

6. 有陰德者는 天報以福이라.

7. 道不同이면 不相爲謀라.

8. 君子之交는 淡如水요 小人之交는 甘若醴라

9. 君子與君子는 以同道爲朋하고

　小人與小人은 以同利爲朋이라.

10. 興國之君은 樂聞其過요 荒亂之主는 樂聞其譽라.

II-4 不謀其政

---

1. 不在其位하여는 不謀其政이라.

2. 學而時習之면 不亦説乎아.

3. 士志於道而恥惡衣惡食者는 未足與議也라.

4. 誰能出不由户리오마는 何莫由斯道也오.

5. 歲不寒이면 無以知松柏이요 事不難이면 無以知君子라.

6. 爲人子者가 曷不爲孝리오.

7. 以賢臨人하여 未有得人者也요

　　以賢下人하여 未有不得人者也라.

8. 人之有德於我也는 不可忘也요

　　吾有德於人也는 不可不忘也라.

II-5 賢婦令夫貴

1. 賢婦令夫貴하고 惡婦令夫賤이라.

2. 五色令人目盲하고 五音令人耳聾이라.

3. 匹夫는 見辱하면 拔劍而起라.

4. 有備則制人이요 無備則制於人이라.

5. 師不必賢於弟子라.

6. 靑出於藍이나 而靑於藍이라.

7. 臨淵羨魚는 不如退而結網이라.

8. 道雖邇나 不修不至요 事雖小나 不爲不成이라.

9. 若使天下兼相愛하여 愛人을 若愛其身하여도

猶有不孝者乎아.

III-1 擊蒙要訣

兄弟는 同受父母遺體하니 與我如一身이라.

視之를 當無彼我之間하여 飮食衣服에 有無를 皆當共之니라.

設使兄飢而弟飽하고 弟寒而兄溫하면

則是는 一身之中에 肢體가 或病或健也니

身心이 豈得偏安乎아?

今人兄弟不相愛者는 皆緣不愛父母故也니

若有愛父母之心이면 則豈可不愛父母之子乎아?

兄弟若有不善之行이면 則當積誠忠諫하여

漸喩以理하여 期於感悟요,

不可遽加厲色拂言하여 以失其和也니라.

III-2 海東續小學

1. 名先於實이 非身之幸이니 苟有諸己면 不患無名이니라.

  善必積而後成이니 有一善自足이면 則是는 驕其善也요

  惡雖小而可懼니 有一惡自恕면 則是는 長其惡也니라.

2. 恥過는 莫如戒心이요 守口는 莫如愼默이라.

  愼默者는 寡言하고 寡言者는 戒專하니 戒專則寡過니라.

3. 衣服은 不可華侈요 禦寒而已며

飮食은 不可甘美요 救飢而已며

居處는 不可安泰요 不病而已니라.

惟是學問之功과 心術之正과 威儀之則은 則日勉勉하여

而不可自足이니라.

Ⅲ-3 菜根譚

1. 處治世엔 宜方이요 處亂世엔 宜圓이며

處叔季之世엔 當方圓並用이니라.

待善人엔 宜寬이요 待惡人엔 宜嚴이며

待庸衆之人엔 當寬嚴互存이니라.

2. 我有功於人은 不可念이나 而過則不可不念이요

人有恩於我는 不可忘이나 而怨則不可不忘이니라.

3. 烈士는 讓千乘하고 貪夫는 爭一文하니

人品은 星淵也나 好名도 不殊好利요

天子는 營家國하고 乞人은 號饔飧하니

位分은 霄壤也나 而焦思는 何異焦聲이리오?

1. 古之學者는 爲己나 其終至於成物하고

今之學者는 爲人하다가 其終至於喪己하나니라.

2. 君子之學은 必日新이니 日新者는 日進也하고

不日新者는 必日退하나니 未有不進而不退者니라.

惟聖人之道는 無所進退하니 以其所造者極也일새니라.

3. 學者는 先須讀語孟이라

窮得語孟하면 自有要約處리니 以此觀他經하면 甚省力하리라.

語孟은 如丈尺權衡相似하니 以此去量度事物하면

自然見得長短輕重하리라.

IV-1 性善說과 性惡說

1. 惻隱之心은 仁也요 羞惡之心은 義也요

恭敬之心은 禮也요 是非之心은 智也니

仁義禮智는 非由外鑠我也라

我固有之也언마는 弗思耳矣니

故로 曰求則得之하고 舍則失之라 하니라.

2. 今人之性은 生而有好利焉이라

  順是 故로 爭奪生而辭讓亡焉하며

  生而有疾惡焉이라 順是 故로 殘賊生而忠信亡焉하며

  生而有耳目之欲하고 有好聲色焉이라

  順是 故로 淫亂生而禮義文理亡焉이니라.

IV-2 伯夷와 叔齊

1. 武王이 已平殷亂하니 天下宗周어늘

   而伯夷叔齊恥之하여 義不食周粟이라 하여

   隱於首陽山하여 采薇而食之하더니 遂餓而死하니라.

2. 子曰 : "不降其志하며 不辱其身은 伯夷叔齊與인저!"

3. 天下盡殉也로되 彼其所殉이 仁義也면 則俗謂之君子라 하고

其所殉이 貨財也면 則俗謂之小人이라 하나니,

其殉一也어늘 則有君子焉하며 有小人焉이라.

若其殘生損性은 則盜跖도 亦伯夷已니

又惡取君子小人於其間哉아?

IV-3 淸白한 관리

1. 昔者에 有饋魚於鄭相者한대 鄭相不受하니

或謂鄭相曰 : "子嗜魚어늘 何故不受오?"

對曰 : "吾以嗜魚故로 不受魚라 受魚失祿하면

無以食魚어니와 不受得祿하면 終身食魚니라."

2. 宋人得玉하여 獻諸司城子罕한대 子罕不受하니

獻玉者曰 : "以示玉人이러니 玉人以爲寶라 故로 獻之로라."

子罕曰 : "我以不貪爲寶요 爾以玉爲寶하니

若以與我면 皆喪寶也니 不若人有其寶로다."

V-1 四面楚歌

項王軍이 壁垓下한대 兵少食盡하여늘 漢軍及諸侯兵이

圍之數重이라.

夜聞漢軍四面皆楚歌하고 項王이 乃大驚曰:

"漢皆已得楚乎아? 是何楚人之多也오?"

項王則夜起하여 飮帳中하니 有美人名虞하여 常幸從하고

駿馬名騅하여 常騎之라.

於是에 項王이 乃悲歌慷慨하여 自爲詩曰:

"力拔山兮氣蓋世러니 時不利兮騅不逝로다

騅不逝兮可奈何오 虞兮虞兮奈若何오?"

V-2 弓裔

弓裔는 新羅人이니 姓金氏라. 考는 第四十七憲安王誼靖이요

母는 憲安王嬪御나 失其姓名이요,

或云 四十八景文王膺廉之子라 하다.

以五月五日로 生於外家한대 其時에 屋上有素光하여

若長虹하고 上屬天이라.

日官이 奏曰 : "此兒는 以重午日生하고 生而有齒하며

且光焰異常하니 恐將來不利於國家라 宜勿養之라."

王勅中使하여 抵其家殺之한대 使者取於襁褓中하여

投之樓下어늘 乳婢竊捧之라가 誤以手觸하여

眇其一目이러니 抱而逃竄하여 劬勞養育하다.

V-3 志怪小說 이야기

1. 羊祜年五歲에 時令乳母로 取所弄金鐶한대

乳母曰: "汝先無此物"이라 하여늘

祜卽詣隣人李氏東垣桑樹中하여 探得之라

主人驚曰: "此吾亡兒所失物也라 云何持去오?"

乳母具言之하니 李氏悲惋하고 時人異之하다.

2. 漢廣川王이 好發冢이러니 發欒書冢한대 其棺柩明器가

　悉毁爛無餘어늘 唯有一白狐가

　見人驚走라 左右逐之不得이요 戟傷其左足이러니

　是夕에 王夢一丈夫한대 鬚眉盡白하여늘

　來謂王曰 : "何故로 傷吾左足고"하고 乃以仗叩王左足이라.

　王覺腫痛이러니 卽生瘡하여 至死不差하다.

V-4 南怡將軍과 粉面鬼

南怡幼時에 遊街上이라가 見小奚負袱裏小筒而袱上에

坐着粉面女鬼하되 人皆不見하니

怡心怪之하여 從其所往則入于一宰相家하더니 俄而其家號哭이어늘

怡問之則曰:"主家小娘子暴死니이다."

怡曰:"吾入見이면 可活이라"하고

入門하니 粉鬼據娘子胸이라가 見怡卽走避하고 娘子甦起러니

怡出이면 娘子復死하고 怡更入이면 還甦할새

怡問曰 : "小奚笥中에 何物고?"

曰 : "紅柿也니 娘先取食하고 氣窒倒니이다."

怡具言其所見하고 以治邪祟藥으로 救之得生하니

此는 左相權擊의 第四女也라.

V-5 桃園結義

飛曰 : "吾莊後에 有一桃園한데 花開正盛이라.

明日에 當於園中祭告天地하고 我三人이 結爲兄弟하여

協力同心然後에 可圖大事라"하니,

玄德·雲長이 齊聲應曰 : "如此甚好"라 하다.

次日於桃園中에 備下烏牛白馬祭禮等項하고

三人이 焚香하고 再拜而說誓하여

曰：“念컨대 劉備‧關羽‧張飛雖然異性이나

旣結爲兄弟하니 則同心協同하여 救困扶危하고

上報國家하고 下安黎庶하리라. 不求同年同月同日生이나

但願同年同月同日死라. 皇天后土는 實鑒此心하소서.

背義亡恩이면 天人이 共戮하리라”하다.

誓畢에 拜玄德爲兄하니 關羽次之요 張飛爲弟하다.

VI-*1* 汝凍吾兒

艾子有孫한대 慵劣不學하여 每加杖而不悛이어늘

其子僅有是兒라 恒恐兒之不勝杖而死也하고

責必涕泣以請이라.

艾子怒曰 : "吾爲若敎子라 不善邪아"하고

杖之愈峻하니 其子無如之何러라.

一日雪하여 孫搏雪而嬉러니 艾子見之하고

褫其衣하여 使跪雪中한대

其子는 不復敢言이요 亦脱其衣하고 跪其傍이라.

艾子驚問曰 : "汝兒有罪하니 應受此罰이어늘 汝何與焉고"

其子泣曰 : "汝凍吾兒하시니 吾亦凍汝兒리이다"하니

艾子笑而釋之하더라.

VI-2 何必出看

1. 司馬溫公이 在洛陽閑居러니 時上元節이라

　　夫人이 欲出看燈할새,

　　公曰 : "家中點燈이어늘 何必出看고?"

　　夫人曰 : "兼欲看遊人이라" 하니,

　　公曰 : "某是鬼耶아?" 하더라.

2. 盜入人家하여 伏于廳下한대 主人已知之하고 以杖觸之하니,

則盜曰：“戲之過矣라 恐傷我目耳로다.”

主人曰：“吾豈與盜漢으로 爲戲耶아?” 하니

而盜漢出奔曰：“吾是班族也어늘

汝何不稱我盜賊兩班하고 而敢呼盜漢耶아?

我旣不取汝物하니 則吾則無罪로되

而汝則當有以常漢으로 詬兩班之律也라” 하더라.

VI-3 夫妻訟鏡

山村女子聞京市有所謂靑銅鏡이 圓如望月하고

常願一得見이나 而無由러니 其夫適上京할새 時當月望이라.

女子忘鏡名하고 而謂夫曰 : "京市有如彼月之物云이라 하니

君必買來하여 使我一見케 하소서."

夫到京하여 乃買鏡이나 而不解照面하고 至家發之하여

使其妻視之한대 妻照見하니 其夫之傍에 有女坐焉이라.

平生未嘗自見其面일새 故로 不知己影之在夫傍하고

以爲其夫買影人來也라 하여 大怒發妬하다.

夫怪驚曰 : "吾且試觀之라"하고 乃窺鏡面하니

其妻傍에 有男坐焉이라. 夫亦未嘗自見其面일새

故로 不知己影之在妻傍하고 以爲其妻得好夫也라 하여

亦大怒相鬪하다. 夫持鏡入官하니 互相呼訴하되

妻則曰 : "夫得新妻라"하고 夫則曰 : "妻得他夫라"하다.

官曰 : "第上其鏡하라" 하여 遂上之하고 開鏡於案上하니,

官亦未嘗見鏡者라 不自知其面貌하고 而威儀官服

與己同者在座하니 以爲新官來到라 하다.

VII-**1** 春夜宴桃李園序

夫天地者는 萬物之逆旅요 光陰者는 百代之過客이라.

而浮生若夢하니 爲歡幾何오? 古人秉燭夜遊는 良有以也라.

況陽春召我以煙景하고 大塊假我以文章이라.

會桃李之芳園하여 序天倫之樂事하니

群季俊秀는 皆爲惠連이어늘 吾人詠歌는 獨慚康樂이라.

幽賞未已에 高談轉清이라.

開瓊筵以坐花하고 飛羽觴而醉月하니 不有佳作이면

何伸雅懷리오?

如詩不成이면 罰依金谷酒數하리라.

VII-2 愛蓮說

水陸草木之花는 可愛者甚蕃하니

晉陶淵明은 獨愛菊하고 自李唐來로 世人이 甚愛牡丹하되

予獨愛蓮之出於淤泥而不染하고 濯淸漣而不妖하며

中通外直하고 不蔓不枝하며

香遠益淸하고 亭亭淨植하여 可遠觀而不可褻翫焉이라

予謂菊은 花之隱逸者也요 牡丹은 花之富貴者也요

蓮은 花之君子者也니

噫라 菊之愛는 陶後鮮有聞이요 蓮之愛는 同予者가 何人고?

牡丹之愛는 宜乎衆矣로다!

VII-3 雜 説

世有伯樂然後에 有千里馬라. 千里馬常有로되

而伯樂不常有니라.

故로 雖有名馬나 祇辱於奴隷人之手하여

駢死於槽櫪之間이요 不以千里稱也라.

馬之千里者는 一食에 或盡粟一石이어늘

食馬者는 不知其能千里而食也하니

是馬雖有千里之能이나 食不飽하면 力不足하여 才美不外見하고

且欲與常馬等이나 不可得이니 安求其能千里也리오?

策之不以其道하며 食之不能盡其材하며

鳴之不能通其意하고 執策而臨之曰 : "天下에 無良馬라"하니

嗚呼라! 其眞無馬耶아 其眞不識馬耶아?

VII-4 日喩贈吳彦律

南方에 多沒人하니 日與水居也하여 七歲而能涉하고

十歲而能浮하고 十五而能沒矣라.

夫沒者豈苟然哉아 必也將有得於水之道者라.

日與水居則得其道어니와 生而不識水則雖壯이나

見舟而畏之하리니

故로 北方之勇者問於沒人하여 而求其所以沒이나

以其言으로 試之河하여 未有不溺者也리라.

故로 凡不學而務求道는 皆北方之學沒者也라.

昔者에 以聲律로 取士에 士雜學而不志於道러니

今也에 以經術로 取士하니 士知求道而不務學이라.

VII-5 五柳先生傳

先生은 不知何許人이요 亦不詳其姓字나

宅邊에 有五柳樹하여 因以爲號焉이라.

閑靖少言하며 不慕榮利하고 好讀書하되 不求甚解요

每有會意면 便欣然忘食이라.

性嗜酒하되 家貧不能常得하니 親舊知其如此하고

或置酒而招之면 造飮輒盡하여 期在必醉요

旣醉而退하여는 曾不吝情去留하더라.

環堵蕭然하여 不蔽風雨하고 短褐穿結하며

簞瓢屢空하되 晏如也러라.

常著文章自娛하여 頗示己志하고 忘懷得失하여

以此自終하니라.

VII-**6** 諫逐客書

臣聞 "地廣者粟多하고 國大者人衆하고

兵強則士勇이라"하니이다.

是以로 泰山은 不讓土壤이라 故로 能成其大하고

河海는 不擇細流라 故로 能就其深하며

王者는 不却衆庶라 故로 能明其德이니

是以로 地無四方하며 民無異國하여 四時充美하고

鬼神降福하나니 　此五帝三王所以無敵也니이다.

今乃棄黔首以資敵國하고 去賓客以業諸侯하여

使天下之士로 退而不敢西向하고 裏足不入秦하니

此所謂藉寇兵而齎盜糧也니이다.

알기 쉽고 새로운
基礎漢文讀解法

初 版　1刷 發行 ●2001年　　3月　　5日
初 版　11刷 發行 ●2019年　　3月　　12日

共 著 者 ●崔 完 植
　　　　　金 榮 九
　　　　　李 永 朱
　　　　　閔 正 基
發 行 者 ●金 東 求
發 行 處 ●明 文 堂(1923. 10. 1 창립)
　　　　　서울특별시 종로구 안국동 17~8
　　　　　우체국　010579-01-000682
　　　　　전화　(영) 733-3039, 734-4798
　　　　　　　　(편) 733-4748
　　　　　FAX 734-9209
　　　　　Homepage www.myungmundang.net
　　　　　E-mail mmdbook1@kornet.net
　　　　　등록　1977. 11. 19. 제1~148호

값 15,000원
ISBN 89-7270-651-5 03720